DIE GESELLSCHAFT

VON

ERNST VICTOR ZENKER.

~~~~~~~~~~

I. BAND

NATÜRLICHE ENTWICKLUNGSGESCHICHTE DER GESELLSCHAFT.

BERLIN.

DRUCK UND VERLAG VON GEORG REIMER.

1899.
~~~~~~~~~~

NATÜRLICHE ENTWICKLUNGSGESCHICHTE

DER

GESELLSCHAFT

VON

ERNST VICTOR ZENKER.

B E R L I N.
DRUCK UND VERLAG VON GEORG REIMER.
1899.

Inhalts-Verzeichnis.

Zweiter Theil:

Die politische Entwicklung.

Anhang.

Geschichtliche Einleitung.

Die wissenschaftliche Erforschung der menschlichen Gesellschaft — von Auguste Comte „Sociologie“ genannt — ist eines der jüngsten von den Kindern, welche die kritische und die inductive Methode ins Leben gesetzt hat, und sie ist heute noch von dem Alter der Reife, wie mir scheint, ziemlich weit entfernt. Gleichwohl können wir es gar nicht selten hören, dass diese junge Wissenschaft eigentlich längst wieder abgethan ist, dass dieses Kind in den letzten Zügen liege; und es sei kein Malheur, denn die „Sociologie“ sei ein von Haus aus misrathenes Kind gewesen.

Indem wir darangehen, eine wissenschaftliche Darstellung der Gesellschaft und ihres gesetzmässigen Waltens und Wirkens zu geben, dürfen wir uns nicht stellen, als ob wir diese Klage nie gehört hätten. Wir haben sie vernommen, wir haben sie geprüft und wir geben gerne zu, dass die Sociologie in der kurzen Zeit, da sie gepflegt wird, viel und oft enttäuscht hat. Sie hat jene enttäuscht, welche in ihr eine Universalwissenschaft erwartet hatten, welche die Räthsel der grossen und kleinen Welt im Handumdrehen lösen werde, ganz so wie man es dereinst von der Philosophie erwartet. Sie hat jene enttäuscht, welche geglaubt hatten, die neue Wissenschaft werde uns in die beneidenswerthe Lage versetzen, auf all' die tausendfachen Fragen der socialen und politischen Praxis von nun ab exacte Antworten zu geben. Es lässt sich nicht leugnen, dass mehr oder minder ausgesprochen beide Erwartungen sowohl von Comte als auch von Spencer selbst gehegt und in Anderen erweckt wurden; allein wer gab uns das Recht, solche unwissenschaftliche Dinge zu glauben und hinterher das Kind mit dem Bade zu verschütten, als wir uns enttäuscht sahen?

Gewiss muss ein Blick auf den heutigen Stand der Gesellschaftswissenschaft einen verwirrenden und nicht gerade freundlichen Eindruck auch auf denjenigen machen, der keineswegs mit utopistischen Erwartungen an die Sociologie herantritt. Da quälen sich die Einen in einer von komischem Beigeschmack nicht ganz freien Weise ab, die Gesellschaft förmlich auf die Anatomie zu tragen und zu seciren, die socialen Knochen, Muskeln, Nerven und Blutgefässe herauszufinden, um die socialen Krankheiten studiren und die socialen Heilmittel entdecken zu können; was von dieser Seite an kleinlicher Analogienspielerei geleistet wird, kann allerdings den wissenschaftlich Denkenden nicht gut entzücken. Dafür thun Andere wieder so, als ob die Gesellschaft weiter nichts als Begriff und Beziehung wäre, und glauben auf psychologischem Wege oder gar mit einer Art scholastischem Formalismus die wissenschaftliche Sociologie begründen zu können. Eine dritte, vierte und fünfte Klasse von Forschern glaubt das Meer der Probleme mit der ethnologischen, historischen oder statistischen Muschelschale ausschöpfen zu können, und so kommt ein Jeder zu anderen Resultaten, und die Ungeduldigen verzweifeln daran, dass überhaupt etwas dabei herausschauen könne. Und doch liegt auch diese Verwirrung in dem zarten Alter unserer Wissenschaft begründet und ist ganz und gar kein Anlass, sie selbst zu verlästern. Das gesellschaftliche Problem ist gewiss weder ein ausschliesslich biologisches noch ein ausschliesslich psychologisches, weder ein ausschliesslich culturelles noch ein ausschliesslich wirthschaftliches, es ist weder ein durchaus rechtliches Problem noch purer Rassenkampf, sondern Alles in Einem; denn die gesellschaftlichen Erscheinungen entstehen sammt und sonders aus dem Zusammenwirken mehrerer Menschen zu den verschiedensten Zwecken, und die Gesellschaftswissenschaft darf daher nicht den einzelnen Menschen und nicht bloss von einer bestimmten Seite betrachten, sie muss sich vielmehr stets mit Massenwirkungen von Menschen befassen. Dadurch unterscheidet sich die Sociologie wesentlich von allen anderen Wissenschaften; sie setzt die anderen Betrachtungsweisen des Menschen als organisches oder als psychologisches Subject, als wirthschaftendes oder als denkendes Wesen voraus und verarbeitet diese Erkenntnisse nun in der Weise, dass sie erforscht, wie verschiedene Menschen zusammenleben, zusammendenken, zusammenhandeln u. s. w. Diese Arbeit konnte jedoch nicht — am allerwenigsten aber in der kurzen Spanne Zeit, die der Sociologie vergönnt war — einheitlich geleistet werden. Die Gesellschaftswissenschaft musste von Einzelnen in ganz unabhängiger Weise zuvörderst organisch, ethnologisch, psychologisch, historisch, statistisch, rechtswissenschaftlich begründet werden, und das ist thatsächlich in den letzten Decennien geschehen. Der scheinbare Wirrwarr der Methoden und Forschungen ist daher keineswegs ein Beweis, dass die Sociologie unmöglich ist, sondern vielmehr ein sicherer Beweis, dass sie factisch möglich ist.

Wir glauben also an eine Wissenschaft von der Gesellschaft mit allen jenen Reserven und all' der Begeisterung, welche das Wort „Wissenschaft" im modernen Sinne erweckt und auferlegt, und in diesem Glauben finden wir den Muth, eine wissenschaftliche Betrachtung der menschlichen Gesellschaft zu liefern.

Man fordere von uns nicht, dass wir nach altem Brauche mit einer Definition dessen, was Gesellschaft ist, oder, nach neuem Brauche, mit einer Auseinandersetzung über die Methode beginnen. Wenn wir genau wüssten, was die Gesellschaft ist, dann könnten wir uns ja vielleicht die ganze Mühe ersparen. Derselbe Fehler, den die Philosophie begangen, dass sie schnurgerade auf das Wesen der Dinge losgerannt und damit zumeist die gangbaren Wege aus dem Auge verlor, denselben Fehler begieng jener Sociologe, der vor allem wissen wollte, ob die Gesellschaft ein Organismus oder ein blosser Begriff sei u. dgl. Die Beantwortung dieser Frage ist auch lange nicht von so grossem Werthe, als man meint, und verschwindet an Bedeutung gegenüber der Frage: „wie" ist die Gesellschaft, wie wird sie, wie vergeht sie?

Ehe wir daran gehen, diese Frage auf rein empirisch-inductivem Wege zu beantworten, wird es sich jedoch empfehlen, in kurzen Strichen auch zu zeigen, wie man vordem von der Gesellschaft dachte und wie man sich die socialen Probleme zurechtzulegen suchte.

* * *

Die sogenannte „Politik" der Griechen sollte zwar, als ein Zweig der praktischen Philosophie, zuvörderst nur eine Schule der Staatsweisheit und Staatskunst sein, sie rückte aber — wie dies ja nicht anders denkbar — vielleicht ganz ungewollt, auch den grossen Principienfragen an den Leib, und es lässt sich nicht verkennen, dass die Geistesarbeit, welche die Griechen auf diesem Gebiete geleistet, ihren Einfluss auch noch auf die allermodernste Socialwissenschaft übt. Jedenfalls war die verhängnisvolle Principienfrage schon damals wie heute gestellt. Wenn z. B. die Sophisten zwei Arten des Seins unterschieden, ein natürlich gewordenes (φύσει) und ein künstlich und geistig gesetztes Sein (θέσει), und wenn sie diese

Alternative nun auf das politische Gebiet anwendeten und sich fragten, ob der Staat ein Wesen φύσει oder θέσει sei, so haben sie eben zum erstenmal jene Frage aufgeworfen, die auch heute noch so viele Geisteskraft und Zeit in Anspruch nimmt. Die Sophisten sagten, der Staat sei den Wesen φύσει beizuzählen; sie hatten die natürliche Gesetzmässigkeit der staatlichen (gesellschaftlichen) Vorgänge, die von der Willkür des Einzelnen unabhängig sind, erkannt und ahnten die Einheit der Entwicklung zwischen thierischer und menschlicher Gesellschaft.

Plato stand, wie alle Sokratiker, auch wie der durch seinen Staatsroman „Kyropädie" für uns besonders interessanten Xenophon, scheinbar auf Seite derjenigen, die den Staat als ein Naturgebilde ansahen; bei näherem Zusehen ist aber sein Realismus auf diesem Gebiete so gut, wie auf jedem anderen, nur Scheinrealismus. Plato hat als die Kraft, die allen socialen Erscheinungen zu Grunde liegt, die in den Völkern unbewusst wirkenden Neigungen und Gewohnheiten erkannt, welche durch Klima, Nahrung und andere natürliche Umstände mitbestimmt werden; er hat das Gesetz der Arbeitstheilung mit bewunderungswürdiger Schärfe präcisirt; ihm waren die Thatsachen des Daseinskampfes und der künstlichen Zuchtwahl in ihrer socialen Bedeutung wohlbekannt; er sah in der Gesellschaft ein Individuum höherer Ordnung, das gleich einem Menschen und Thier entsteht, sich entwickelt und vergeht und Krankheiten ausgesetzt ist, die aus dem Widerstreit der Functionen entstehen — und doch hat er nie die Consequenzen dieser Voraussetzungen für die Staatslehre gezogen. Denn wenn er auch im Staate ein Erzeugnis der Natur erblickte, so sah er in demselben doch noch weit mehr eine Begründung der ewigen Idee des Rechtes und der Tugend. Die platonische Menschengesellschaft steht auf derselben Stufe, wie der platonische Kosmos: die beseelten Sterne sind das Muster einer Gesellschaft, deren Vollkommenheit Reflexe von der Vollkommenheit der Weltseele sind. Der Staat nimmt wie Alles an Hyle und Nous theil, und seine Vollendung liegt in der Ueberwindung der ersteren durch den letzteren, in dem Sieg der Idee, in der Annäherung an das Urprincip. Eben weil die Gesellschaft natürlich ist, ist sie ethischer Natur; der Staat ist für Plato keineswegs — was er anfangs geschienen — ein sich selbst bestimmendes Wesen, wie es der Organismus ist, sondern eine Maschine, die von einer ausser ihr stehenden Kraft, der Idee, getrieben wird. In dem Idealbild einer Gesellschaft, das Plato entworfen hat, geht alles maschinell zu; nichts bewegt und regt sich nach eigenen natürlichen Impulsen; Alles, Nahrung, Kleidung, Vergnügen, Zeugung ist nach höchst vernünftigen Gesetzen geregelt, die von einem gottgleichen Staatsoberhaupte gehandhabt und überwacht werden.

Aristoteles hat den realistischen Theil der platonischen Gesellschaftslehre übernommen und weitergebildet, den idealistisch-teleologischen dagegen abgestreift und entschieden bekämpft. Für ihn ist der Zweck der Politik nicht etwa zu wissen, was der Staat sein soll, sondern was er ist, wie er es geworden und wie man mit den thatsächlichen Verhältnissen zu rechnen hat. Für Aristoteles ist der Staat ein Lebewesen (ζῷον), denselben organischen Gesetzen und Veränderungen unterworfen, wie alle anderen Lebewesen. Demnach müsse auch die Erforschung der Natur des Staates dieselbe Methode befolgen, wie jede andere Wissenschaft. Aristoteles selbst versuchte eine Entstehungsgeschichte der menschlichen Gesellschaft zu gewinnen und glaubte ihr Grundelement in dem geschlechtlichen Paar gefunden zu haben. Die menschliche Gesellschaft verdankt nach ihm ihren Ursprung der Notwendigkeit und dem Bedürfnis und nicht irgend einer moralischen Absicht. Aber in ihrer die thierische Gesellschaft weit übertreffenden Entwickelungungsfähigkeit könne sie über die Befriedigung materieller Bedürfnisse hinaus auch moralische Aufgaben übernehmen und erfüllen.

Auf den fundamentalen Gegensatz in der Auffassung der menschlichen Gesellschaft, der zwischen Plato und Aristoteles klafft und der sich von jetzt ab deutlich durch die socialphilosophischen Meinungen zweier Jahrtausende zieht, werden wir, besonders im zweiten Bande, ausführlichst zurückkommen.

Das Christenthum war durchtränkt von platonischem Geiste und so kommt es, dass auch die christlichen Anschauungen über den Staat und die Gesellschaft die platonischen sind, d. h. Staat und Gesetz gelten nicht als natürlich geworden (φύσει) sondern als Gesetz (θέσει) von Gott eingesetzt, zu seiner Verherrlichung, damit durch Staat und Gesetz die Menschen ihrem sittlichen Ziele, der Ebenbildlichkeit Gottes, nähergerückt werden. Wie sehr sich auch die sociale Stellung des Christenthums im Laufe der Jahrhunderte geändert hat und wie sehr sich damit auch gewisse sociale Begriffe (von Eigenthum, Macht u. s. w.) nothwendig ändern mussten, jene platonische Grundanschauung vom Wesen der Gesellschaft finden wir in den berühmten socialen Encykliken Leos XIII. noch ebenso wie in den alten Kirchenvätern, sie liegt den staatsphilosophischen Gedanken des Dichters Dante Alighieri (de monarchia) ebenso zu Grunde, wie jenen des eigentlichen Classikers der christlichen

Sociallehre, Thomas von Aquino (de regimine principum), oder der „Utopia“ des Märtyrers Thomas Morus.

Kühn aus dem Bannkreis der christlichen Weltanschauung ragt an der Wende von Mittelalter und Neuzeit Niccolò Macchiavelli, der Verfasser des Buches vom „Fürsten“. Ein ebenso gründlicher Kenner der antiken Literatur und Welt wie des ihn umgebenden Lebens lieferte er ein unübertreffliches Meisterstück der empirischen und experimentellen Auffassungs- und Betrachtungsweise menschlicher Gemeinwesen. Allein von der eigenen Zeit missverstanden wurde Macchiavelli in dem folgenden stark moralistischen Zeitalter der Aufklärung geradezu als Vertheidiger der politischen Unmoral angesehen und sprichwörtlich.

Die staatswissenschaftliche und staatsphilosophische Literatur, die zur Zeit der Aufklärung, eigentlich schon gleichzeitig mit dem Aufkommen der Reformationsideen in England und in Frankreich blühte, war überaus reich an Gedanken über Wesen, Zweck und Aufgabe des Staates, über die Entstehung der Staatsgewalten und über die Beziehungen des Individuums zur Gesellschaft. Der Einfluss, den diese Literatur auf den Gang der Weltgeschichte genommen, ist durch die Reformation, die Hugenottenkriege und schliesslich durch die französische Revolution genügend gekennzeichnet. All die modernen staatsrechtlichen Anschauungen, welche auf der Idee des Repräsentativstaates fussen, aber ebenso gewiss auch die noch moderneren Ideen eines Wohlfahrtsstaates gehen auf diese Literatur zurück. Der gesellschaftswissenschaftliche Werth derselben ist aber um so geringer zu veranschlagen. Die fast allgemein acceptirte Annahme, dass die menschliche Gesellschaft die Folge eines Uebereinkommens der vordem absolut freien Individuen sei, diese Theorie des Gesellschaftsvertrages (contrat social) war eine sehr fragwürdige Bereicherung der Anschauungen über die Natur der Gesellschaft. Es war die alte platonisch christliche Auffassung in neuzeitlich rationalistischem Gewande: an Stelle des paradiesischen Menschenpaares war der überaus glückliche und tugendhafte Wilde, an Stelle der ewigen Ideale Platos waren präsociale Menschen- und Naturrechte getreten; dieselbe in ihrer Fülle wieder zu verwirklichen, wurde als die Aufgabe der bewusst gesetzten Gesellschaft betrachtet. Bezeichnenderweise waren die ersten Vertreter dieser Anschauung die grossen Jesuiten Suarez und Mariana, welche in dem Streite zwischen weltlicher und geistlicher Macht die Vertragstheorie als Waffe gegen die erstere führten, um den König blos als verantwortlichen Träger eines widerruflichen Mandates hinstellen zu können. Von den Jesuiten gieng die Theorie auf England über u. z. zunächst wiederum auf die Vertreter religiöser Anschauungen, auf John Knox, Buchanan, Hooker, und erst nach diesen wurde sie von ihren classischen Vertretern Hobbes, Locke, Rousseau u. a. in sehr verschiedener Richtung weitergebildet und verbreitet. Die Theorie vom Gesellschaftsvertrage fand durch fast zweihundert Jahre ungetheilten und kritiklosen Glauben, Philosophen und Staatsmänner nahmen ihre vollkommen unerweisbaren Voraussetzungen wie Axiome an, die Jurisprudenz stand bis weit in unser Jahrhundert herein unter dem Einfluss dieser Anschauungen und auch der kantische Kriticismus fand sich mit den teleologischen Staatstheorien Rousseaus recht gut ab, ja durch Fichte fanden dieselben erst so recht ihre consequente utopistische Ausbildung. Erst Hegel hat mit der Vertragstheorie entschieden gebrochen und Gedanken ausgestreut, aus welchen die Saat einer natürlichen Betrachtungsweise der Gesellschaft hätte emporspriessen können, wenn die geistigen Erben Hegels besser diese Saat gepflegt hätten. Allein das, was in Deutschland geraume Zeit unter dem Namen „Philosophie der Geschichte" so hoch in Ansehen stand, war wohl ein Beweis für das allgemeine Bedürfniss nach einer Wissenschaft von der Gesetzmässigkeit der socialen Entwickelung, keineswegs aber — wofür sie sich hielt — diese Wissenschaft selbst.

Die Anfänge einer wirklich wissenschaftlichen Betrachtungsweise der gesellschaftlichen Natur reichen bis auf Spinoza zurück. Obwohl scheinbar Hobbes' Standpunkt theilend, sah Spinoza dennoch in dem Staate ein natürliches Gebilde, ein Individuum, das selbst wieder aus Individuen gebildet, denselben Gesetzen unterworfen sei, wie jedes andere natürliche Wesen, und dessen Seele die Gemeinsamkeit des Rechtes und die Uebereinstimmung des Willens der Einzelwesen sei. Die aristotelische Anschauung von dem natürlichen Charakter der Gesellschaft erscheint bei Spinoza um die Vorstellung einer gesetzmässigen Entwickelung bereichert. In einem 1725 erschienenen Buche (Principj di una scienza nuova) forderte Giambattista Vico für die Erforschung der gesellschaftlichen Natur eine neue Wissenschaft, welche an Stelle des bisher allein herrschenden Apriorismus die Erfahrung als Erkenntnisquelle zu setzen hätte. Zwei Decennien später suchte Montesquieu in seinem „Geist der Gesetze" eine descriptive Naturgeschichte der gesellschaftlichen Einrichtungen zu geben, deren empirischen Charakter, natürliche Entstehung und natürliche Determination darzuthun. Ein heftiger Gegner der unmöglichen Vertragstheorien war Voltaire, welcher bei jeder Gelegenheit auf die natürliche

Entwicklung der Gesellschaft und auf die natürlichen Ursachen dieser Entwicklung hinwies. Das Haupt der antirevolutionären und gegen die Lehre vom contrat social sich kehrenden Schule in Frankreich, Joseph de Maistre, knüpfte an Vico an und forderte, dass jede Frage über die Natur der Gesellschaft durch die Geschichte gelöst werde. Condorcet proponirte für die „scienza nuova“ den Namen „sociale Mathematik“ und bezeichnete als ihre Aufgabe, die socialen Erscheinungen zu messen, um ihre Gesetze zu erkennen, aus der Kenntnis derselben die Voraussicht künftiger Ereignisse abzuleiten und darauf Combinationen zu gründen, welche mit stetig wachsendem Erfolge Wohlfahrt und Verbesserung des Menschengeschlechtes lieferten.

Condorcets Anschauungen bildeten die leitenden Gedanken der classischen Schule der Nationalökonomie, welche thatsächlich zum erstenmale die Gesetzmässigkeit, wenn auch nur eines Theiles des socialen Lebens mit Erfolg untersucht und eminent erwiesen hat. Das von Joseph de Maistre empfohlene historische Verfahren fand seine Anwendung in der Geschichtsphilosophie, jedoch, wie schon erwähnt, mit sehr geringem Erfolge, da, abgesehen von Apriorismus und intellectuellem Absolutismus, zu jener Zeit das verfügbare Thatsachenmateriale doch allzu dürftig war und sich kaum auf die Geschichte der sogenannten Culturvölker erstreckte. Mehr als diese „Geschichte der Geschichte“ leistete die wirklich wissenschaftliche Bearbeitung einzelner historischer Disciplinen, besonders die Culturgeschichte, Geschichte der Kunst, der Sprache u. s. w., in welchen die Gleichmässigkeit menschlicher Entwicklung auf einzelnen Gebieten in exacter Weise dargethan wurde. Der entscheidende Anstoss zur endgiltigen Grundlegung der Sociologie gieng aber von den Naturwissenschaften aus; zumal die Biologie bildete die Basis, auf welcher Auguste Comte eine neue Wissenschaft von der menschlichen Gesellschaft zu errichten strebte.

Comte hat die Forderung aufgestellt, man müsse die Socialwissenschaft wie jede andere nach der positivistischen Methode behandeln und hat es versucht, sein Gebäude des Positivismus selbst durch eine „Positive Politik“ zu krönen. Als jedoch Comte seine Sociologie schrieb war er nicht mehr der orthodoxe Positivist von ehedem: er hatte in der späteren Zeit seines Wirkens die Nothwendigkeit erkannt und zugestanden, dass Wissenschaft nur dort möglich sei, wo das Leben in seiner Gänze und von einem einheitlichen Gesichtspunkte betrachtet wird. Dieser geänderte Standpunkt kam der Sociologie zu Nutz und Schaden. Früher hatte Comte gefordert, dass der Positivismus den Menschen wie jedes andere Ding aus dem Weltganzen erklären müsse; im Gegensatze zu dieser „objectiven Methode“ forderte er jetzt, dass Alles zuletzt nach der „subjectiven Methode“ erklärt werden müsse. Die Materie allein erkläre nicht Alles am Menschen, es sei vielmehr die Intelligenz, welche über die Materie Aufschluss gäbe, und über die Intelligenz stellte Comte noch die moralischen Fähigkeiten, das Gefühl: „der Mensch muss sich durch sein Herz erklären“. Die Gesellschaft soll aus den Regungen des socialen Lebens selbst, nicht aus den sie bildenden Individuen erklärt werden. Real ist für Comte in jenem Zeitabschnitt, da die Sociologie entstand, nicht mehr das Individuum, sondern nur die Menschheit, die er — in einer ganz unzulässigen Ausdehnung des Begriffes — zum Gegenstand der neuen Wissenschaft machte. Dieselbe müsse sich auf den Ausbau der abstracten Theorie beschränken, die unendlichen Complicationen der Einzelheiten bei Seite lassen und auf die Erkenntnis der Hauptgesetze losgehen, welche das Zusammenwirken der Individuen in den zusammengesetzten Wesen beherrschen. Den Schlüssel zur Lösung dieser Räthsel glaubte Comte in der Biologie gefunden zu haben.

So ziemlich um dieselbe Zeit mit Comtes grundlegenden Arbeiten erschien, man weiss nicht ob in beabsichtigter oder ungewollter Opposition zu diesen, eine Reihe von Schriften von Quételet (Essay de physique sociale 1835 — Lettre sur la théorie des probabilités, appliquée aux sciences morales et politiques 1876 — Du système social et des lois, qui les régissent 1878), in welchen eine andere Methode zur Erforschung der socialen Körper in Anwendung gebracht wurde, nämlich die statistische. Quételet meinte, da alle natürlichen Körper ihre Proportionen hätten und sich nur durch ein bestimmtes constantes Gleichgewicht ihrer Theile erhalten, müssten auch die socialen Gebilde regelmässige und harmonische Erscheinungen zeigen und durch eine bestimmte Constitution in ihrer Integrität erhalten werden. Durch statistische Massenbeobachtungen suchte er darzuthun, dass die socialen Thatsachen wirklich eine gewisse Stetigkeit besitzen, deren ziffernmässiger Ausdruck nur geringe Schwankungen um eine Mittelzahl zeige, und dass auch diese Schwankungen um das Mittel wiederum regelmässige seien und einer mathematischen Curve folgen, aus der man sie a priori ableiten könne.

Neue, erfolgverheissendere Bahnen eröffnete Herbert Spencer der Socialwissenschaft, indem er als Erkenntnisquelle die ethnologische Massenbeobachtung und die exacte Psychologie einführte; gleich Comte lässt er die Biologie als Mittel zur Construction gelten, verwendet die Ethnologie zur Description und die Psychologie zur Erklärung der socialen Phänomene. Leider ist es in Spencers Sociologie nicht zu einem harmonischen Ausgleich und auch nicht zu der richtigen Arbeitstheilung unter den verschiedenen Verfahren gekommen. Entgegen dem natürlichen Gang der Gedanken construirt er erst die allgemeinen Gesetze und liefert erst nachträglich — gewissermassen nur als Probe auf das Exempel — die Beschreibung der Thatsachen. Die zeitlich zwischen den rein synthetischen „Social Statics“ (1868) und der rein analytischen „Descriptive Sociology“ (seit 1873) liegenden „Principien der Sociologie“ tragen ein Janushaupt, das mit dem einen, älteren Gesichte die socialen Vorgänge in rein biologischem, mit dem jüngeren Gesichte in fast ausschliesslich ethnologischem Lichte sieht. Die beiden Theile der „Principles“ sind nicht nur vollkommen unabhängig von einander, sondern stellenweise auch einander widersprechend. Trotz dieser Mängel, welche nicht in letzter Linie durch die grosse zeitliche Entfernung der einzelnen Theile des Spencerschen Lebenswerkes bedingt sind, bricht sich bei Spencer die reine und echte Erkenntnis überall sieghaft durch; Spencer hat sich ungleich seinem Vorläufer trotz allen Systemisierens stets frei von teleologischen Voreingenommenheiten und Weltvervollkommnungstendenzen gehalten; für ihn bleibt die Sociologie immer eine reine Naturwissenschaft, welche von der durch Berechnung unterstützten Beobachtung auszugehen und die Zurückführung ihrer Gesetze auf die allgemeinen Gesetze der Bewegung anzustreben hat. Der herrschende Gedanke, welcher der Spencerschen Sociologie im entschiedensten Fortschritt gegen Comte zu Grunde liegt und seither auch von sonstigen Gegnern seiner Anschauungen acceptirt wurde, ist der der Entwicklung. Die Entwicklung herrscht nicht nur auf organischem und anorganischem, sondern auch — nach einem Spencerschen Terminus — auf superorganischem Gebiete, d. h. in den socialen Gebilden. Und diese Entwickelung, den Bau und die Functionen der socialen Gebilde zu erkennen, das ist für Spencer die eigentliche Aufgabe der Sociologie. Wenn Comte eine geistreiche Conception der exacten Socialwissenschaft geliefert, so hat Spencer, ich möchte sagen, ein Generalproject für den Ausbau des Monumentalwerkes ausgearbeitet, und ein Heer begeisterter Jünger der einen oder anderen Richtung müht sich seither redlich, die einzelnen Partieen des Planes im Detail auszuarbeiten.

Die biologische Schule, zu welcher die älteren Vertreter der

Sociologie Prof. Schäffle, P. v. Lilienfeld u. a. gehören und an deren Spitze der überaus productive und geistreiche Franzose René Worms steht, ist allerdings von dem Fehler einer mitunter recht unwissenschaftlichen Analogiekrämerei nicht freizusprechen, kann aber gewiss für sich das grosse Verdienst in Anspruch nehmen, allezeit unentwegt, auf die Möglichkeit und Nothwendigkeit der Ermittelung dieser Gesetze hingewiesen zu haben.

Die ethnologische Schule hat bald in systematischer Weise wie die älteren Vertreter Morgan, Mac Lennan, bald in directer Opposition gegen jede Systematik wie Charles Letourneau, zumeist aber in einer nach aussen wohl wenig dankbaren und brillanten, nach innen dafür aber um so verdienstvolleren Detailforschung (Bachofen, Post, Bastian, Achelis, Lippert, Kohler, Dargun, Westermarck, Wilken u. v. a.) ein Inductionsmaterial herbeigeschaft, das uns allerdings heute ganz andere wissenschaftliche Ausblicke gewährt, als sie einem Comte und selbst noch Spencer zu Beginn seines Werkes möglich waren.

Die Mehrzahl der übrigen lebenden Vertreter der Gesellschaft geht ihre eigenen Wege ohne einen Berührungspunkt, zumeist jedoch in strammer Opposition gegen die sogenannte biologische Methode: da haben wir Gustave Le Bon, dann Durkheim, die stark noch in alten rechts- und geschichtsphilosophischen Anschauungen steckenden Deutschen Stammler und Stein, den geistreichen Gumplowicz, der, obwohl ein Paganini auf einer Saite, in seiner Darstellung des Rassenkampfes unzweifelhaft einen der werthvollsten Beiträge zur Aufhellung der socialen Entwickelungsgeschichte geliefert hat; der Franzose Tardé und der Amerikaner Giddings haben die psychologischen Vorgänge des socialen Lebens, die inneren Voraussetzungen der Socialisation erforscht. Ausserdem hat eine lange Reihe ernstester Forscher sich bereitwillig in den Dienst der Gesellschaftswissenschaft gestellt und das weite Gebiet vom juristischen, criminalistischen, nationalökonomischen, anthropologischen, psychopathologischen, linguistischen Standpunkte aus durchforscht.

Wir haben zu Beginn dieser kurzen historischen Einleitung die Nothwendigkeit dieser Arbeiten gewürdigt und halten das Verdienst, das sich jeder einzelne dieser wackeren Pioniere erworben, für viel grösser als es die Nachtheile sind, die in der einseitigen Betonung eines bestimmten Standpunktes liegen.

Indem wir daran gehen, in diesem Buche eine allgemeine Darstellung der Geschichte und der Gesetze der menschlichen Gesellschaft zu liefern, sind wir keineswegs von der krankhaften Eitelkeit gebläht, als ob wir dazu berufen wären, die endgiltige Synthese der bisherigen Specialforschungen zu liefern. Dieselben dürften noch sehr lange nicht abgeschlossen und erschöpft sein, und der methodologische Streit, der gegenwärtig unter den Anhängern unserer Wissenschaft hin und herwogt, spricht dafür, dass unser Bau vielleicht noch nicht einmal recht aus den Grundmauern heraus ist und dass von der Eindeckung des Gebäudes noch lange, lange keine Rede sein kann. Allein trotz alledem scheint es nothwendig, dass von Zeit zu Zeit das Facit des bisher Geleisteten gezogen werde. Die Wissenschaft bedarf dessen, damit sie die einheitliche Marschrichtung nicht verliere und nicht in Detailfragen und formalem Streit untergehe; die grosse Zahl derjenigen aber, die nicht in der Lage sind, sich in eine tausendfältig gespaltene Fachliteratur zu versenken, aber gleichwohl ein reges und begründetes Interesse an den Fortschritten der Sociologie besitzen, haben einen Anspruch, von Zeit zu Zeit einen Gesammtüberblick über das ganze Arbeitsfeld zu gewinnen.

Mehr will mein Buch, vor Allem der vorliegende Band nicht sein. Das ist sein Programm; jede Polemik, jede Detailjägerei, jede Sucht, neue brillante Hypothesen einzuführen, liegt seinem Wesen ferne. Möge es darnach beurtheilt werden!

Erster Theil.

Die Elemente der socialen Entwicklung.

Erstes Capitel.

Die thierischen Gesellschaften.

Wir haben uns in neuerer Zeit daran gewöhnt, den Menschen nie mehr losgelöst von seiner thierischen Vergangenheit und seinen thierischen Vorläufern zu betrachten. Es wird deshalb nicht erst langer Erklärungen bedürfen, warum wir, auf dem Wege, Wesen und Gesetze der menschlichen Gesellschaft zu ergründen, statt auf transcendentale Voraussetzungen zu sinnen, lieber den primitiven Vergesellungsformen nachgehen, wie sie sich im Thierreiche finden und die vermuthlich auch jene Entwicklungsstadien bezeichnen, welche der Mensch in seiner praeanthropischen Zeit durchzumachen hatte.

Wenn wir den Begriff Gesellschaft in seiner nächstliegenden Bedeutung, als mehr oder minder dauerhafte Vereinigung verschiedener für sich allein lebensfähiger Individuen nehmen, so ist die Gesellschaft vielleicht eine Existenzform, welche nicht nur der Thierwelt ebenso gut wie der Menschheit, sondern der Welt der Organismen überhaupt eigen ist. Doch wir wollen an dieser Stelle die controverse Frage nach der Analogie zwischen Gesellschaft und Organismus nicht aufwerfen, sondern zunächst bei dem Unanfechtbaren beharren und die Worte Individuum und Gesellschaft in ihrem ich möchte sagen ganz brutalen, von der Strasse aufgelesenen Sinne nehmen.

In dieser Auffassung kann aber erst wieder ziemlich spät in der organischen Entwickelungsreihe von Gesellschaft die Rede sein.

An der Schwelle der thierischen Gesellschaft treten uns zwei Formen rein zufälliger Vereinigung entgegen, welche so recht eigentlich die Brücke bilden von dem Zustande des Kampfes Aller gegen Alle zu dem der Solidarität und augenfällig zeigen, wie müssig es ist, die Welt stets in Einerseits und Andererseits einzutheilen und diese Eintheilung für real, die Begriffe von Kampf und Solidarität für zwei verschiedene Welten zu halten.

Der Parasitismus ist das Verhältniss, in welchem Thiere und Pflanzen zu anderen Thieren und Pflanzen stehen, um sich von den Lebenssäften derselben zu nähren. Der Parasitismus ist nur eine andere Form des Kampfes ums Dasein, vielleicht die hässlichste, nicht aber eine Form der Gesellschaft, denn der Geist der Sprache sträubt sich dagegen, das Verhältniss des Bettlers zu der ihn quälenden Laus eine Gesellschaft zu nennen. Man unterscheidet die Parasiten in Entozoën, welche in, und in Epizoën, die auf dem ausgebeuteten Thiere leben. Wenn das Thier den Schmarotzer nicht mehr direct mit seinen Säften ernähren muss, wohl aber für denselben eine Art Lieferanten aller Nahrungsmittel abgeben muss, wie der Mensch den Mäusen, so heisst man diese Form des Beisammenlebens Commensalismus. Der Commensalismus ist aus dem Parasitismus durch eine ununterbrochene Reihe von Zwischengliedern hervorgegangen und nur eine gemilderte Form desselben.

Nichtsdestoweniger schlägt der Commensalismus gar oft auch zum Vortheile des ausgebeuteten Theiles aus, und es besteht eine Art freundschaftliches Verhältniss zwischen diesem und seinem Commensalen. So lebt in der ständigen Begleitung des Elephanten ein Vogel (Buphago africanus), welcher von den Maden, die den grossen Vierfüssler quälen, lebt und sonach für diesen sehr nützlich wird. Nehmen wir derlei im Thierreich ungemein zahlreiche Fälle von Commensalismus, wo der eine Theil von seinem Commensalen nicht nur von Quälgeistern befreit, sondern obendrein noch vor herannahenden Feinden gewarnt wird, so nähern wir uns dem eigentlichen Begriff der Gesellschaft schon um ein Bedeutendes. Der nur in anderer Form geführte Kampf ums Dasein, als welcher sich sowohl Parasitismus als Commensalismus ursprünglich herausstellen, nimmt hier auf einmal die Gestalt einer Vereinigung zum Zwecke des Daseins an. In der höheren Thierwelt sind Vereinigungen verschiedener Thierarten, die sich einander nicht zu fürchten, die aber dieselben Feinde abzuwehren haben, zur wechselseitigen Unterstützung im Kampfe ums Dasein ziemlich häufig, besonders unter den Vögeln, wo Mitglieder der verschiedensten Arten friedlich zusammenleben und sich erst trennen, wenn die Zeit der Paarung kommt. Diesen Verbindungen fehlt jedoch jede Vorbedingung der Dauer, so dass sie rein zufällig gebildet[1]) und ebenso zufällig gelöst nur eine äussert lose und vorübergehende Vorstufe des Gemeinschaftslebens repräsentiren.

Die normale Gesellschaft tritt dort ein, wo sich mehrere Wesen derselben Art zum Zwecke der gemeinschaftlichen Verrichtung einer nothwendigen Lebensfunction vereinigen. Als solche Functionen kommen zunächst die der Ernährung und der Fortpflanzung in Betracht: die gegenseitige Ernährung als ausschliesslicher Zweck der Association tritt uns jedoch auf einer Entwicklungsstufe entgegen, wo die sich associirenden Elemente zwar in potentia, niemals aber in Wirklichkeit selbständige für sich getrennt lebende Individuen bilden. Wir müssen diese zur gemeinsamen Ausübung der Ernährungsfunction gebildeten Gesellschaften der Infusorien, Cölenteraten, Molluscoiden und Würmer, wie schon erwähnt, ganz der Biologie überlassen, deren hauptsächlichsten Gegenstand sie bilden. Die erste wirkliche Gesellschaft ist also die Geschlechtsgesellschaft, die Vereinigung zum Zwecke der Fortpflanzung.

Die erste Bedingung der sexuellen Gesellschaft ist die materielle Begattung; allein diese ist darum doch nicht die wirksamste und nicht die einzige Bedingung der Gemeinschaft, weil diese sonst dort am engsten sein müsste, wo die Begattung am längsten und innigsten stattfindet, d. i. bei den Zwittern. Der Grund einer innigeren Vereinigung muss daher wo anders als in dem rein physiologischen Momente liegen. „Männchen und Weibchen vom Gürtelthiere" — sagt Brehm — „treffen sich zufällig, beriechen sich, paaren sich und trennen sich dann mit der grössten Gleichgültigkeit." Den Gegensatz dieser Gleichgültigkeit bezeichnen gewisse Mittel, aufreizende Bewegungen, Gerüche, Farben und Gestalten, Geräusche, Töne, Spiele u. s. w., wodurch die Geschlechter sich gegenseitig zu reizen und so auf einander eine psychologische Wirkung auszuüben versuchen. Zu dem sexuellen Triebe kommt sodann ein psychologisches Moment, das Gefallen, das in der geschlechtlichen Zuchtwahl eine so hervorragende

[1]) Auch die Domestication, welche eine dauernde Vereinigung von Lebewesen verschiedener Art ist, hat keinen Anspruch auf den Namen der Gesellschaft im gewöhnlichen Wortsinne. Sie ist nur eine besondere Art von Commensalismus und findet sich in der Thierwelt nur bei einigen Ameisenarten, welche Blattläuse gewissermassen als Melkkühe in ihren Bauen halten. Auch die Sclavenhaltung findet sich bei einzelnen Ameisenarten.

Rolle spielt. „Das gegenseitige Gefallen“ — sagt Espinas [1]) — „ist dann am grössten, wenn sich beide Geschlechter zur günstigsten Jahreszeit und genau zu der Zeit treffen, wo die Erregung bei beiden den grössten Grad erreicht hat.“ Während sich so durch den sexuellen Trieb die eheliche Gemeinschaft positiv constituirt, findet etwas Aehnliches überdies noch negativ durch Ausscheidung alles dessen statt, was dieser Gemeinschaft nicht angehört oder angehören soll, also durch den Kampf der concurriernden Buhlen, wie er in der höheren Thierwelt, z. B. bei den Hirschen, Katzen u. s. w., äusserst häufig ist.

Aber alles dies würde nicht hinreichen, eine dauernde Gesellschaft zu erklären und zu erzeugen. Um von der geschlechtlichen Paarung zur Vereinigung von einiger Dauer zu gelangen, bedarf es des Dazwischentretens eines neuen Factors. „Die Function“ — sagt Espinas — „welche die Einigung der Eltern durch die Specialisirung ihrer Thätigkeiten verstärkt und ihr Zusammenwirken dadurch zu einem nothwendigen macht, ist die Erziehung der aus ihrer Vereinigung hervorgegangenen Nachkommen. — Wenn Männchen und Weibchen vereinigt bleiben, so geschieht dies durch ihre gemeinschaftliche Liebe zu ihren Nachkommen.“ Die sociale Bedeutung der Liebe ist zu ungeheuer, als das wir sie hier in einem einleitenden Resumé über die Thiergesellschaften mit wenigen Worten abthun dürften. Wir wollen nur darauf aufmerksam machen, dass auch hier schon die Annahme eines bei allen geselligen Arten vorhandenen Gefühles der Elternliebe nicht hinreicht, die Stabilität der thierischen Gesellschaften vollständig zu erklären, eine Schwierigkeit, die sich bei der menschlichen Gesellschaft noch bedeutend vermehren wird. Die Erklärung, welche Espinas von der elterlichen Liebe zu geben versucht, ist so schwach und hinfällig, dass er zuletzt selbst das Problem für ungelöst erklärt, wenn er auch nicht mit Darwin es für überhaupt unlösbar hält. Merkwürdiger Weise kommt er auf jenen Lösungsversuch, der mit seiner ganzen Gedankenrichtung am innigsten verknüpft ist und den wir noch für den relativ zureichendsten halten, erst ganz zuletzt. Er sagt:

„Wir fassten jedes lebende Wesen auf als eine Gesellschaft. Die befruchtende Substanz sowohl, wie die Eier gehörten dem Körper der Eltern an, bildeten einen integrirenden Theil desselben, gehörten zur Zahl der Elemente, deren jedes mit demselben Rechte, wie das Ganze, lebt.

---

[1]) Die thierischen Gesellschaften. Deutsch v. W. Schloesser, Braunschweig. 1879.

Hat ihre Trennung von dem ganzen Organismus sich vollzogen, und auch schon vorher, als sie sich vorbereitete, so ist die ganze Gemeinschaft in eine allgemeine Aufregung und Verwirrung gerathen, welche einen tiefen Eindruck hinterlassen hat. Wir erinnern z. B. an die ausserordentliche Aufregung, in der die Henne sich befindet, welche soeben gelegt hat und nun schreiend auf ihrem Neste sitzt. Ist nun die Summe der zusammensetzenden lebenden Elemente so angeordnet, dass Störungen der Theile ihren Widerhall in einem Mittelpunkte finden (wie es bei den Fischen, deren Nervensystem schon höher entwickelt, der Fall ist), so müssen im Augenblicke der Ejaculation der Eier sowohl wie der befruchtenden Körper beide die Aufmerksamkeit des Thieres auf sich gezogen haben. Es muss in ihnen einen Theil seines Ich erblicken und sie als solchen in gewisser Weise mit seiner Besorgnis verfolgen. Dasselbe Interesse, das es für sich solbst und für die associirt gebliebenen Theile seines Körpers hegt, fühlt es auch eine Zeit lang fast in demselben Maasse für jene Elemente, welche sich von ihm losgelöst haben, ohne ihm schon fremd zu sein. Nun befriedigt es das Interesse, welches es für sich selbst hegt, dadurch, dass es für seine persönlichen Bedürfnisse sorgt; warum sollte nun dasjenige, welches es auf seine Eier überträgt, nicht ebenfalls durch analoge Handlungen sich bethätigen? Daraus entwickelt sich vielleicht (alles dies ist, wie wir zugeben, hypothetisch) ein immer glücklicherer Versuch der Brutpflege, das Aushöhlen einer Zufluchtstätte, das Weben eines Nestes, die Abhaltung von Gefahren.“

Wenn damit auch noch nicht, wie Espinas will, die Vaterliebe erklärt ist, so reicht es doch hin auf die mütterliche Liebe, auch dort, wo die Nachkommen der Mutter bei der Geburt vollkommen unähnlich sind, einiges Licht zu werfen. Darauf kommt es uns aber zunächst an, denn die rein mütterlichen Gesellschaften gehen den väterlichen und gemischten voran und zur Constitution einer väterlichen kommt es im Thierreich überhaupt nicht.

Dagegen haben die mütterlichen Gesellschaften auch auf einer verhältnismässig tiefen Stufe des Thierreichs bereits eine Ausbildung und Vollkommenheit erreicht, welche die analogen Gesellschaftsformen der höchstentwickelten Thiere und vielleicht sogar des Menschen in mancherlei Beziehung übertrifft. Man könnte einfach sagen, die höheren thierischen und menschlichen Gesellschaften machen jene älteren Formen nur als eine embryologische Durchgangsphase mit, um bald zu höheren Stufen der Entwicklung zu gelangen, während auf dem Standpunkte der Hymenopteren zum Beispiele die mütterliche Gesellschaft als die Grenze des Erreichbaren sich in der ganzen Vollkommenheit ihrer Art ausbildet. Uebrigens ist es auch dann noch gerathen, die vielbewunderten „Staaten", „Monarchien" und „Republiken" der Wespen, Bienen und Ameisen mit etwas mehr Nüchternheit, Kälte und Objectivität zu beurtheilen, als dies meist geschieht. Es ist längst darauf hingewiesen worden, dass die Gesellschaften der Hymenopteren nicht einmal vollständige Familien sind, dass die Männchen eine sehr untergeordnete Rolle, etwa wie die Weiber uncivilisirter Völker spielen, wie diese nur Kindererzeugungsmaschinen sind, nach gethaner Schuldigkeit meist aus der Gesellschaft gestossen, oft sogar getödtet werden. Und wie in diesen vermeintlichen Staaten die Unterabtheilung, so fehlt in der That auch die höhere Synthese. Die sogenannte Königin der Bienen ist lediglich eine Eierfabrikantin, die weder den Stock regiert, noch sonst irgend eine Function des Oberhauptes ausübt. Sie ist nicht Königin sondern Mutter, die Arbeiterinnen sind nicht Untergebene, sondern Pflegerinnen. Alles dreht sich um das eine nächstliegende Ziel: Erzeugung der Eier und Bedienung der zu erwartenden jungen Brut. Die frühere biologische Einheit, wie sie auf den Stufen der niederen Thierwelt herrscht, ist hier durch einen Collectivsinn ersetzt, der womöglich noch beengender und tyrannischer auf den einzelnen Gliedern der Gesellschaft lastet, als das physische Band. Damit ist auch den, scheinbar den regelmässigen Gang der Natur durchbrechenden „grossartigen" Gesellschaften der Hymenopteren die ihnen gebührende Stelle in der sociologischen Entwicklung angewiesen.

Es erübrigt nur noch ein Hinweis auf die Bethätigung des Arbeitstriebes in diesen Gemeinschaften; wir lassen jedoch am besten dem geistreichen Specialforscher der thierischen Gesellschaften das Wort:

„Der alleinige Zweck aller Handlungen und Vorstellungen der socialen Insecten ist die Aufziehung der Jungen[1]); aber zur Erreichung dieses einzigen Zweckes stehen ihnen zahlreiche Mittel zu Gebote. Die Brutpflege erfordert u. A. den Bau einer Schutzstelle und eines Zufluchtsortes, und hierdurch ist die Entwicklung des Kunsttriebes in den mütterlichen Gesellschaften der Insecten bedingt. Nicht dass Erscheinungen dieser Art etwas den Gesellschaften Eigenthümliches wären; jedes lebende Wesen, wie einsiedlerisch es auch leben mag, kann im Nothfalle sich eine Umhüllung bauen; und das ist der Beginn des Kunsttriebes, falls

[1]) Es sollte besser heissen: der Larven.

dieser nicht in der Bildung des Organismus selbst sich findet. Ganz abgesehen von den tubicolen Anneliden, den Muscheln und steinbohrenden Mollusken, den Weberraupen und endlich den Spinnen bieten uns auch die nichtsocialen Hymenopteren unter vielen anderen Insecten Beispiele einer sehr kunstreichen Verwerthung der Materie. Ebenso unbestreitbar ist es aber, dass seit dem Auftreten der Gesellschaften, deren Zweck die Brutpflege ist, der Kunsttrieb einen schnellen Aufschwung nimmt und unerwartete Wunder hervorbringt. Hier verzichtet er entschieden auf sein gewohnheitliches Verfahren, um neue anzunehmen. Bis jetzt haben die niederen Thiere das Material zu ihrem Zufluchtsorte und ihren Werkzeugen[1]) zum grossen Theil ihrem eigenen Körper entnommen; jener war eine Verlängerung des ihn hervorbringenden Organismus, dieses, wie das der Spinne, nur eine Erweiterung des Thieres, welches den Mittelpunkt bildet. Die Erzeugnisse der socialen Kunsttriebe dagegen sind aus Stoffen erbaut, welche der Substanz des Künstlers immer fremder sind und äusserlich durch immer ausschliesslicher mechanische Mittel verarbeitet werden. Daraus folgt, dass der lebende Körper nicht mehr so unmittelbar an der Erhaltung seines Werkes interessirt ist, dass er diesen Bau fast ins Unendliche abändern, ausbessern und wieder aufbauen kann, kurz, dass dieser vom Organismus mehr zu einem Werkzeuge wird. Das war das unausbleibliche Resultat des animalen Lebens, welches, wesentlich übertragungsfähig und einen Verkehr mehrerer getrennter Wesen voraussetzend, nothwendig über die äussere Materie sich erheben und sie den Zwecken des Lebens gemäss organisiren musste. Haben wir nun seine Wirkungen als von denen des physiologischen Lebens durchaus verschieden aufzufassen? Wenn man bedenkt, dass unmerkliche Uebergänge die das Organ erzeugende unbewusste Arbeit mit der das Werkzeug hervorbringenden bewussten Arbeit verbinden, so scheint dem nicht so. Genau gesagt, ist die Wachsscheibe, in der die Bienenlarven ihrer täglichen Nahrung warten, für jedes Individuum des Stockes äusserlich, für die ganze Gesellschaft aber innerlich, da diese, ein einziges Bewusstsein, eine Collectivindividualität bildet. Die Seele des Stockes ist gewissermaassen eine gemeinschaftliche Function, sein Körper gewissermaassen ein gemeinschaftlicher Apparat; der eine ist nur die materielle Uebersetzung der

[1]) Espinas meint hier und an den folgenden Stellen jene natürlichen Werkzeuge, die zum Theile aus Secreten des Körpers gebildet und oft mit dem Körper fester oder loser verbunden, ein Werk des Thieres selbst sind und also die Mitte zwischen Organ nnd Instrument halten.

anderen, und das Werkzeug erzählt die Function eben so treu, wie das Organ. Man kann sogar noch weiter gehen und behaupten, dass das Werkzeug im vollen Sinne des Wortes Organ sei, denn es dient einer für die Genossenschaft vitalen Function und diese ist allen Veränderungen ausgesetzt, zieht aus jedem Wachsthum Nutzen, welches die Umstände ihr zuführen. Bei den Bienen wird diese Wahrheit durch die Domestication verdeckt; sie lässt sich jedoch bei dem Brutpflegeapparat der Ameisen leicht bestätigen. Kurz, der Kunsttrieb ist nichts, als die Ausarbeitung des socialen Organismus und wie jeder Organismus der genaue Ausdruck der Function; er ist die sichtbare Function. Von diesem Gesichtspunkte erscheint uns die Kunst im Thierreiche nur als eine Erweiterung des Lebens, und beide müssen denselben Gesetzen unterstehen. Nur ein wesentlicher Unterschied besteht zwischen ihren Werken, und dieser rührt daher, dass die Werke der einen das Product einer mehr und minder bewussten Intelligenz, die des anderen einer unbewussten Kraft sind, obwohl ohne Zweifel in dieser einige Intelligenz noch zu Tage tritt. Dieser Unterschied ist aber folgender: das Organ, wie die Schale der Mollusken, die Röhre der Serpula, der Panzer des Insects, besteht aus materiellen Elementen, deren Zahl und Anordnung unbestimmt oder vielmehr unbestimmbar ist (was für uns auf dasselbe hinausläuft), weshalb Leibniz sagen konnte, alle lebende Materie schliesse ein Unendliches ein, während das Werkzeug aus Theilen von bestimmter Angabe zusammengesetzt ist, deren Anordnung von einem beschränkten Vorstellungssystem begriffen werden kann. Dieser Unterschied schwindet aber, je mehr das Mikroskop mit Hilfe der Berechnung auch für die zarteste organische Structur uns die Formel enthüllt[1].“ —

Wir werden uns mit diesen höchst bedeutsamen Ausführungen noch des Eingehenderen zu beschäftigen haben. Hier begnügen wir uns, darauf hinzuweisen, dass selbst auf jener tiefen Stufe der sociologischen Entwicklung der Begriff der Arbeit von dem der Gesellschaft unzertrennlich ist. Bei einigen Arten von Hymenopteren ist sogar die Arbeitstheilung so weit fortgeschritten, dass sich verschiedene Gruppen von Individuen verschiedenen Functionen auch physiologisch angepasst haben. Bei den Termiten giebt es Männchen, Weibchen, Krieger und Arbeiter, ja in einigen Fällen wurden sogar zwei Formen von Männchen und Weibchen, geflügelte und ungeflügelte, vorgefunden. Bei den Sauba-Ameisen giebt

---

[1]) Espinas a. a. O. S. 338 ff.

es ausser zwei geschlechtlich ausgebildeten Formen noch drei Varietäten geschlechtlich unausgebildeter Formen, welche die Arbeiten im Hause und im Freien verrichten. Ausser dieser Quasi-Organisation bei den socialen Insecten wären noch die Sclaven und Nutzviehe zu erwähnen, die sich gewisse Ameisen halten.

Alles in Allem genommen überwiegt in dem Charakter der mütterlichen Gesellschaften der Insecten das biologische Element, und wir gelangen am ehesten zu ihrer richtigen Würdigung, wenn wir sie als eine biologische Einheit, ihre Arbeit als eine physiologische Function, die durch Arbeitstheilung entstandenen Formen als die, besonderen Functionen angepassten Organe, ihr Arbeitsproduct als das natürliche Werkzeug des Thieres ansehen. Diese Gesellschaften bilden sonach eine breite Brücke von den rein biologischen zu den rein sociologischen Gebilden.

Vollständig wird die sexuelle Gesellschaft erst mit dem Eintritt des Männchens in dieselbe. Die Ansätze hierzu sind nicht unter der Stufe der Vögel zu suchen; doch zeigen sich Uebergangsformen auch bei den Fischen und Amphibien, wo die Rollen, die wir den Geschlechtern zuzuschreiben pflegen, nicht selten vertauscht sind, indem die Männchen der jungen Brut gegenüber Mutterstelle vertreten, die Eier mit sich führen, behüten, den Weibchen bei der Eiablage und selbst beim Brüten helfen.

Fragen wir freilich nach dem Grunde, weshalb sich das Männchen dem Weibchen über die Paarung hinaus anschliesst, so stellt sich die Antwort noch schwieriger heraus als dies bei der Erklärung der Mutterliebe der Fall war. Die Vaterliebe —, soviele Beweise für eine solche aus dem Thiereiche, zumal aus der Vogelwelt, angeführt werden mögen — ist immer noch eine zu precäre Sache, als dass sie zur Erklärung eines so wichtigen socialen Fortschrittes herangezogen werden dürfte. Zudem lassen sich den Beweisen zärtlicher Vaterliebe immer noch mehr Beweise der grössten Gleichgiltigkeit und ebenso viele Fälle entgegenstellen, wo der Erzeuger die Nachkommenschaft einfach auffrisst, so z. B. bei vielen Raubthierarten, wo sich das sexuelle Paar bereits constituirt hat. Was sonst noch zur Erklärung des Beitrittes der Männchen in die Gesellschaft angeführt wird, ist nicht stichhaltiger. Wenn man z. B. sagt, dass die Hähne in die Gesellschaft der Weibchen eingetreten seien, weniger um Väter als vielmehr um Herren zu sein, oder dass die neuen Aufgaben, die des Männchens in der Familie harren, die Vertretung derselben nach aussen, den grossen Fortschritt verursacht haben, so scheint hier eine Verwechslung von Folgeerscheinungen mit Anlässen vorzuliegen. So nöthig uns also eine einheitliche Erklärung wäre, müssen wir uns einstweilen doch damit begnügen, die Thatsache festzustellen, dass die Gesellschaft sich befestigte mit der zunehmenden Nothwendigkeit, für die Jungen längere oder kürzere Zeit zu sorgen, mit der Verlangsamung der körperlichen und geistigen Entwicklung der Jungen, d. i. mit der Höhe der Organisation, mit der Steigerung der Intelligenz und des gesammten Seelenlebens der Thiere.

Die eheliche Vereinigung der Vögel und Säugethiere ist entweder monogam oder polygam oder polyandrisch, ohne dass man für die Erklärung des einen oder anderen eine bestimmte Regel aufstellen könnte. Espinas hält die Polygamie für die höhere Entwicklungsstufe, weil sie den Keim einer weiteren Entwicklung enthält. Jedenfalls ist sie die ursprünglichere Form, da sich aus ihr die Monogamie sehr einfach als eine durch locale, individuelle und Macht-Verhältnisse bedingte Reduction der Gesellschaft auf ein Weibchen erklären lässt. Zudem kennt die Natur in dieser Hinsicht keine genauen Grenzen, indem oft verschiedene Species derselben Art, ja sogar verschiedene Individuen der gleichen Species bald monogam, bald polygam leben. Wir werden ganz genau dieselben Erscheinungen in der primitiven Menschengesellschaft wiederfinden.

Mit der sexuellen Gesellschaft — der Name Familie will mir auch nicht recht behagen, da die eheliche Vereinigung der allermeisten Thiere nur eine periodische und keine continuirliche ist, — mit der Constituirung der dreigliedrigen Gesellschaft auf Grund der Function der Fortpflanzung stehen wir auf dem Höhepunkte der socialen Entwicklungsreihe der Thierwelt. Was darüber hinausliegt, und was Andere mit dem vollklingenden Namen Völkerschaft belegten, ist zum Theile nichts, was sich nicht durch die vorhergeschilderten Erscheinungen erklären liesse, zum Theile noch so wenig wissenschaftlich erforscht, dass es für uns kaum der Gegenstand der Betrachtung werden kann. Die sogenannten ethnischen Gesellschaften der Thiere lassen sich bald auf die Function der Ernährung (Raubgenossenschaften) bald auf die Function der Fortpflanzung (Brutgenossenschaften der Vögel) zurückführen; in manchen Fällen wird man kurzweg von Commensalismus sprechen können. Eine wirkliche Sympathie, in welcher Espinas die Stütze der ethnischen Gesellschaften erblickt, dürfte in den allerspärlichsten Fällen nachweisbar sein, man wollte denn mit dem Worte Sympathie das den Gesangs- und Brüllvereinen gewisser Vogel- und Affenarten zu Grunde Liegende bezeichnen.

Der sociale Trieb in der Thierwelt, der zur vorübergehenden Herdenbildung führte, dürfte, soweit er nicht sexuellen Ursprunges oder ganz einfach aus dem Defensiv- oder Aggressivbedürfnis hervorgegangen ist, im Wesentlichen negativer Natur sein. Wir müssen auf die Gesellschaft der Hymenopteren zurückblicken, um zu begreifen, dass der sogenannte Herdentrieb lediglich in dem Mangel individueller Selbstständigkeit besteht. Das selbstständige Individuum, welches sich von der Herde mehr oder minder emancipirt, hat ein zum Durchbruch gelangtes Selbstbewusstsein zur unerlässlichen Voraussetzung, eine Voraussetzung, die im Thierreiche nirgends erfüllt ist. Hier wirkt also der an die Stelle der ursprünglichen physiologischen Einheit getretene Collectivsinn noch in ungeschwächter Kraft weiter. Man vergegenwärtige sich nur das Bild einer Gänseherde, die ein Bild einer Collektiveinheit giebt, wie sie der Bienenschwarm auch nicht stärker darstellt. Was die eine Gans thut, thuen spontan alle übrigen; sie alle laufen, schlagen die Flügel, recken die Hälse und schreien, sobald eine Gans läuft, die Flügel schlägt, den Hals reckt und schreit. Und wie aufgeregt, bestürzt und verwirrt ist beispielsweise ein Schaf, welches plötzlich merkt, dass es sich von seiner Herde getrennt hat? Ganz ähnlich wie die Henne, welche eben ein Ei gelegt hat. Ja, dieser Collectivsinn wirkt so mächtig in den Thieren, dass sie ihm selbst da nachhängen, wo er ihnen, weit entfernt, eine Stütze im Kampfe ums Dasein zu sein, eher zum Verderben gereicht; man denke nur an die grossen Vogelflüge und Niederlassungen, durch welche diese Thiere oft einem Massentode entgegengehen. Es soll damit natürlich nicht geleugnet sein, dass der Herdentrieb noch öfter eine ausgezeichnete Quelle der Kraft und Macht im Kampf ums Dasein bildet.

Wir können also in den die Grenzen der sexuellen Vereinigung überschreitenden Associationen der Thiere im Allgemeinen keinen weiteren socialen Fortschritt sehen, sondern erblicken in denselben, soweit sie nicht durch den Ernährungs- und Fortpflanzungstrieb vollständig erklärt sind, vielmehr eine äusserst kräftige Nachwirkung schon überwundener Entwicklungsverhältnisse. Es ist daher auch überflüssig, eigene Functionen herauszusuchen, um die spärlichen Anzeichen von Organisation, wie sie sich in jenen Herden finden, das Ausstellen von Wachen, Absenden von Spähern und Kundschaftern, Aufstellen von Leitthieren und Führern u. s. w., zu erklären. Die grössere physische oder intellectuelle Befähigung hat hier im Kampf ums Dasein von selbst Führende und Folgende geschaffen; es war für das fähigste Thier ebenso natürlich und selbstverständlich und auch im eigenen Interesse gelegen, sich zum Leitthiere aufzuwerfen, wie es für alle anderen vortheilhaft war, diesem erfahrensten, kräftigsten, schnellsten Thiere unbedingt zu gehorchen. Angesichts der Vortheile, welche diese freiwillige Unterordnung dem Individuum bringt, muss jenes Thier als das tauglichste bezeichnet werden, welches diese von dem Herdentrieb so recht unzertrennliche Unterwürfigkeit in erhöhtem Grade besass, während die individuell vielleicht weiter gediehenen Thiere Gefahr liefen, in der Isolirung oder im Kampfe um die Suprematie unterzugehen. Wir können also nach dem Grundsatze des Ueberlebens des Tauglichsten annehmen, dass der unausrottbare Herdentrieb auch noch eine Verstärkung durch die Vererbung eines freiwilligen Unterordnungssinnes erfahren hat.

Das Erwähnte reicht vollauf hin, um alle, die mehr oder minder vorübergehende sexuelle Gruppe überschreitenden Thiergesellschaften mitsammt ihrer scheinbaren Organisation zu erklären. Im Uebrigen sind die Beispiele für derlei „Organisationen“ durchaus nicht häufig. Nur den höchst entwickelten Säugethieren, Affen, Rindern u. dgl., ist sie eigen; die meisten Säugethiere haben sich nicht bis zur Wahl eines Leitthieres aufgeschwungen, und von den Völkerschaften der Vögel sagt Espinas selbst: „Sie sind ziemlich zusammenhängende und zum Zwecke des gemeinsamen Wohles einer Cooperation fähige Vergesellschaftungen, zeigen aber keine andere Theilung der Functionen, als die, aus welcher die Familien entstehen, und die, welche die Wachen und Kundschaften hervorbringt. Wir finden in ihnen keinen Führer, welcher die Herde leitete, keine Uebertragung der Autorität, also auch keine wirkliche sociale Organisation.“

Zweites Capitel.

Der sociale Urzustand des Menschen.

I.

Dass die menschliche Urgesellschaft unmittelbar weiterspinnend und fortbildend an diese Formen der thierischen Gesellschaft angeknüpft und also eine nächsthöhere Stufe der socialen Entwicklung dargestellt habe, ist keineswegs ein Postulat der natürlichen Entwicklungslehre und lässt sich a priori ganz und gar nicht feststellen. Der Urmensch kann gesellschaftlich ebensogut über als noch tief unter der von den bestentwickelten Säugethieren erreichten Geselligkeitsstufe gestanden sein. Auch die letztere Annahme widerspricht der sonstigen Stellung des Menschen in der animalischcn Entwicklungreihe keineswegs, da ja seine Ueberlegenheit gegenüber der übrigen Thierwelt lediglich in der glücklichen Vereinigung vieler Fähigkeiten und Anlagen bestand, die andere Thiere vereinzelt in stärkerem Grade besitzen und in vollendeterer Weise ausgebildet haben konnten. Ob also der Urmensch die periodische oder bereits die dauernde geschlechtliche Vereinigung kannte, ob er die mütterliche oder bereits die väterliche Familie constituirte, ob er unter polyandrischen, polygynen oder monogamen Eheverhältnissen lebte — über all dies und dergleichen lässt sich auf rein theoretischem Wege gar nichts ausmachen, weil das eine so gut wie das andere oder Alles zugleich der Fall gewesen sein kann.

Der einzige Weg, um hier zu unanfechtbaren Resultaten zu gelangen, kann also nur der der empirischen Forschung sein.

Wenn man von der heutigen Menschengesellschaft all das subtrahirt, von dem uns die Geschichte lehrt, dass es erst in jüngerer oder älterer Zeit geworden sei, so erhält man einen Rest, welcher dem gesellschaftlichen Urzustand zwar nicht gleich, aber doch um ein Beträchtliches näher kommen muss. Eine wesentliche Unterstützung auf diesem Wege wird man an den Beobachtungen finden, die man an Naturvölkern mit primitiven Sitten vor längerer oder kürzerer Zeit gemacht hat und noch macht. Vielleicht finden sich noch Völker, die in ihrem gesammten gesellschaftlichen Habitus noch den Urzustand der Menschheit repräsentiren. Wenn aber auch dies nicht der Fall sein sollte, so werden sich wenigstens in primitiven Gesellschaften noch kräftigere Anklänge an die noch näher liegenden Urformen erhalten haben. Solche rudimentäre Formen zeigen eben eine erstaunliche Resistenz und haben sich vielfach inmitten unserer von Dampf und Elektricität beherrschten Cultur erhalten, auf der Oberfläche des modernen Lebens schwimmend wie Bojen, welche allein noch im Weltmeer die Stelle bezeichnen, wo ein mächtiges Schiff versunken ist. Auch diese Ueberlebsel längst überwundener und vergessener Lebensformen werden hier und da berufen sein, einen farbigen Stich für das buntscheckige Bild der menschlichen Urgesellschaft zu liefern. Am treuesten hat sich dieses aber in der lebendigen Isolirtheit erhalten.

Bei der Entdeckung einer oceanischen Insel, die durch mächtige Zeiträume von jedem Verkehre abgeschnitten lag, treffen wir zumeist die Fauna und Flora auf einer in der übrigen Welt längst überholten Entwicklungsstufe, welche trotz der auch hier stattgehabten, aber mangels überlegener Concurrenten weniger durchgreifend und vielseitig gestalteten Fortbildung jenem Entwicklungstadium näher steht, auf welchem sich das Inselland zur Zeit der Lostrennung vom gemeinsamen Rumpfe befand. Was nun die Beutel- und Cloakenthiere Australiens für die Naturwissenschaft, das sind die socialen Formen der Australneger, der Südsee-Insulaner oder der amerikanischen Indianer für die Wissenschaft von der menschlichen Gesellschaft. Es ist für uns ganz gleichgiltig, auf welchem Wege wir uns die Lostrennung der amerikanischen Bevölkerung von dem gemeinsamen Menschenstocke vor sich gegangen denken. Jedenfalls fand diese Trennung einmal so oder so statt und hielt dann, vielleicht durch Jahrtausende, ununterbrochen an. Wenn man nun auch nicht annehmen kann, dass sich diese nach der Trennung vollständig isolirte Gesellschaft überhaupt nicht weiter gebildet habe, so muss doch diese Entwicklung eben infolge der Isolirung eine viel langsamere, viel einseitigere und weniger durchgreifende gewesen sein, als anderwärts, wo ein Ueberfluss concurrirender Formen die vielfältigsten und verwickeltsten Combinationen erschuf. Je isolirter und je kleiner zugleich das Land war, desto zurückgebliebener musste sich daher die dasselbe bewohnende Gesellschaft zeigen, ganz ähnlich wie die Fauna und Flora. In weiten Landstrecken mit wechselvollen localen und klimatischen Verhältnissen wurde die Wirkung der Isolirheit eben durch den Reichthum an Formen schon zum Theile aufgehoben. Während z. B. in Amerika selbst unter der Annahme einer ursprünglich einheitlichen Bevölkerung — was übrigens vielfach bestritten wird — infolge der gewaltigen räumlichen Ausdehnung und der dadurch bedingten Mannigfaltigkeit der Lebensbedingungen immerhin eine weitere Differenzirung sehr erleichtert und eine grössere Mannigfaltigkeit der Formen ermöglicht war, bot eine kleinere Insel, wie etwa Australien, nur viel geringere Gelegenheit zur weiteren natürlichen Zuchtwahl. So traf man denn bei der Entdeckung Australiens und der Südseeinseln thatsächlich auf gesellschaftliche Formen, die wiederum ebenso tief unter den amerikanischen standen, wie die australische Flora unter der autochthonen Flora des transatlantischen Continentes. Die vollständig isolirten und infolge örtlicher und klimatischer Verhältnisse im bittersten Kampf ums Dasein stehenden Bewohner der Südspitze Amerikas, der afrikanischen Tropen wie der circumpolaren Länder des Nordens endlich zeigten uns auch den Tiefstand der bisher beobachteten gesellschaftlichen Entwicklung, einen Zustand, welcher von dem Urzustande nicht viel verschieden sein dürfte.

Dass zu den neologen Formen der menschlichen Gesellschaft alle jene politischen Einrichtungen gehören, welche man mit dem Sammelnamen des Repräsentativstaates bezeichnet, und welche bei der überwiegendsten Mehrheit der Culturvölker heute eingebürgert sind, braucht nicht erst unter Beweis gestellt zu werden. Wir haben ja den Werdeprocess dieser Formen zum Theile selbst noch miterlebt, zum anderen Theile lehrt uns die Geschichte, dass unsere constitutionellen Monarchien oder Republiken, mit all ihren judiciellen, administrativen, militaristischen Einrichtungen u. dgl. sociale Producte sehr jungen Datums sind. Aber auch derjenige Staats- und Gesellschaftstypus, welcher dem heutigen unmittelbar voraufging und in dem heutigen noch in zahllosen Formen und Einrichtungen nachlebt, auch der Feudalstaat, mit seinem charakteristischen Eigenthumsrechte und der prononcirt classen- und standesmässig durchgeführten Gliederung, mit seinen Lehens- und Unterthänigkeitsverhältnissen, ist im Hinblick auf die langen Zeiträume, welche die menschliche Cultur durchmessen hat, ein Kind von gestern. Etwas älter schon ist die kirchliche Hierarchie; aber auch ihre Geburtszeit kennen wir ziemlich genau, und wenn man gleich zugeben muss, dass es eine hierarchische Organisation auch zu anderen Zeiten gab, so haben wir doch auch eine leidlich genaue Kenntnis von dem beiläufigen Alter dieser Institutionen, und wissen, dass keine derselben weit über das historische Zeitalter zurückreicht. Wenn wir nach einem Totaleindruck, wie ihn die Geschichte gewährt, suchen, um nach Abzug alles historisch Gewordenen wenigstens die Grundform der sogenannten historischen Zeit zu ermitteln, so bleibt uns nicht viel mehr übrig, als verschiedene, meist durch sprachliche oder rassische Zusammengehörigkeit enger verknüpfte Gruppen unter der Herrschaft eines Königs und mit einer gewissen Schichtengliederung, welcher an Stelle der heutigen individualistischen Organisation die Ausübung der socialen Functionen oblag. In der Regel unterschieden sich seit den frühesten historischen Zeiten drei solcher Schichten scharf von einander, die der Priester, die der Krieger und die der Arbeiter, den drei wesentlichsten Functionen der Gesellschaft entsprechend. Diesen Typus repräsentiren die mächtigen Gesellschaftsgebilde des Orients und des Alterthums, die ein geistreicher Denker so treffend mit den gewaltigen, aber wenig organisirten Sauriern verglich.

Dass wir es übrigens auch hier noch nicht mit den primitiven Erscheinungen der Gesellschaft zu thun haben, kann gleichfalls Jeder wissen, der auch nur oberflächlich sein bischen Geschichte studirt hat. Da hat er mehrere und nachmals nicht gerade unbedeutende Völker, wie die Juden, Griechen und Germanen, kennen gelernt, denen der Einheitsstaat, auch in der ebengezeichneten Einfachheit, fremd war; sie bildeten blos einen Bund oder Bündnisse zahlreicher kleinerer Gruppen (Stämme), die ihrerseits kaum eine andere Structur als die der Familiengliederung aufwiesen. Der Bund war meist lose und transitorischer Natur, zumeist nur durch das zeitweilige Defensivbedürfniss geschaffen; eine kräftige und dauernde Centralgewalt fehlte daher; alle Macht und alle Function ruhte in den Stämmen, welche wieder keine andere Form als die Familienverfassung aufzuweisen hatten. Die obenerwähnte Schichtengliederung ist allenfalls noch zu beobachten, es gab herrschende und beherrschte Classen, jeder Stamm hatte sein Oberhaupt, allein dieses besass nur beschränkte Vollmachten; im Grunde übte der Stamm alle seine Functionen unmittelbar und simultan aus. Auf diesem socialen Standpunkte fand man zur Zeit der Entdeckung Amerikas den weitaus grössten Theil der Völker dieses Erdtheiles vor, und wir besitzen, wie später eingehend zu zeigen, genügenden Grund, diese Verfassung für eine allgemeine Durchgangsform zu halten, welche die nachmals zu politischer und cultureller Bedeutung gelangten Völker, etwa an der Schwelle der sogenannten historischen Zeit, durchgemacht haben.

Gehen wir noch einen Schritt rückwärts zu dem grossen Völkercomplex Australiens und des Südseearchipelags, zu einem grossen Theile der Urbevölkerung Afrikas und Amerikas, sowie einzelner Theile von Asien und wir sehen, wie auch die Form des Bundes ganz in Wegfall kommt, so dass der Stamm allein mit seiner einzigen Unterabtheilung in Clane, Dorfgemeinden und Familien übrig bleibt. Es scheint, als sollten Jene recht behalten, welche die Familie als eine Art gesellschaftliches Prius, als ein unmittelbares Werk Gottes ansehen. Allein auch die Hoffnung, es werde wenigstens diese eine Form über allem Gewordenen und Vergänglichen stehen und bestehen, erweist sich als trügerisch. Das Wesentliche unserer Familie beruht in einem bestimmten Wechselverhältnis der Ehegatten zu einander sowie zu den Sprösslingen dieser Ehe. Unsere Familie, so wie wir sie seit der historischen Zeit zu verstehen gewohnt sind, beruht auf der von Vater und Mutter gleichmässig abgeleiteten Verwandtschaft: ihr Haupt, ihr Herr und Beschützer ist aber der Vater, er giebt ihr den Namen, er muss in erster Linie für ihre Existenzmittel aufkommen, nach ihm ist die Genealogie und somit auch die Erbfolge geregelt, kurz von dem Vater erhält die Familie ihr ganzes sociales Gepräge. Dass das jemals anders gewesen sein könnte, wird selbst aufgeklärten Europäern nicht leicht in den Kopf kommen, und doch leben heute noch so zahlreiche Naturvölker unter ganz entgegengesetzten Verhältnissen. Nicht der Vater, sondern die Mutter giebt den Kindern ihren Namen; nach der Abstammung von der Mutter regelt sich alle Verwandtschaft, wie auch die Erbfolge; der Mann ist nur ein accidentelles Glied wie in der thierischen Gesellschaft, oft nur ihr Gast, dort, wo die Familie constituirt ist, nur ihr Tyrann und Ausbeuter, hie und da aber auch ihre Drohne, welche dem Weibe unterthan ist.

Die Thatsache des Mutterrechtes, die, wie man später eingehend erfahren wird, keineswegs eine locale Anomalie sondern eine allgemeine sociale Thatsache ist, rüttelt schon bedenklich wenigstens an unserem hergebrachten und geheiligten Begriffe von der Familie und doch sind wir auch damit noch nicht an der Grenze angekommen, die unseren Erfahrungen von der Urform der Gesellschaft gesteckt ist. Die Völker, welche man in mutterrechtlichen Verhältnissen traf, waren zumeist „Wilde", noch wenig oder gar nicht mit der Bearbeitung der Metalle vertraut, doch aber oft im Besitze grosser Kunstfertigkeit, im Uebergang vom reinen Jäger- und Fischerleben zur stabileren Lebensweise des Hirten und Ackerbauers, im Besitze gewisser, wenn auch noch so primitiver Religionsbegriffe. Nun giebt es aber in allen Breiten unserer Erde Völker, welche nach jeder Richtung einen ungleich tieferen Standpunkt einnehmen, Menschen, die über die Erzeugung der allerprimitivsten Werkzeuge nicht hinausgekommen sind, denen die Bereitung von Geweben, denen die Töpferei unbekannt ist, deren Wohnstätten tief unter denen zahlreicher Thierarten stehen, deren Sprache und geistige Verfassung überhaupt den Tiefstand menschlicher Civilisation bedeutet. Man ahnt wohl, dass die socialen Verhältnisse solcher Völker, entsprechend allen übrigen Lebensformen, die denkbar rohesten sein werden. Hier ist auch die Muttergesellschaft, ja zumeist auch die Vater- oder besser Mannestyrannis nicht mehr zu erkennen; zur Polygynie ist die Polyandrie getreten; Gemeinschaftsehe, Verwischung aller Verwandtschaftsgrade, Nichtachtung der sogenannten Blutnähe constituiren thatsächlich die sexuelle Herde, an deren Spitze höchstens ein Individuum steht, dessen Functionen über die eines Leitthieres nicht hinausgehen. Dieser Menschenrudel wird nur durch die brutalen Magen- oder Geschlechtsbedürfnisse zusammengehalten und wenn ja über ihm noch eine höhere Macht waltet, so ist dies die Furcht vor missgeborenen Geistern, den Kindern des eigenen kaum erwachten und sich selbst beschauenden Geistes.

Von den meisten Hyperboräern wird uns übereinstimmend berichtet, dass bei ihnen Polygynie vereint mit Polyandrie, Frauentausch und gastliche Prostitution herrsche. Ein Mann besitzt oft mehrere Frauen, eine kluge Frau mehrere Männer, und da mehrere solcher Familien (?) bunt durcheinander in einer Hütte wohnen, ist die Bezeichnung Herde für diese Art Vereinigung wohl die einzig passende. Eine höhere Gesellschaftsform als die Jurtengemeinschaft giebt es zumeist aber nicht.

Nicht erfreulicher lauten die Berichte über die Feuerländer; wenngleich manche Reisende allzu rasch mit dem Urtheil über diese armselige Volk bei der Hand waren, so muss doch selbst Ratzel, der keineswegs so ungünstig über die Feuerländer denkt, zugeben, dass bei der Lebensweise und den ungünstigen Existenzbedingungen derselben selbst die Nothwendigkeit staatlicher Organisation wegfalle: „sie reisen stets nur in

Gruppen von ungefähr zwölf Personen, nächtigen auch in einer und derselben Hütte. Dass irgend eine engere Verwandtschaft in diesen Gruppen herrscht, ist sehr wahrscheinlich; sie bestehen am häufigsten aus drei Männern, fünf Frauen und vier Kindern und dürften die natürlichste Zusammenschliessung, die Familie, darstellen. Nur von den Ona, dem Jagdstamme, wird bezeichnenderweise gesagt, dass in ihm der Stärkste die Führung habe. Die Jakomusch der Jagahn, in denen Fitzroy irrthümlich Häuptlinge sah, sind Zauberärzte, die mehr Verachtung als Verehrung trotz des Aberglaubens finden, der sie umgiebt.“ Das ist die freundlichste Schilderung von der Gesellschaft der Feuerländer. Nach Decker findet man bei ihnen „nicht den kleinsten Funken von Religion oder einer staatlichen Einrichtung; sie sind im Gegentheil in jeder Beziehung brutal“. Fitzroy meint, er hätte Grund zu glauben, „dass es bei ihnen Gemeinschaften gab, welche in regelloser Vermischung lebten und zwar wenige Weiber zusammen mit zahlreichen Männern“.

Von den gesellschaftlichen und politischen Verhältnissen der Buschmänner sagt Ratzel: „Sie nähern sich entschiedener als die meisten andern Naturvölker einer Stufe, welche der Sociolog als die des rohesten Individualismus bezeichnen würde. Sind schon die Familienbande locker, wie viel mehr die des Stammes, von dessen Zusammengehörigkeit oft kein anderes äusseres Zeichen als sein Name und der gemeinsame Dialekt der Glieder spricht. Mehr zufällig scheint es zu geschehen, dass einzelne Familien sich zu Dörfern zusammenfinden und den angesehensten, einflussreichsten der Männer zum ‚Captein‘ machen. Dauernde Organisationen sind nicht daraus hervorgegangen.“ Die eheliche Vereinigung erfolgt ohne jede Ceremonie und Vorbereitung und ist sehr lose. Es kommt oft vor, dass der Stärkere dem Schwächeren sein Weib wegnimmt. In der Sprache der Buschmänner giebt es kein Wort, welches das eheliche Verhältniss zwischen den beiden Geschlechtern bezeichnete, so wenig diese Sprache ein eigenes Wort für Häuptling hat; die Buschmänner bedienen sich entweder des oben erwähnten Ausdruckes „Captein“ oder eines Wortes aus der Sitschuanasprache, das „Höchster“ bedeutet.

Die Bewohner von Tahiti besassen nach Cook u. A. neben grossen Anlagen des Geistes und des Gemüthes keine Gesetze und keine Gerichtsbarkeit. Persönliche Sicherheit und das Recht des Privateigenthums wurden kaum geachtet sie wurden nur durch das Herkommen, nicht durch Gesetze regiert von Häuptlingen und Priestern, die eine lediglich auf Furcht und Aberglauben gegründete Autorität ausübten; ihre Sprache besass kein Wort für Gesetz. Es gab auf Tahiti eine Art Gesellschaft vornehmer Leute beiderlei Geschlechts „Arreoy", die in geschlechtlicher Promiscuität lebten und für untereinander verheirathet galten.

Der naheliegende Einwurf, dass man es bei derartigen Zuständen mit vereinzelten Erscheinungen von Rückbildung und Anomalien zu thun habe, scheint durch eine gewisse anthropologische Annahme bestärkt zu werden, nach welcher die Polarbewohner, wie auch die Völker der Südspitze von Amerika, besonders tiefstehende Rassen seien, welche eben in Folge ihrer Untauglichkeit zu höherer cultureller Entwicklung an diese ungünstigen Locale verdrängt wurden und hier vielleicht noch einen Rückbildungsprocess durchgemacht haben. Allein gerade diese Hypothese bestätigt eher unsere Annahme, dass wir in ihrer socialen Entwicklung thatsächlich den Urzustand der Menschheit vor uns haben, der sich von den socialen Fortschritten entwickelterer Völker unberührt in dieser Isolirtheit rein erhalten hat. Von einer socialen Rückbildung kann wohl auf dieser Stufe nicht gut die Rede sein, weil eine solche nicht gerade mit der anthropologischen Rückbildung Hand in Hand gehen musste. Zudem würde die Last des Beweises für die Behauptung, dass die Anarchie der Eskimos, Feuerländer, Buschmänner u. s. w. ein Rückbildungsproduct, eine Entartung und kein originer Zustand sei, auf jene fallen, die sie aufstellen. Es wäre also zu zeigen, welches die früheren Gesellschaftsverhältnisse dieser Völker waren. Es ist zu beachten, dass die Spuren ehemaliger, von einem Volke bereits lange überwundener Culturstadien eine geradezu unverwüstliche Resistenz zeigen und oft noch nach Jahrtausenden in Tradition und Sprache fortleben. Man bedenke nur, dass z. B. die Völker, deren Vor-Vorfahren Höhlenbewohner waren, vielfach noch heute unverkennbare Spuren dieses längst überwundenen und vergessenen Culturzustandes in ihren Ueberlieferungen, zumal in zahlreichen Höhlensagen und Mythen, erhalten haben. Unsere modernen Sprachen strotzen geradezu von Bezeichnungen[1]), die auf sociale Verhältnisse weisen,

---

[1]) So sprechen wir immer noch von Rittern, Marschall, Herzögen, Kämmerern, Gau- oder Markgrafen u. s. w., während die zu diesen Worten passenden socialen Einrichtungen längst vergessen sind. Wenn Engländer, Franzosen, Spanier, Italiener u. s. w. einen wildfremden Menschen, dem sie vielleicht das erstemal begegnen, und der vielleicht noch ein Jüngling ist, senor, signore, monsieur, sir u. w. ansprechen,

welche heute längst verschwunden und selbst dem Volksbewusstsein schon vielfach entfallen sind. Wenn sich daher weder in der Ueberlieferung noch in den Gebräuchen der genannten Urvölker Anklänge an eine frühere, höhere sociale Entwicklungsstufe finden, ja wenn die Sprache dieser Völker nicht einmal Worte für die primitivsten Formen der Gesellschaft hat, so kann man vernünftigerweise wohl nicht anders, als die bei den Feuerländern, Eskimos und anderen Naturvölkern herrschende Anarchie als einen originen, ursprünglichen Zustand betrachten.

Eine weitere Frage wäre die, ob diese Uranarchie eine vereinzelte Erscheinung oder auf einer gewissen Entwicklungsstufe eine allgemeine Thatsache war. Es ist zwar wahr, aber bei genauerer Ueberlegung nicht auffallend, dass sich die Uranarchie nur noch bei einigen sehr wenigen Völkern rein nachweisen lässt; was aber auffällt, ist, dass diese Völker durch räumliche Weiten von einander getrennt sind, wie sie auf unserm Erdenrund überhaupt nicht grösser sein können. Wenn die Hypothese, etwas für sich hat, dass all die genannten und noch andere Völker, wie die afrikanischen Akka nur die letzten versprengten Trümmer einer kleinen, seiner Zeit die Erde bevölkernden Urrasse seien, dann wären die gleichartigen socialen Zustände dieser weit von einander getrennten Völker ganz einfach erklärt; allein es bedarf zur Annahme, dass wir in diesen Verhältnissen thatsächlich eine allgemeine Urerscheinung vor uns haben, gar nicht so unsicherer Beweismittel, da diese Thatsache viel unwiderleglicher daraus hervorgeht, dass sich fast bei allen, selbst culturell sehr weit gediehenen Naturvölkern noch die kräftigsten Anklänge an die alte Uranarchie ohne Schwierigkeiten nachweisen lassen; wir werden die allmähliche Entstehung der socialen Gebilde an der Hand nüchterner Thatsachen Revue passiren lassen und dann dem Leser die Beantwortung der Frage überlassen, was wunderbarer, hypothetischer, gewagter, vernunftwidriger wäre, gewisse, bei den verschiedensten Völkern des Erdballs unabhängig von einander immer wiederkehrende Erscheinungen als lauter Entartungen und Rückbildungen aufzufassen oder in ihnen die nicht überwundenen Reste des alten Urzustandes zu erblicken, aus welchem sich all-

so geben sie ihm einen ganz unpassenden Titel, der aber auf einer anderen socialen Stufe seine vollste Berechtigung hatte. Wenige Meilen von dem Orte, wo diese Zeilen geschrieben werden, in Ungarn, wird in der Sprache des Volkes noch strenge zwischen dem älteren und jüngeren Bruder (bátya und öcse) der älteren und jüngeren Schwester (néne und hug) unterschieden, während die dieser Ausdrucksweise ehemals entsprechenden socialen Unterschiede längst weggefallen sind.

mählich unter schweren Kämpfen und häufigen Rückfällen die menschliche Gesellschaft herauswächst.

II.

Ehe wir rückwärtsschreitend den Punkt zu ermitteln versuchen, wo die Familie aufhört oder besser gesagt anfängt, wird es sich empfehlen, den Begriff der „Familie“ selbst scharf zu fassen. Alle Verwirrung, welche bisher in der Entwicklungsgeschichte der geschlechtlichen und häuslichen Verbindungen herrschte und noch herrscht, rührt daher, dass man es unterlassen hat, die beiden Elemente, aus denen sich der moderne Familienbegriff zusammensetzt, die aber innerlich ganz unabhängig von einander sind, reinlich zu scheiden, nämlich die beiden ebengenannten Begriffe der sexuellen und der örtlichen Verbindung. In der modernen Bedeutung ist die Familie eine durch gemeinsame Abstammung in näheren oder entfernteren Verwandtschaftsverhältnissen stehende Gruppe (Menschen, Thiere, Pflanzen); Familie und Blutsverwandtschaft (Consanguinität, allenfalls noch Affinität) decken sich für uns, und weil die Ehe der Ausgangspunkt dieser Verwandtschaft ist, fallen auch die beiden Begriffe Ehe und Familie für uns meist ineinander. In der That sind beide Begriffe streng zu trennen. Wie allgemein bekannt, gehörte bei den Römern zur Familie Alles, was ein freier Bürger besass, namentlich auch die Sklaven, und dieser Begriff ist auch noch im Mittelalter lebendig, wo Familie vielfach die Gesammtheit der einem Gutsherrn unterstellten Hörigen oder die Gesammtheit der Dienstmannen bedeutet. Die deutsche Sprache, welche das Wort erst am Ausgang des 17. Jahrhunderts aufgenommen hat, setzte dafür einfach „Haus“ [1]), so wie wir auch heute noch Familie gern mit „Haus“ oder „Hausstand“ übersetzen, und wie im lebendigen Volksbewusstsein immer noch der Begriff „Familie“ jenen den Römern geläufige Inhalt bewahrt hat. Der Begriff ist eben stark mit Raumvorstellungen — worauf wir noch zurückkommen werden — vermischt und keineswegs rein auf der Voraussetzung der Blutsverwandtschaft gegründet: andererseits ist er wieder ganz und gar nicht ein reiner

---

[1]) Die älteste Benennung der Familie war im Gothischen heiv, was nach Grimm mit civis und wahrscheinlich auch mit hus verwandt sein soll. Althochdeutsch wird das Wort zu hiwiski, hieske, hiuske, huske, wovon Grimm das Wort heurat, Heirath, ableitet, was also die rechtliche Form, eine Familie zu begründen, bedeutet. Im Slavischen heisst Familie rodina, rodzina, was mit rod = Art zusammenhängt. Dem Worte Ehe liegt der Begriff des Dauernden und Gesetzmässigen zu Grunde (vgl. Grimm, Deutsches Wörterbuch).

Raumbegriff, wie Andere wollen. Man hat nie eine Gruppe von Menschen, welche sich auf einem Orte zur gemeinsamen Ausübung einer Function vereinigen, lediglich deshalb eine Familie genannt[1]. Die Familie ist eine auf einem bestimmten Orte vereinte, wirthschaftliche Gruppe, deren Solidarität durch den Gedanken der Blutsverwandtschaft unter der Mehrzahl der Mitglieder verstärkt ist. Der Familie können auch rein wirthschaftliche Elemente angehören, die ihr verwandtschaftlich fremd sind (Sklaven, Gesinde, das Haus selbst); den Dauerkern der Familie bildet aber das, bei der Mehrzahl der Mitglieder vorhandene Bewusstsein der Zusammengehörigkeit durch die Bande des Blutes. Diese psychologische Voraussetzung, dieser Gedanke ist unerlässlich, weil ohne das mögliche Bewusstsein von dem Verhältnisse der Ascendenz und Descendenz die Familie zu einer rein zufälligen Gemeinschaft herabsinkt und gegebenenfalls für immer auseinanderflattert.

Wir werden also — ohne Rücksicht auf moderne Zuthaten des Begriffes — die Familie überall dort noch als gegeben betrachten, wo sich die vorausgesetzten Beziehungen eines jeden Theils der Gruppe zu jedem anderen genau feststellen lassen. Dass dies in einer aus der polygynen Ehe hervorgegangenen Gruppe immer noch, wenigstens theoretisch der Fall ist, unterliegt keinem Zweifel, weil ja alsdann immer noch jedes Kind Vater und Mutter, jeder Vater seine Kinder kennen kann, und die Kinder unter einander genau ihre verwandtschaftlichen Verhältnisse feststellen können.

Anders wird das Verhältniss in dem Momente, wo nicht nur ein Mann mit mehreren Frauen, sondern auch ein Weib mit mehreren Männern geschlechtlich verkehrt. Jetzt kennen die Väter nicht mehr ihre Kinder, die Kinder nicht mehr ihre Väter; die Kinder wissen nicht mehr, ob sie Voll- oder Halbgeschwister sind; Ascendenz und Descendenz ist nicht mehr zu bestimmen, mit einem Worte, der eben noch streng gefügte klare Organismus zerrinnt in eine untergeordnete Masse; an die Stelle des klaren Bewusstseins der verwandtschaftlichen Beziehungen tritt ein dunkles Gefühl, welches nicht über den ersten Grad der Blutsverwandtschaft hinauszublicken, im Stande ist. Die Polyandrie bildet also den Ausschliessungsfall für die Familie im heutigen Wortsinn, und es

[1]) Wenn man im Mittelalter z. B. die Klostergenossenschaften so nannte, so geschah dies vergleichsweise und gewissermaassen auf Grund der geistigen Verwandtschaft (Bruderschaft) der einzelnen Mitglieder.

ändert in dieser Beziehung nichts, ob die Weibergemeinschaft blos unter Brüdern oder auch unter anderen Männern ohne Unterschied besteht, ob blos ein Weib mit mehreren Männern geschlechtlich verkehrt oder ob volle Promiscuität herrscht, d. h. mehrere Männer mit mehreren Weibern wirr durcheinander verkehren.

Wir können daher wenigstens an dieser Stelle zwischen der ausgesprochenen Promiscuität, wie sie bei den angeführten und noch mehreren anderen Völkern besteht, und der Polyandrie keinen Unterschied machen, und nun können wir die oben gestellte Frage, ob der Zustand der Eskimos, Feuerländer, Buschmänner u. s. w. im wesentlichen eine allgemeine Thatsache auf einer gewissen Culturstufe sei, vielleicht an der Hand der Thatsachen stricte beantworten.

Die Polyandrie, bald gemischt mit Polygynie, bald auf gewisse Kreise beschränkt, aber doch immer Polyandrie, bestand oder besteht noch bei einer verhältnismässig sehr grossen Zahl von Naturvölkern[1]); sie bestand nachweisbar auch bei zahlreichen Völkern, die auf historischem Boden lebten, und sogar bei nachmaligen Culturvölkern, bei den Briten, Thrakern, Arabern, Indern u. a. Völkern. Ein Ueberlebsel der Polyandrie, u. z. der sogenannten brüderlichen Polyandrie, wo eine Frau allen Brüdern gemeinsam war, ist die Form der Leviratsehe, d. h. die Verpflichtung des überlebenden Bruders, die Wittwe des verstorbenen Bruders zu heiraten; nach dieser rudimentären Gesellschaftsform zu schliessen, bestand in früheren Zeiten die Polyandrie auch bei den Juden, bei den Azteken in Mexico, im alten Vera Cruz, bei den Gala in Afrika, bei den Zulus, bei den Hova auf Madagascar u. s. w. Aus diesen auf Vollständigkeit keineswegs Anspruch erhebenden Angaben ersieht man, dass die sogenannte Polyandrie, d. h. ein Zustand, bei welchem thatsächlich das, was wir heute Familie nennen, ausgeschlossen war, keineswegs eine vereinzelte Erscheinung ist,

---

[1]) Polyandrie herrschte oder herrscht noch bei den Einwohnern von Tibet, Kaschmir, Lerdak, Kinawer, Kistewar und Sirmor, bei den Khasias, Todas, Nairs, Darden und Dschat Indiens, auf Ceylon, den Nicobaren und Andamanen, bei den Dajaks auf Borneo, auf Tahiti, den Neuhebriden, Marquesas-Inseln, auf Port Lincoln und den Fidschi-Inseln, bei zahlreichen Stämmen Inner-Australiens, dann auf den canarischen Inseln besonders auf Lancerota, in Amerika bei den Kariben, bei den Ur-Einwohnern am Orinoco und den irokesischen Stämmen, bei den Avaroës, Maypures, Guanchen, endlich bei den Kurgi, Konjagen, Koljuschen, bei den Aleuten und Eskimos Grönlands, bei den saporegischen Kosaken u. a. — Weitere Beispiele für das Vorkommen der Polyandrie siehe bei Achelis, Th., Die Entwicklung der Ehe (Berlin 1893) p. 28 ff.

dass sie über die ganze Erde verbreitet ist und dass es thatsächlich viel gezwungener und räthselhafter wäre, diese Erscheinung überall durch einen Rückbildungsprocess erklären zu wollen, als wenn man sich einfach zu dem Geständnisse entschliesst, dass an der Schwelle der socialen Entwicklung des Menschengeschlechtes thatsächlich die Heerdenehe steht, die um nichts von der gesellschaftlichen Heerde der Thiere verschieden ist. Der stärkste Beweis dafür, dass man es hier nicht mit einer Derivation, sondern mit einer Entwicklungsform zu thun hat, ist aber die über die ganze Erde verbreitete Existenz des sogenannten Mutterrechtes. Die Entstehung dieses blos nach der uterinen Seite hin entwickelten Verwandtschaftsbegriffes ist aus den polyandrischen und promiscuen Verhältnissen ebenso leicht und ungezwungen zu erklären, wie sie auf eine andere Weise überhaupt nicht zu erklären ist.

Man darf also mit aller nur wünschenswerthen Bestimmtheit schliessen, dass, wo mutterrechtliche Verhältnisse bestehen oder bestanden, vordem auch Polyandrie oder geschlechtliche Promiscuität bestanden habe. Damit ist aber die Allgemeinheit einer präfamiliären Entwicklungsform für die weitaus überwiegende Mehrzahl der Naturvölker, sowie der meisten nachmaligen Culturvölker (Inder, Perser, Aegypter, Juden, Griechen, Germanen, Slaven u. s. w.) dargethan.

Dass auch diese präfamiliäre Gesellschaftsform, welche wir, nach dem Vorgange Anderer, die Horde nennen wollen, wieder auf eine noch einfachere Form zurückgienge, dafür liegt kein Anhaltspunkt vor. Am allerwenigsten ist aber der Glaube berechtigt, dass der primitiven Menschengruppe etwa eine Zeit des individuellen Umherschweifens vorangegangen sei. Darauf deutet gar nichts in dem Leben der Urvölker; dagegen giebt es einen ganz positiven Anhaltspunkt dafür, dass das Hordenleben der Species „Mensch“ an sich eigen ist, und dass ein Gemeinleben schon für den Zeitpunkt der Menschwerdung, d. h. für den Moment der Sprachbildung, nachweisbar ist. Wenn die Sprache ein Mittel der Mittheilung sein soll, mehr als der thierische Laut ist, so setzt dies ein gemeinsames Denken der Zusammengehörigkeit eines bestimmten Wortes mit einem bestimmten Gegenstand voraus. Ein Schreck- und Warnungsruf, eine Interjection wird man unter allen Umständen zu deuten wissen; allein, dass z. B. „Fuss“ eben Fuss und nicht Hand bedeutet, wird nur der wissen, welcher gewohnt ist, dieses Wort stets nur mit diesem Begriff zu verbinden. „Dass der Laut zu einem Mittheilungsmittel werden konnte", sagt Mucke[1]), setzt also den Bestand eines Verbandes von Gleichen, eine Gemeinschaft voraus, und es weisen somit auch die Anfänge der Sprachmittheilung auf einen Gemeinschaftszustand hin, in welchem alle Glieder eines Ganzen im Anschauen, Empfinden und Begehren gleich waren. Wäre dem anders gewesen, d. h. hätten die Urmenschen isolirt oder nur in so kleinen Verbänden, wie Vater, Mutter und Kinder, gelebt, so hätte nie eine Mittheilungssprache in grösserem Umfange entstehen können. Dieselbe wäre vielmehr auf jenen engsten Verband beschränkt geblieben, und bei jeder Berührung mit einem anderen gleich kleinen Verband hätten diese ihre Sprachbildung im Interesse gegenseitiger Verständigung stets von Neuem beginnen müssen. Wir müssen uns also auch aus diesem Grunde dazu bequemen, uns den Urzustand der Menschheit als eine Gemeinschaft vorzustellen." Das heisst, der Mensch hielt auch in socialer Beziehung dort, wo die meisten höheren Thiere, besonders die nächsten Anverwandten, die Affen hielten, bei dem Rudel. Die Gesellung bildet einen Begriffstheil der Art oder, wie schon Aristoteles sagte, der Mensch ist von Natur aus ein geselliges Thier (ζῶον πολιτικόν), ein Heerdenthier.

Alle Anklänge an die alte Vertragstheorie, die sich hier und da auch noch bei den fortgeschrittensten Forschern der jüngsten Zeit finden, alle Wendungen wie: „Die Menschen bildeten Schutz- und Trutzbündnisse" oder: „Die Menschen vereinten sich" und dgl. verfehlen ganz den ursprünglichen Kern der Thatsachen. Die Menschen vereinigten sich nie, sondern sie wurden in der Vereinigung Menschen; die Gesellschaft ist durchaus etwas Naturgewachsenes, älter als die Menschheit. Nicht der Mensch schuf die Gesellschaft, sondern der Mensch wurde in der Gesellschaft. Der Mensch knüpft also in socialer Beziehung ebenso direct wie in jeder anderen an die Thierheit an.

III.

Es ist damit allerdings nicht gesagt, dass die menschliche Urgesellschaft sich in nichts über die thierische erhoben habe. Ueber diesen Kindheitstagen des den Erdkreis bezwingenden Geschlechtes wird allerdings ewig das Dunkel der Vergessenheit lagern, das zu durchdringen auch dem scharfäugigsten Forscher nie gelingen dürfte. Nur Zipfel des Schleiers können wir lüften, und nur ahnen können wir, was sich in

---

[1]) Dr. J. R. Mucke, Horde und Familie in ihrer urgeschichtlichen Entwicklung. Stuttgart 1895.

jenem, vielleicht Jahrtausende erfüllenden ersten Zeitalter der Menschheit abspielte, das die Phantasie der Dichter mit paradiesischen Wonnen erfüllt und mit dem Namen des „goldenen Zeitalters“ belegt, und welches die moderne Forschung hinwiederum mit den düstersten Farben geschildert hat. Wie immer und überall scheint die Wahrheit auch hier mehr oder minder in der Mitte zu liegen. So wenig Berechtigung der Glaube an einen paradiesischen, goldenen „Urstand der Natur“ in materieller wie in socialer Beziehung hat, so wenig Grund haben wir zu glauben, dass über die primitive Gesellschaft ewig die düstern Nebel Feuerlands die dörrende sengende Gluth tropischer Steinwüsten oder die eisstarrende Atmosphäre Grönlands gelagert war. Die ersten Entwicklungsstadien des Menschen haben sich jedenfalls in glücklicheren Zonen vollzogen, zwar nicht mitten im Ueberfluss, aber auch nicht unter dem namenlosen Elend jener Länder, denn beides, Ueberfluss wie zu grosse Kargheit wären der Weiterentwicklung gleich hinderlich gewesen. Jedenfalls haben wir uns die wirthschaftlichen Verhältnisse des Urmenschen so zu denken, dass er von den freiwilligen Darbietungen der Natur an Früchten und essbaren Kräutern und Wurzeln leben und sich dabei entwickeln konnte, allerdings nicht ohne die Kargheit der Natur durch die eigene Kunst im Vogelstellen, im Erlegen von Thieren, im Fischfang, kurzum durch Jagd und Fischerei zu ersetzen. Wie ungleich aber die Natur ihre Gaben vertheilt, und wie ungleich reich der Tisch der Natur selbst auf einem relativ beschränkten Umkreise besetzt ist, zeigen die der Menschheitswiege vielleicht am nächsten stehenden Landgebiete der Südsee. Knapp neben den trostlosen Elendsgefilden Tasmaniens und Centralaustraliens, wo die wenigen niedrigen Thierarten und einige kaum geniessbare Knollen, Wurzeln und gummiartige Pflanzensäfte die ganze Mahlzeit des Menschen ausmachen, haben wir die glücklicheren Salomons- und Fidschi-Inseln und die reich und herrlich gesegnete polynesische Inselwelt, wo die grössten Temperaturschwankungen während des Jahres kaum zehn Grad betragen, wo die Thier- und Pflanzenwelt zwar arm an Arten, doch so reich an guten Nahrungsmitteln für den Menschen ist.

Die Ungleichheit der wirthschaftlichen Verhältnisse des menschlichen Geschlechts muss also schon von allem Anfang an sehr gross gewesen sein, gleichgültig, ob wir uns die Urheimat da oder dort denken, und unabhängig davon, ob wir annehmen, dass sich die Entwicklung des Menschen blos an einem Orte oder gleichzeitig an mehreren vollzogen habe. Dies geht auch schon daraus hervor, dass gleichzeitig mit der Erhebung des Menschen über die Thierwelt sich die Vervollkommnung desselben vom Frugivoren zum Omnivoren vollzog. Diese Entwicklung weist bereits auf eine Ausbreitung des Pithecoanthropos über wirthschaftlich sehr verschiedene Territorien hin. In der durch diese Thatsache bedingten grösseren Unabhängigkeit des Rudels von dem Orte, von der Scholle, wenn ich so sagen darf, nicht weniger aber in der schon dadurch bedingten grösseren Anlage zur Differenzirung des gesellschaftlichen Lebens selbst erhebt sich also die menschliche Urgesellschaft am Wesentlichsten auch von der höchstentwickelten Form der thierischen Gesellschaft, aus der sie unmittelbar herausgewachsen ist.

Dem inneren Gehalte dieses Urlebens gerecht zu werden, ist für den modernen Culturmenschen eine ebenso schwierige Aufgabe, wie wenn der Erwachsene sich in die Welt des Kindes versetzen soll. Man muss, um das Leben des Urmenschen zu denken, alle Formen, die uns umgeben, abstreifen, sodass man sich zu dem Trugschlusse verleitet fühlt, man habe damit auch den Inhalt des Lebens abgelegt, was doch keineswegs der Fall ist. Man muss, um sich in jene Zeit zurückzuversetzen, so viel negiren, dass man irrthümlicherweise das Positive in jenem Urzustande überhaupt verkennt. Das Leben des Urmenschen war ebenso wenig arm, wie das des Kindes arm ist, wenn es scheinbar auch mehr nehmend als gebend, mehr zehrend als zeugend ist. Nur dürfen wir nicht das Leben des Urmenschen, welches ein reines Naturleben und Gemeinschaftsleben war, mit unseren intellectuellen, sittlichen, ökonomischen und politischen Masstäben zu messen versuchen.

Dies gilt besonders für die richtige Beurtheilung des präfamiliären Geschlechtslebens. Wir sind geneigt, einen Stand freiesten Geschlechtsverkehrs unter allen Umständen für etwas Unsittliches zu halten; er ist es auch auf unserer Culturstufe, er ist es aber nicht auf der Naturstufe der Urmenschheit. Geschlechtsgenüsse extra ordinem, die eben deshalb weil sie extra ordinem sind, unsittlich werden, giebt es auf der Naturstufe nicht, weil eben das, was wir ordo nennen, mangelt. Die Bezeichnung der Promiscuität als Hetärismus ist ein unleidlicher Anachronismus; er ist es um so mehr als bei den Naturvölkern, angesichts der zum Theile aus dem Thierleben überkommenen unnatürlichen Befriedigungsarten des Geschlechtstriebes[1], jede normale Befriedigung zwischen

---

[1]) Letourneau, Ch. Dr. La Sociologie (Paris 1892) Livre II. chap. IV. (Des écarts gènèsiques) pag. 65 ff. Müller, Fr., Allgemeine Ethnographie Wien 1879. S. 100.

den beiden Geschlechtern schon an und für sich einen unendlichen Culturfortschritt bedeutet. Auch bedeutet der Satz, dass die constituirte Form der Ehe die Voraussetzung eines geregelten Geschlechtsverkehrs und damit der Sittlichkeit war, noch keineswegs, dass mit der individuellen Ehe auch schon diese Sittlichkeit thatsächlich gegeben war. Die allmählich erwachende Sittlichkeit war eine Wirkung der Ehe, nicht die Ehe etwa die Folge sittlicher Erwägungen. Wir werden sehen, dass es noch sehr lange währte, bis die Laxheit des geschlechtlichen Verkehrs unter der individuellen Ehe aufhörte. Endlich aber folgt daraus, dass das Geschlechtsleben der Horde nicht nach unserem Sinne, d. h. in familiärer Weise, geordnet war durchaus nicht, dass es überhaupt in keiner Weise geordnet gewesen wäre. Wir haben allerdings zu Beginn unserer Betrachtungen keinen Unterschied zwischen allen Zuständen, die tiefer als die polygyne Ehe stehen, gemacht, weil es sich um eine rein negative Frage um die untere Grenze des Familienbegriffes handelte. Wenn wir jetzt ein positives Bild von der Horde bekommen wollen, werden wir etwas kritischer vorgehen müssen.

Diesbezüglich stehen sich zwei Ansichten schroff gegenüber, die beide eine Menge gewichtiger Thatsachen und Beweise für sich in Anspruch nehmen. Die Meisten (Morgan, Bachofen, M'Lennan, Lubbock u. A.) vertreten die Theorie, dass die Horde im Zustande einer allseitigen „Blutsverwandtschaft" gestanden sei, dass allgemeine Geschlechtsvermischung (Promiscuität) bestand, dass alle Weiber mit allen Männern verkehrt und die Kinder gemeinsam waren. Aus dieser „Blutsverwandtschaftsfamilie", habe sich dann die Gruppenehe (mehrere Brüder mit ihren Schwestern, also brüderliche Polyandrie), die Punaluafamilie (Gruppenehe mehrerer Schwestern mit ihren nicht verwandten Ehegatten), die Paarungsfamilie (die zwar auf individueller Ehe beruht, bei welcher jedoch auf Dauer und Treue nicht geachtet wird) und endlich die patriarchalische polygyne Ehe entwickelt. Die Unmöglichkeit dieser von Morgan geträumten Entwickelungsreihe hat sich aus tausend Gründen längst herausgestellt. Vor allem ist es psychologisch rein undenkbar, wieso der Urmensch dazu gekommen wäre, plötzlich die eine Form durch die andere zu ersetzen, z. B. an die Stelle der brüderlichen Polyandrie die sogenannte Punaluaehe treten zu lassen, da man ja doch die Vorstellung grösserer Zweckmässigkeit als Anlass einer Reform nicht annehmen kann. Andererseits bleiben bei der Annahme Morgans und aller Jener, die schon mit mehr oder weniger Reserve folgten, eine grosse Reihe von socialen Erscheinungen, wie die merkwürdige, zwischen Sklaverei und Gynäkokratie schwankende Doppelstellung des Weibes, das Verbot der Blutnähe, die Exogamie u. s. w., vollkommen unerklärbar. In der That, wie sollte der Urmensch, nachdem er vielleicht fortdauernd in vollkommener Promiscuität gelebt hatte plötzlich dazu gekommen sein, ein Verbot des geschlechtlichen Verkehrs unter sogenannten Blutsverwandten als oberstes sociales Gesetz aufzustellen? An dieser Klippe scheiterten alle Versuche einer einheitlichen Geschichte der Familie, und es wurde zu den absonderlichsten Erklärungsversuchen dieser Erscheinungen geschritten, welche eigentlich nur die Unzulänglichkeit der ganzen Methode bewiesen.

Dem gegenüber hat in jüngster Zeit Professor Mucke[1]) eine ganz neue Theorie, die der Raumverwandtschaft und Destinationsehe, aufgestellt. Nach ihm ist die Horde ein nach Reihengliedern streng geordneter localer Verband, der ganz und ausschliesslich ein Gemeinschaftsleben in Denken, Fühlen und Handeln führt. Da aber das Charakteristische jeder Gemeinschaft und also auch der Horde das ist, dass sie auf Wechselwirkung beruht und undifferenzirt ist, so giebt es in ihr keine Wahl, sondern nur Bestimmung; „kennt die Gemeinschaft kein Individuum als solches, sondern nur einzelne für und durch das Ganze wirkende Glieder, so bestimmt somit weder eine Einzelperson, noch eine Mehrheit von Personen die Ehe, sondern die Gemeinde selbst, und das ist in der Urzeit die natürliche Lage der Dinge, die Reihe, die Ordnung“. Nach Mucke ist die Horde „eine Gemeinschaft von Lagergenossen, die reich gegliedert ist in bestimmten Gruppen, von denen jede wieder bestimmte Reihen und diese bestimmte Reihenpunkte aufweisen, u. z. ist die Horde eine zweitheilige Lagergemeinschaft, weil jedes der Geschlechter mit Ausnahme der Klein-Kind-Gruppe, gesondert wohnt“. Nach dieser Lagerung werden die geschlechtlichen Paare bestimmt, in dem die einander entsprechenden Reihenpunkte sich ehelichen müssen.

Ohne die krauslockige Theorie Muckes acceptiren zu können, halten wir doch Vieles von dem, was er anführt, für beachtenswerth und discutabel, und wenn auch die angeführten ethnologischen Thatsachen nicht im Entferntesten hinreichen, um die paradoxe Grundbehauptung Muckes von einer streng gegliederten Raumverwandtschaft und von einer urzeitlichen Destinationsehe zu beweisen, so scheinen sie mir doch etwas anderes zu beweisen, nämlich das Vorhandensein einer

---

[1]) Horde und Familie in ihrer urgeschichtlichen Entwicklung. Stuttgart 1895.

Alters-Stufenreihe, einer, wenn auch nicht örtlichen, so doch einer zeitlichen Reihengliederung der Horde vor Begründung der Familie.

Dafür sprechen besonders die Sprachüberreste, in erster Linie die bei den meisten Naturvölkern vorkommende doppelte Bezeichnung für jüngere und ältere Geschwister; so machen einige Bantusprachen einen Unterschied zwischen dem jüngeren Geschwister: ndenge und dem älteren: kota. Bei den Herero nennt der A seinen älteren Bruder, aber auch die A ihre ältere Schwester e-rumbi; seinen jüngeren Bruder nennt der A omu-angu, seine jüngere Schwester omu-tena; ebenso nennt die A ihre jüngere Schwester omu-tena; da dieselben Namen nicht blos von leiblichen, sondern auch von collateralen Brüdern und Schwestern gebraucht werden, muss man schliessen, dass sie keine Ausdrücke für den Grad der Verwandtschaft oder für das Geschlecht, sondern Ausdruck einer socialen Abstufung sind. Aehnliches findet sich bei den Papuas und bei den Magyaren, die noch heute Worte für jüngeren und älteren Bruder, jüngere und ältere Schwester haben (S. 35, Note). Das lässt darauf schliessen, dass die Geschwister nach dem Alter geschieden waren, dass bei der Horde überhaupt nicht das verwandtschaftliche Verhältnis sondern das Alter den Ausschlag gab. Darauf deuten auch all die von Mucke angeführten Hordennamen hin, die sammt und sonders nicht Orts- sondern Altersreihen zu bezeichnen scheinen. Nach Bastian führen die socialen Gruppen bei den Wanika die Namen: „Junge“ (Nyere), „Mittelalte“ (Kambi) und „Alte“ (Mfaya). Nach Demselben führen in Brasilien die Neugeborenen den Namen Peitan; das Kind von den ersten Gehversuchen bis zum 8. Jahre heisst Kounoumy-miry (mit Spielpfeilen beschäftigt); bis zur Pubertät heisst es Kounoumy (beim Fischen und Vogelfangen helfend), später erhält es den Namen Kounoumy Quassou (mit einem Palmblatt bedeckt, nicht mit dem Männerzeug Karniobes), dann Aua (Männer) und nach der Verheirathung Mendaramo. Solche Bezeichnungen dienen also nicht zur Kennzeichnung der Verwandtschaft, sondern zu einer Charakteristik der Altersstufen wie etwa das römische infans, puer, adolescens, juvenis, vir u. s. w. Andererseits kennen selbst Sprachen von Völkern, wo bereits eine fest organisirte Familie besteht, noch nicht die entsprechenden Worte für die einzelnen Verwandtschaftsgrade. So haben die meisten Negersprachen (Dinka, Mambettu, Mora, Bamba, Lur, Niam-Niam, Bari u. s. w.) wohl verschiedene Worte für Bruder und Schwester, aber nicht für Eltern und Kinder. Die Herero bezeichnen mit tate und mama nicht blos Vater und Mutter, sondern alle Glieder in aufsteigender Linie wie Grossvater und Grossmutter, Stiefvater und Stiefmutter und nicht minder die nächsten leiblichen Verwandten von Vater und Mutter. Auch unter den sehr ausgebildeten mutterrechtlichen Verwandtschaftsverhältnissen Australiens begegnen wir ganz ähnlichen Erscheinungen [1]; die dort heimischen complicirten Namenssysteme für die Verwandtschaftsgrade scheinen durchaus Generationsreihen zu bezeichnen. Auf den Neuhebriden nennen die Kinder der Eingeborenen den Onkel väterlicher- und mütterlicherseits „Vater“, die Tante „Mutter“; Vettern und Basen ersten Grades nennen sich „Brüder“ und „Schwestern“ [2]. Selbst im Deutschen heissen die Erzeuger nur schlechtweg die „Aelteren“ (Eltern).

Diese sprachlichen Trümmer einer längst untergegangenen socialen Epoche beweisen, dass in der Urgemeinschaft, der Urhorde, nur ein Unterschied bestand und zwar der des Alters. Es gab verschiedene Altersstufen, innerhalb welcher vollkommene, sagen wir geschwisterliche, Gleichheit herrschte. Nennen wir diese Gruppen z. B. I (A, B, C, D), II (a, b, c, d), III (α, β, γ, δ). Die Buchstaben eines Alphabetes gelten als Geschwister und sind, da in jeder Gruppe Promiscuität herrscht, auch thatsächlich mindestens Halbgeschwister. Alle Mitglieder der Gruppe II nennen alle männlichen Mitglieder der Gruppe I „Vater“, alle weiblichen „Mutter“. Das entspricht ganz genau dem Sprachgebrauch der Herero. Bei eben diesem afrikanischen Hirtenvolke herrscht bezeichnenderweise noch das Recht, dass Jugendgespielen (oma-kura) auch in späterem Alter sich nicht leicht eine Bitte abschlagen; sie scheinen vielmehr ihre Sache als gemeinsames Eigenthum anzusehen. Ausserdem schliessen gewisse Leute noch einen Bund zu dem ausgesprochenen Zwecke der Gütergemeinschaft. Diese Verbündeten (oma-punga) haben auch die Frauen gemeinsam [3]. Hier lebt also die alte Hordenstructur, die Abtheilung in Altersgruppen mit Gemeinwirthschaft und Geschlechtsgemeinschaft ausser in den sprachlichen Resten noch in doppelter Form nach, im verblassenden Original (oma-kura) und in einer künstlichen Nachbildung (oma-punga). Oder wenn bei den nunmehr monogamen Veddahs auf Ceylon der Bruder wohl die jüngere aber keineswegs die ältere Schwester heirathen darf, so kann dies seinen Grund nicht in der Blutsverwandtschaft, sondern nur in dem Altersunterschiede haben. Aus

[1]) Ratzel, F. Völkerkunde (Leipzig und Wien) 1890 Bd. II, S. 66.
[2]) Ausland 1893 Nr. 18, S. 287.
[3]) Ratzel a. a. O. Bd. I, S. 343.

diesem Beispiele erhellt auch der Grund der doppelten Namensgebung für die jüngeren und älteren Schwestern bei so vielen Völkern.

Man braucht keine psychologischen oder ethymologischen, keine biologischen oder ethnographischen Kunststücke aufzuführen, um diese Gliederung der Urhorde zu verstehen; man braucht nur zu wissen, welches das Primäre und welches das Secundäre ist. Primär ist die Gemeinschaft, secundär die Differenzirung. Das ist wohl ganz unzweifelhaft. Die Horde führte ein vollkommenes Gemeinleben, und es konnte in ihr gar keine anderen Unterschiede geben als etwa die des Alters; diese drängten sich allerdings unvermeidlich auf. Nicht alle konnten im Rudel mitziehen, um Beute zu suchen und eventuell die concurrirende Horde zu bekriegen. Die noch nicht Mannbaren, sowie die Alten und Gebrechlichen blieben zu Hause — denken wir uns dies Haus wie immer — und beschäftigten sich in anderer Weise, mit Spielen oder gewissen häuslichen Verrichtungen, Klopfen von Steinspähnen, Schiften von Pfeilen, Bau und Ausstattung des Hauses u. s. w. Ein Unterschied der Geschlechter muss da nicht unbedingt gelten; dagegen bilden die daheimbleibenden ganz Jungen und ganz Alten zwei von einander scharf geschiedene Gruppen, weil die Mittelglieder ausgezogen sind. Wir haben also drei Gruppen, die Jungen, die Mittelalten und die Alten, welche unter einander scharf geschieden sind und in doppelter Beziehung als eine Art Schichtengliederung für die Urhorde in Betracht kommen. In wirthschaftlicher Beziehung bilden sie die einfachste Form der Arbeitstheilung, was auch schon in den Namen anklingt und noch in der spartanischen Verfassung kräftig nachlebt. Andererseits bilden diese Altersgruppen, innerhalb welcher durch das beständige Zusammenleben der Geschlechter vollständige Gemeinschaft auch in sexueller Beziehung herrscht, auch die sexuelle Gliederung der Horde.

Wir wollen der Versuchung widerstehen, das Naturgemässe des geschlechtlichen Verkehrs zwischen Angehörigen derselben Altersstufen durch die grössere Fruchtbarkeit dieses Verkehrs darzuthun. Wir halten dies wie alle ähnlichen Zwecksetzungen auf der primitiven Stufe für ganz unerlaubt; dass der primitive Mensch bei seiner Verstandesbildung eine gesellschaftliche Form wegen ihres Vortheiles gesetzt hätte, scheint uns ausgeschlossen. Dagegen kann der thatsächliche Erfolg einer Thatsache die Aufrechterhaltung dieser Ordnung sehr wohl bedingt haben. Ausserdem ist es wohl die natürlichste Form der Befriedigung des Geschlechtstriebes, dass er mit Angehörigen derselben Altersstufe bethätigt wird, und das bei der Paarung einen so grossen Ausschlag gebende Gefallen, von welchem wir in der thierischen Welt gesprochen (S. 17f.), ist wohl durch eine gewisse Altersgleichheit natürlich begrenzt.

Innerhalb der Altersgruppe besteht Promiscuität d. h. jedes Weib wird als jedem Mann gehörig angesehen und alle Kinder gehören der Horde; die Kinder einer bestimmten Gruppe sind Brüder und Schwestern und bilden eine neue Gruppe, welche die Angehörigen der anderen Gruppe „Eltern“ nennen. Damit soll nicht gesagt sein, dass bei dieser Einrichtung thatsächlich stets und überall Alle mit Allen geschlechtlich verkehrten. Es war möglich, dass ein Paar längere Zeit ausschliesslich mit einander verkehrte (Paarungsehe). Das änderte nichts an dem grundsätzlich promiscuen Charakter der Gruppe. Auch wurde dieser Charakter nicht dadurch verletzt, dass ein Mann eine gewisse Vorliebe für ein bestimmtes Weib zeigte. Das Verlangen nach einer dauernden und ausschliesslich geschlechtlichen Vereinigung zwischen zwei Personen wäre auf dieser Stufe der Halbthierheit einfach undenkbar, hat es sich in seiner vollen Kraft doch erst in den jüngsten Phasen der höchsten Civilisation durchzusetzen vermocht. Allein eine augenblickliche Leidenschaft für ein bestimmtes Weib war wohl unter allen Umständen möglich. Bei dem impetuosen Charakter des Naturmenschen war es sehr leicht möglich, dass dieses Verlangen, wenn es auf ein gleiches Verlangen eines anderen Mannes stiess, zu Ringkämpfen führte, wie sie im Thierreiche bei den Hähnen und Hirschen vorkommen. Es giebt zahlreiche Völker, wo die Männer um die Gunst der Weiber untereinander kämpfen und das Weib dann dem Stärksten zufällt [1]). Dieser Kampf der Männer um eine Frau ist durchaus nicht mit dem einer späteren Entwicklung angehörigen Frauenraub zu verwechseln. Durch den Sieg im Liebesringen wurde an der inneren Verfassung der Horde und an der socialen Stellung der Frau selbst nichts geändert. Sie wurde, wenn sie besiegt war, nicht Sclavin, sie blieb, die sie war, eine Gleiche. Schon der Umstand, dass sie die Mutter der der ganzen Horde und nicht einem bestimmten Manne

---

[1]) Kampf um die Frauen zwischen den Bewerbern findet statt bei den Athapasken, bei den Dogribs, Chippewäern, bei den Sklavenindianern, Tinneh, Buschmännern, Australnegern, bei den Chavantes Brasiliens u. s. w. Es ist dieser an den Kampf der Hirsche erinnernde Zustand nicht der einzige, der an die Thierliebe anklingt. Von einzelnen Forschern wird sogar die Ansicht festgehalten, dass die Liebe des Urmenschen noch durch eine Brunstzeit geregelt war (vgl. Rauber, Homo sapiens ferus; Leipzig 1885 und Kulischer die geschlechtliche Zuchtwahl bei den Menschen in der Urzeit. Zeitschrift für Ethnologie, Berlin 1876.

gehörigen Kinder war, sicherte ihr eine gewisse Stellung als Respectsperson, wie sie ja auch die Spenderin und die Empfängerin der ersten in der rauhen Menschenbrust erwachenden zarteren Gefühle war. An eine allgemeine Uebermacht des Weibes, an eine förmliche Gynäkokratie in der Horde zu denken, erfordert eine kühne Dichterphantasie.

Im Allgemeinen darf man annehmen, dass die Gleichheit, die in der Horde überhaupt herrschte, auch zwischen Mann und Frau galt, wozu eine geringere physische Verschiedenheit wesentlich beigetragen haben dürfte. Bei den Höhlenfunden wird es gewöhnlich schwer, das Geschlecht irgend eines Skeletts zu bestimmen, und auch bei unseren Naturvölkern springt der körperliche Unterschied zwischen Mann und Weib nicht so scharf in die Augen[1]). Die spätere körperliche Verschiedenheit dürfte vorwiegend eine Folge der Arbeitstheilung auf den untersten Culturstufen sein.

Dr. Karl Bücher[2]) sieht die erste Form der Arbeitstheilung darin, dass die Männer, mit Pfeil und Bogen bewaffnet, der Jagd obliegen, während die Weiber die Bäume nach Früchten erklettern, Beeren sammeln oder mit einem zugespitzten Stück Holz den Boden nach Wurzeln durchwühlen. „Es findet also schon bei dieser primitiven Nahrungssuche eine Art Arbeitstheilung zwischen den beiden Geschlechtern statt, die darin gipfelt, dass die Frau den vegetabilischen, der Mann den animalischen Theil der Nahrung beschafft, und da die erbeutete Speise in der Regel sofort verschlungen wird und kein Individuum auf das andere Rücksicht nimmt, so lange es noch selber Hunger hat, so führt dies zu einer Verschiedenheit der Ernährung beider Geschlechter, welche vielleicht zur Differenzirung ihrer körperlichen Entwicklung wesentlich beigetragen hat.“ Vielleicht!

Die Gliederung der Horde in streng geschiedene Altersgruppen, welche einerseits die primitivste Form der Arbeitstheilung repräsentiren, andererseits in geschlechtlicher Promiscuität leben, also Ehegruppen, wenn man will, bilden, ist sonach nichts was irgend ein Zweck-Wollen und -Denken des Urmenschen voraussetzt; es ist etwas Naturgewordenes, etwas ganz Selbstverständliches. Das Ueberleben der in der Horde normalen Geschwister-

---

[1]) Ratzel (Völkerkunde) macht auf die geringe Differenzirung der Geschlechter bei den Buschmännern aufmerksam. Die Weiber derselben haben auffallend kleine Brustdrüsen, während letztere beim Manne sich oft bis zur Säugefähigkeit entwickeln sollen (?). Auch die Hüften verrathen wenig vom Geschlecht.

[2]) Die Wirthschaft der Naturvölker. Dresden 1878. S. 11.

ehe in späteren Epochen wurde vielfach durch die ihr polar entgegengesetzte exogame Familienehe verhindert. Nichtsdestoweniger haben sich Reste der Geschwisterehe überall — selbst bei streng mutterrechtlichen und exogamen Verhältnissen — erhalten: bei den Aleuten und Kamtschadalen, bei den Indianern Guyanas und Chippewäern, in Unyora, am Cap Gonzalves, am Gabun, bei den Leuten von Kali, Neuspanien und den Sandwichsinseln, in Siam, Birma und Ceylon u. s. w. Zumeist documentirt sich das Alter dieser Einrichtung dadurch, dass es nur den fürstlichen Geschlechtern erlaubt ist, Geschwisterehen einzugehen; in dieser Form finden wir den Brauch als Erlaubnis oder Gebot bei den Ynka in Peru, bei den ägyptischen Pharaonen und auch bei den Ptolemäern, bei den alten Persern und schliesslich auch bei den Nordgermanen [1]).

Auch nur als eine Ueberlebensform der Reihen- und Gruppenehe in der Herde und nicht als weitere Entwicklungsform können wir die sogenannte brüderliche Polyandrie gelten lassen. Sie setzt zwei Dinge voraus, welche in der präfamiliären Zeit absolut nicht gegeben waren, den abgegrenzten Begriff der Blutsverwandtschaft und den Kindes- resp. den Mädchenmord; denn dass nicht mehr alle Brüder allen Schwestern beischlafen, sondern dass für alle Brüder eine einzige Schwester eintreten muss, weist auf eine auffällige Verminderung des weiblichen Geschlechtes hin, eine Verminderung, die bei fast allen Urvölkern auf den noch eingehender zu besprechenden Mädchenmord zurückgeht. Es ist bezeichnend, dass gerade dort, wo die brüderliche Polyandrie besteht, zumeist auch gleichzeitig der Kinder- und ganz besonders der Mädchenmord heimisch ist.

Eine weitere Ueberlebensform der brüderlichen Polyandrie bildet die bereits erwähnte Leviratsehe [2]), welche entweder die Pflicht oder das Recht des überlebenden Bruders, die Witwe des verstorbenen Bruders zu ehelichen, bedeutet. Dagegen können wir verschiedene andere Erscheinungen, die gern als Ueberlebsel der Gruppenehe ausgegeben werden, wie die Tempel- und gastliche Prostitution, den Frauenborg und Frauentausch, nicht auf die Geschlechtsverhältnisse der Horde zurückzuführen.

Wohl aber gehen auf die Altersgruppengliederung der Horde mit

---

[1]) In der Ynglinga-Saga heisst es, dass Niord seine eigene Schwester zum Weibe nahm, „denn dies wurde gestattet von dem Gesetze von Vanaland".

[2]) Beispiele für die Leviratse und ihre verschiedenen Formen bei Th. Achelis. Die Entwicklung der Ehe (Berlin 1893) S. 36 ff.

ihrem wirthschaftlichen und sexuellen Charakter andere Erscheinungen zurück, welche bisher nur schwer oder gar nicht zu erklären waren: die gewissen socialen Ceremonien, welche bei dem Uebergange[1] aus einer Altersstufe in die andere eintreten und meist mit körperlichen Verstümmelungen und Operationen oder auch mit Tätowirung verbunden sind. Eine fundamentale sociale Bedeutung hatten die Altersklassen nur in der Horde, andererseits waren sie auch nur hier grundsätzlich geschieden, wenn auch die Altersreihengliederung noch weit hinein bis in die Culturzeit ihre Ausläufer trieb. Der Uebergang eines Gliedes von einer Gruppe in die andere war daher für die gesammte Horde ein wichtiges Ereignis, und es versetzte die Gemeinschaft schon deshalb in eine begreifliche Aufregung, weil es ja mit einer Aenderung der geschlechtlichen Beziehungen verbunden war. Es ist daher gewiss kein Zufall, dass die meisten dieser Ceremonien und Bräuche in näheren oder entfernteren Beziehungen zu dem geschlechtlichen Leben stehen. Diese Gebräuche und Feste aus Anlass der Einführung in eine neue Altersklasse gehören zu dem ältesten Bestand der menschlichen Cultur; und sie verweisen uns direct auf die Altersreihengliederung der primitiven Horde zurück.

IV.

Die Altersstufengliederung der präfamiliären Horde hat, wie wir bereits hervorgehoben, nicht blos eine sexuelle sondern auch eine wirthschaftliche Bedeutung. Sie bildete die erste, die älteste Form der Arbeitstheilung. Bei der geringen individuellen Verschiedenheit der Hordenmitglieder und selbst der einzelnen Geschlechter, war die hervorstechendste Differenzirung der Arbeitskraft in den verschiedenen Kraft- und Fähigkeitsverhältnissen gelegen, die sich zeitlich und hintereinander im Menschen entwickeln. Ehe wir jedoch über die wirthschaftlichen Verhältnisse der Horde sprechen, ist es unumgänglich nothwendig, der unerlässlichen Voraussetzung jeder Wirthschaft zu gedenken, der Arbeit und des Eigenthums, die wie zwei riesenhafte Grenzsäulen an der Schwelle zwischen thierischer und menschlicher Gesellschaft emporragen.

Wenn einer unserer feinsinnigsten Denker Recht hat mit dem Satze: „Der Mensch hat zwischen sich und die Thierwelt das Werkzeug gesetzt“, so heisst dies wohl auch soviel als: Arbeit kennt nur der Mensch, nicht auch das Thier. In noch unmittelbarer Weise leuchtet der Satz ein: der

[1]) Eine Zusammenstellung dieser Verstümmelungs-, Tätowirungsbräuche u. s. w. bei Ch. Letourneau, La Sociologie d'après l'ethnologie, Paris 1892, p. 74 ff.

Mensch hat zwischen sich und die Thierwelt das Eigenthum gesetzt. Das Thier bringt es wohl zu einer geschlechtlichen Gruppe, über die sich die menschliche Gruppenehe relativ nicht allzu sehr erhebt. Das Eigenthum setzt jedoch einen bestimmten, für die primitive Menschheit sogar sehr bedeutenden geistigen Fond voraus, subjectiv ein bereits zum Durchbruch gelangtes Ich-Bewusstsein, objectiv eine gewisse Fähigkeit, auch die entfernteren Consequenzen einer Handlung zu ermessen, denn nur im Hinblick auf ein ausgesprochenes Sonderbewusstsein und auf die erkannte Zweckmässigkeit und Verwendbarkeit eines Gegenstandes hat das Verlangen nach Sonderbesitz einen Sinn. Beide geistige Voraussetzungen sind in der Thierwelt nirgends erfüllt.

Es wurde bereits an einer früheren Stelle ausgeführt, wie sich die Arbeit natürlich aus der physiologischen Function entwickelt. Die thierische Arbeit in ihrem höchsten Entwicklungsstadium, wie wir sie im Wabenbau der Bienen, im Gewebe der Spinnen, im Nestbau der Vögel bewundern, unterscheidet sich von den rein physiologischen Functionen nur dadurch, dass das Thier von seinem Werkzeug sowohl als von dem Producte seiner Arbeit immer selbstständiger, unabhängiger wird. Man beachte z. B. die Fortschritte der sich in der Reihe: Muschelschale, Spinngewebe, Bienenwabe, Vogelnest, Maulwurfsbau u. s. w. kundgiebt. Die fortschreitende Differenzirung des Arbeitsproductes hält hier gleichen Schritt mit der fortschreitenden Individualität des Arbeiters und mit der wachsenden materiellen Unabhängigkeit des Productes von dem Körper des Producenten. Muschelschale, Gespinnst und Wabe sind noch aus Secreten des Körpers selbst erzeugt; aber während die Muschel von ihrer Schale untrennbar ist, kann die Spinne wenigstens ohne unmittelbaren Schaden zu nehmen von ihrem Gespinnst entfernt werden, wenngleich sie für die Dauer ohne dasselbe ebensowenig leben kann wie die Schnecke ohne ihr Gehäuse; weiter ist schon die Emancipation der Biene von ihrem Zellenbau gediehen, da sie denselben vorwiegend nur noch zur Pflege von junger Brut und weniger im eigenen Interesse benutzt. Das Vogelnest und der Maulwurfsbau sind nicht mehr durch eine physiologische Function, sondern durch die Bearbeitung von dem Körper vollkommen fremden Stoffen entstanden, das Vogelnest manchmal zum Theile unter Beihilfe der Leibessecrete. In beiden Fällen ist auch das Thier von seinen Arbeitsproducten fast vollkommen emancipirt. Immerhin ist auch das complicirteste Werk des thierischen Kunstfleisses in einem inneren, untrennbaren Zusammenhang mit dem Körper des Arbeiters, und im Grunde ist auch der Maulwurfsbau so gut wie das Gewebe der Spinne nur das erweiterte Thier selbst.

Merklicher noch ist die Untrennbarkeit des Thieres von dem Werkzeuge. Der Uebergang vom Organ zum natürlichen Werkzeuge ist ein ganz allmählicher, so dass eine genaue Distinction oft recht schwer hält. Eine Emancipation des Thieres von seinem Werkzeuge ist aber nirgends erfolgt. Wenn man nicht den Stock, dessen sich gewisse Affenarten zur Stütze, wohl auch, aber selten zur Waffe bedienen, als solchen gelten lassen will, so bleibt der Satz aufrecht: „Der Mensch hat zwischen sich und die Thierwelt das Werkzeug gesetzt."

Der Uebergang zum Instrumente, zum künstlichen und vom eigenen Körper vollkommen unabhängigen Werkzeuge, muss sich sehr langsam vollzogen haben, das geht schon aus der Thatsache hervor, dass der Mensch noch in der Vervollkommnung der einmal erfundenen Instrumente nur sehr langsam vorschritt.

Von dem Vorgehen des Vogels, der die Nuss mit dem Schnabel aufschlägt, oder des Eichhörnchens, das sie mit den Zähnen aufnagt, bis zu dem Menschen, der, um eine Nuss oder einen Knochen zu öffnen, sich eines, in der Nähe liegenden Steines bedient, ist nur ein Schritt, und doch war damit das Schicksal des merkwürdigen genus humanum entschieden. Der Mensch hatte sich damit aus den Fesseln der reinen Physis befreit, das Thor zu den technischen Triumphen kommender Jahrtausende war eingerannt, eine Welt neuer von dem Menschen geschaffener Existenzen tauchte um ihn auf. Die Verwendung natürlicher Gegenstände, Steine, Stöcke zu Zwecken des täglichen Lebens, zur Abwehr von Thieren und Menschen, zur Jagd, zum Abschlagen von Früchten u. s. w. wurde gewiss nicht sofort Brauch; es währte gewiss sehr lange, ehe diese Verwendung eine allgemeine und bewusste wurde, und das war erst möglich als man sich aus zahlreichen Erfahrungen der Vortheile solcher Gegenstände klar wurde. Noch länger brauchte es, ehe man unter den natürlich gebotenen Gegenständen eine Wahl zu treffen, den spitzeren, schärferen, härteren Stein von einem minder verwendbaren zu unterscheiden verstand. Erfahrungen und Enttäuschungen von unmessbaren Zeiträumen gehörten zunächst dazu, um das Zweckbewusstsein bis zu diesem Grade zu fördern. War dies aber einmal geschehen, konnte der Mensch bereits über die Zweckmässigkeit der ihm von der Natur gebotenen Werkzeuge urtheilen, so war damit ein weiterer und innerhalb dieser Entwicklungsreihe wieder der bedeutendste Fortschritt gegeben.

An die natürliche Auswahl schliesst sich unmittelbar die künstliche. Das Bedürfniss nach passenden und zweckmässigen Werkzeugen wurde allgemeiner, es wurde grösser, es wurde damit aber auch schwerer zu befriedigen, da die Natur keineswegs so freigebig mit dergleichen Gegenständen war und es sich herausstellte, dass nur sehr wenige Körper alle jene Eigenschaften in sich vereinten, die man bisher als erforderlich oder zweckmässig erkannt hatte. Nun hatten aber besser veranlagte Individuen noch andere Erfahrungen gemacht: sie hatten beim Aufklopfen einer Nuss z. B. den Klopfstein zerschlagen und bemerkt, dass die Splitter an den Bruchkanten eine grössere Schärfe oder Spitzigkeit als die natürlich gebotenen besässen, oder sie hatten ein angebranntes Stück Holz (z. B. den Splitter eines vom Blitz zerschmetterten Baumes) gefunden und dessen grössere Härte und Verwendbarkeit erprobt. Was lag da näher, als unter dem Druck der Noth, welcher der primitive Mensch nur allzu oft ausgesetzt ist, jene Processe, durch welche die natürlichen Gegenstände brauchbar werden, absichtlich herbeizuführen, den Stein zu zerschlagen, das Holz anzubrennen u. s. w.

Damit war das künstliche Werkzeug gegeben, und aller kommende Fortschritt war eigentlich eine Kleinigkeit gegenüber der bisher durchlaufenen Entwicklung; die Wunder der modernen Technik sind eine Spielerei gegenüber der Schwierigkeit, unter welcher der Mensch zum ersten Steinkelt gelangte. Die drückendste Noth des primitiven Lebens, der erbitterte Wettbewerb um die Bedingungen des Daseins und die Concentrirung der reichsten Geistesgaben gehörte dazu, um den Blick des nativen Menschen auf die entfernteren Folgen einer Handlung, einer Eigenschaft zu lenken. Dass dieser Blick immer mehr geschärft wurde, jemehr das einmal erfundene Werkzeug sich als unzureichend herausstellte und in der Anpassung an die verschiedensten Arbeiten sich immer mehr differenzirte (Schaber, Messer, Pfeil-, Lanzenspitze u. s. w.) liegt auf der Hand. Die entscheidende That geschah jedoch in dem Momente, wo der Mensch zum erstenmale die natürlichen Gegenstände mechanisch bearbeitete, denn damit war der Mensch in die Lage gesetzt, die Natur rationell, nach Willkür und Bedürfnis auszubeuten; er konnte sich von den beschränkten Existenzbedingungen des Locales emancipiren und jene Fessel der Einseitigkeit brechen, die auf allem Thierischen lasten. In der Universalität seiner Anlagen lag der gewaltige Vorsprung, den der Menschenaffe vor seinen Vettern im Thierreiche hatte, lag der Grund seiner gewaltigen Präponderanz. In der materiellen Universalität, in seiner Unabhängigkeit von einem bestimmten Orte, von einem bestimmten Klima, von einer bestimmten Nahrung oder bestimmten Wohnung lag für ihn der Grund und die Bedingung aller weiteren Fortschritte. Alle diese Factoren sind aber mit einander eng zusammenhängend, sie gehen eigentlich alle aus der Ernährungsweise hervor. Auf die leichtere und zweckmässigere Ernährung läuft ja das ganze Sinnen und Denken des primitiven Menschen hinaus, und in der rationellen Ernährung liegt ein Hauptfactor, wenn nicht der wichtigste Factor der menschlichen Cultur überhaupt.

Die natürliche Entwicklung auch in intellectueller Beziehung hält durchaus gleichen Schritt mit der fortschreitenden Fähigkeit, die Nahrung auszuwählen. Der Wurm füllt wahllos seinen Darmcanal mit Schlamm und Modererde, von welcher Masse kaum 5 Percent sich dem Körper assimiliren, während die Ausscheidung der übrigen 95 Percent den Organismus vollauf beschäftigt. Im Gegensatze zu diesen höchst unintelligenten Thieren sehen wir, wie die Hymenopteren, die sich auf einer ungleich höheren socialen Stufe befinden, ihre Larven mit concentrirten Nährstoffen füttern. In der Reihe der Wirbelthiere stehen die Pflanzenfresser, welche grosse Mengen Pflanzen mit geringem Nährwerth verschlucken müssen, mit wenigen Ausnahmen tief unter den Carnivoren, die im Allgemeinen eine concentrirtere Nahrung zu sich nehmen. Elephanten und Affen sind zwar Pflanzenfresser, besitzen aber die Fähigkeit, auch unter den Pflanzen die gehörige Auswahl zu treffen. Der omnivore Mensch ist dadurch schon an und für sich im Vortheile gegenüber den einseitigen Carnivoren oder Frugivoren; denn nicht nur, dass er dadurch weniger leicht in Hungersnoth gerathen konnte, er konnte sogar wählen, er brauchte seinen Körper nicht so oft mit Mengen unassimilirbarer Substanzen zu belasten und die Kraft seines Organismus zum Grosstheil für die Secretionsthätigkeit zu verausgaben. Andererseits gab die rationellere Ernährungsweise dem primitiven Menschen die Unabhängigkeit und ermöglichte ihm die leichtere Anpassung an die verschiedenen Klimate. Wir haben bereits oben erwähnt, dass die grössere Differenzirung der menschlichen Gesellschaft gegenüber der thierischen ihren ersten Anstoss gerade in der grösseren Anpassungsfähigkeit hat. Diese Fähigkeit geht aber wieder auf das Werkzeug zurück.

Man muss sich all dessen recht bewusst werden, um die unermessliche Bedeutung abzuschätzen, welche der Arbeit schon auf den tiefsten Stufen der menschlichen Entwicklung zukommt. Wenn dieselbe auch nur darin bestand, dass der Mensch mit seinem primitiven Werkzeuge hier den Kern aus einer Cocusnuss, dort das Mark aus den Knochen gewann, dort eine Knolle aus dem Erdreich wühlte, Früchte aus unzugänglicher Höhe schlug, Fische aus dem Wasser, Vögel aus der Luft und Wild aus der Ferne erlegte, es öffneten sich damit doch ebenso viele Wege zur Nahrung, die ihm sonst verschlossen blieben und auf denen er weniger den Wettbewerb der übrigen Wesen zu fürchten hatte.

Allein nicht hiermit allein ist die hohe Bedeutung der primitiven Arbeit erschöpft. Wer den Werth einer Arbeit einzig nach der Masse der unmittelbaren Productionserfolge bemessen will, wird nie zu einer Würdigung jener primitiven Arbeit gelangen; die wertvollste Arbeit ist überhaupt nicht immer die, deren Früchte sofort zu geniessen sind, denn bei der unstreitig schwierigsten und wichtigsten Arbeit, der geistigen, ist dies nie der Fall. Jene primitive Arbeit mag ja in Bezug auf ihre unmittelbaren Leistungen null und nichtig genannt werden, wenn man sie mit der physischen Arbeit eines Fabrikarbeiters von heute oder mit der geistigen Arbeit eines modernen Gelehrten vergleicht. Nichtdestoweniger bildet die Arbeit auf jener Stufe der Entwicklung schon einen der mächtigsten socialen Factoren.

Man muss die Schwierigkeiten bedenken, mit welchen die Herstellung der primitiven Instrumente verbunden war, man muss sich die Vortheile vergegenwärtigen, welche der Besitz eines solchen Instrumentes brachte, und die Nachtheile, die aus dem Mangel auch der einfachsten Werkzeuge entstanden, um sofort einzusehen, dass der Mensch ein lebhaftes Interesse daran hatte, die von ihm erzeugten Werkzeuge auch in seiner Hand zu behalten. Wenn der Unerfahrene ja einmal sich unbedacht des mühselig erzeugten Instrumentes nach dem Gebrauche entäussert haben sollte, so dürfte ihn das bald wieder erwachende Bedürfnis und die Mühsal der neuerlichen Erzeugung gewiss bald eines besseren belehrt haben. Dadurch, dass er das Werkzeug keinem Anderen überliess, gewann der Mensch nicht nur einen kolossalen Vorsprung im allgemeinen Wettbewerb, sondern auch einen socialen Vorsprung, da zu ihm, dem glücklichen Besitzer der vielbegehrten Werkzeuge, Alle kamen, da sie seiner bedurften, ihm schmeichelten. Vielleicht suchte man ihn auch seines Schatzes zu berauben; er musste ihn gegen die Anderen vertheidigen, und durch alles das festigte sich nur immer mehr das Verlangen, den Gegenstand immer und ausschliesslich frei benutzen zu können. So entwickelte sich ganz natürlich der Begriff des Sonderbesitzes, des Eigenthums.

Was den Besitzer an seinen Besitz fesselte, das war der Schweiss der Arbeit. Der Mensch hat nicht die Gesellschaft geschaffen, sondern er wurde in der Gesellschaft. Ebenso wurde das Eigenthum mit dem Menschen; er hat es nicht erschaffen. Ohne Gemeinleben und ohne Selbstbewusstsein, d. h. ohne Gemeinarbeit und ohne Selbstarbeit hätte der Pithekoanthropos sich nie über die Thierheit erhoben.

Es giebt kein Beispiel eines Volkes, welchem das persönliche Eigenthum nicht bekannt wäre, in primitivsten Begriffsformen, aber doch bekannt. Wenn Lubbock[1]) erzählt, auf Tahiti wurde das Recht des Privateigenthums und die persönliche Sicherheit kaum respectirt, so kann dies nur den Sinn haben, dass es daselbst kein Grundeigenthum gab. Selbst die Buschmänner, dieses Diebsvolk κατ' ἐξοχήν, das unstät dem Wilde nachspürend kein Heim und kein Haus kennt, besitzt und respectirt das Privateigenthum an den selbstbereiteten Waffen, und wenn von ihnen gesagt wird, dass bei ihnen der Schwächere oft gezwungen sei, Waffen, Weib und Kinder dem Stärkeren abzutreten, so beweist dies erst recht, dass die Buschmänner das Privateigenthum kennen, dass es aber an die Stärkeren, d. h. an die fähigeren Individuen geknüpft ist. Ebenso sind Canoe, Bogen und Harpune bei den Feuerländern Privateigenthum, obwohl gerade das mangelnde Streben nach individuellem Eigenthum ein Hauptgrund der culturellen Zurückgebliebenheit der Feuerländer zu sein scheint. „So lange nicht im Feuerlande irgend ein Häuptling aufsteht, — sagt Darwin — welcher Kraft genug hat, irgend einen einmal erlangten Vortheil, wie z. B. den Besitz domesticirter Thiere, festzuhalten, scheint es kaum möglich, dass der politische Zustand des Landes verbessert werden kann. Jetzt wird selbst ein Stück Tuch, das dem Einen gegeben wird, in Stücke zerrissen und vertheilt und kein Individuum wird reicher als das andere.“ Bei den nomadisirenden Völkern der arktischen Zone ist der Eigenthumsbegriff mehr entwickelt, als bei den genannten Naturvölkern. Wenn von den Tinneh gesagt wird, sie betrachten alles Eigenthum mit Einschluss der Weiber als dem Stärksten zugehörig, so beweist dies, dass auch hier, ebenso wie bei den Buschmännern, der Eigenthumsbegriff vorhanden ist.

Ein absolut eigenthumsloses Volk wurde nicht gefunden. Ob es ein solches jemals gab? Wer vermag es zu bestimmen! Jedenfalls war das Eigenthum in der Horde, soweit es bekannt war, auf Dinge beschränkt,

---

[1]) Die vorgeschichtliche Zeit. Jena 1874. II. 187.

die uns lächerlich werthlos scheinen, die aber, wie bereits erwähnt, für den Urmenschen Kleinode kostbarster Art bilden mussten. Der Besitz an den selbsterzeugten Waffen, Werkzeugen und Kleidern wird auch hier allem anderen Besitze vorangegangen sein, und es dürfte lange die einzige Form des Besitzes gewesen sein. Die Jagdbeute wird nicht unter allen Umständen Eigenthum des Erbeutenden, weil das individuelle Verdienst an dem Erfolge der Jagd und des Fischfanges nicht so grell in die Augen springt und weil der Einzelne in den meisten Fällen für sich allein mit der Beute selbst nichts anzufangen wusste. Bei den meisten heute noch lebenden Jäger- und Fischervölkern gehört die Beute dem Stamme, der Gruppe [1]). Selbst bei den Eskimos, bei welchen das individuelle Eigenthums„recht" durch gezeichnete Harpunen gewissermaassen festgestellt wird, wird die Jagdbeute dann doch von der ganzen Horde beansprucht. Das „Beuteeigenthum" dürfte also auf der Jägerstufe kaum zu dem „Arbeitseigenthum" getreten sein.

Noch weniger war das nomadisirende Jägerleben dem Entstehen des Grundeigenthums günstig. Der Werth des Bodens beginnt erst mit seiner Ausbeutung durch den Ackerbau und mit der Sesshaftigkeit. Wohl kommt es hie und da, bei Jäger- und Fischervölkern (Jagdindianern, Tasmaniern, Australnegern, Eskimos u. s. w.) vor, dass das Jagdgebiet abgegrenzt, eine Art dem Stamme oder der Horde gehöriges Revier geschaffen und auf dessen Respectirung durch fremde Horden ängstlich geachtet wird; ob es etwas ähnliches auch schon auf der primitiven Stufe gegeben, lässt sich nicht sagen; wenn aber ja, so war es keineswegs Grundbesitz, sondern im günstigsten Falle die schüchternen Anfänge eines Grundbesitzes zu nennen. Bei der unstäten, vom Wildstande und der Jahreszeit abhängigen Lebensweise des Jagdrudels war ja auch diese Revierabgrenzung nur etwas vorübergehendes.

Ebenso wenig günstig war das Wanderleben der Jäger dem Hausbesitz; auch hier lässt sich nur mit grosser Vorsicht von den heute lebenden Naturvölkern ein Rückschluss auf die Urmenschheit, auf die primitive Horde ziehen. Der Jäger braucht, wenn er ein Standhaus hat, daneben unter allen Umständen noch anderwärts provisorische Zufluchtsstätten oder transportable Wanderquartiere (Zelte). Die Höhlenwohnstätten aus der prähistorischen Zeit (deren sociale Altersstufe, wenn ich so

---

[1]) Bei allen amerikanischen Indianerstämmen, auf Australien, Tasmanien, bei den Mandanesen, Sandeh, Abarambo, Buschmännern u. s. w.

sagen darf, übrigens schwer zu bestimmen ist) müssen nicht gerade die einzigen Wohnstätten der betreffenden Horden gewesen sein. Die Fischervölker neigen etwas mehr zu einer wenigstens periodischen Sesshaftigkeit. Soweit uns von derartigen Völkern überhaupt Häuser bekannt sind, ist ihnen der Charakter der Gemeinhäuser eigen. Mehrere Familien, wo es solche giebt, oder die ganze Horde oder doch ein Theil derselben bewohnt diese Häuser kunterbunt, wie es dem Gemeinschaftsleben der betreffenden Völker entspricht. Ein solches Gemeinschaftshaus der nordwestamerikanischen Amerikaner wird folgendermaassen geschildert[1]):

„Viereckiger Grundriss dominirt. Poole sah auf den Königin Charlotte-Inseln ein Haus, das 15 m im Quadrate hatte und 700 Bewohner beherbergte, und Lewis und Clarke sprechen sogar von einem 70 m langen Hause im Thale des Willamette, das durch einen langen Gang in zwei Reihen Wohnstätten getheilt war. Hier sind wenig mehr als rechteckige Bretterhütten mit etwa 2 m hohen Wänden und Giebeldach. Heute wohnen in der Regel 4—6 Familien zu 6—18 Personen in einem Hause. Bei den Haidah, welche auch sonst noch die grössten Häuser bewohnen, fand Jacobsen doch keine über 20 m lange Häuser mehr. Die Giebelfront ist in der Regel dem Wasser zugewandt und enthält die früher runde oder ovale, jetzt viereckige Thüröffnung. Im nördlichen Theile des Gebietes, vereinzelt selbst noch am Columbiaflusse, kommen Häuser vor, deren untere Hälfte unterirdisch ist. Im Dache aus Rinden ist eine viereckige Rauchöffnung gelassen und innerhalb des Gebäudes sieht man ungehindert von einem Ende zum andern. Zwar bemerkt man auf beiden Seiten an den Wänden die Spuren von Abtheilungen für jede besondere Familie, die im Hause wohnt, und für Waarenräume; allein diese Abtheilungen versperren keineswegs die Aussicht, denn sie bestehen oftmals nur aus Stückchen von Planken, welche von der Wand gegen die Mitte des Hauses zu laufen. Wären die Verschläge etwas vollständiger, so könnte man ein solches Haus füglich mit einem langen Stalle vergleichen, in dem an beiden Seiten Abtheilungen und in der Mitte ein breiter Gang angebracht ist.“ Der Grundtypus dieser Gemeinhäuser findet sich bei den Krikh[2]), Irokesen und anderen Indianerstämmen, die noch vorwiegend Jäger sind, streng erhalten.

Aehnlich ist das Bild der malayischen auf Pfählen ruhenden Gemein-

---

[1]) Ratzel, Völkerkunde II. p. 253.

[2]) Ratzel, a. a. O. II. Bd. p. 612 ff.

häuser, besonders bei den Battaks und Dajaken, die allerdings keine Jäger mehr sind, und bei einzelnen europäischen Pfahlbauten der praehistorischen Zeit. Man kann sich so auch das Gemeinhaus des Urmenschen vorstellen, in welchem die Horde lebte, in welchem die Altengruppe tagsüber die unerlässlichen Geschäfte des Haushaltes, die Bereitung von Kleidern u. s. w. besorgte, während die Jungengruppe sich in der Nähe im Spiel tummelte, sich für ihren künftigen Beruf zu Jagd und Fischfang vorbereitete Fallen stellte oder Waffen und Geräthe erzeugte, die Mittelgruppe endlich im Wald oder am Ufer weilte um die nöthigen Lebensmittel der Natur abzuringen. Ein individuelles Eigenthum an einem solchen Hause gab es nicht und giebt es nicht, und es kann ein solches nicht geben, weil nicht Einer das Haus baut und nicht Einer benutzt. Es bauten es vielmehr Alle für Alle, und so blieb es auch Eigenthum Aller.

V.

So sehen wir, wie die Horde in geschlechtlicher so gut wie in wirthschaftlicher Hinsicht ein Gemeinleben führt, aus dem kaum fühlbare Spitzen individueller Entwicklung hervorragen. Es ist kaum möglich, das Individuelle wo anders zu sehen als in der collectiven Einheit; so eng verschmolzen ist Empfinden, Denken, Fühlen, Wollen und Handeln der Vielheit. Nur in kurzlebigen Funken von der harten Noth des Daseins herausgeschlagen, leuchtet hier oder dort der trübselige Schein eines Ichgedankens auf, in dem rohen Verlangen nach Besitz eines kindischen Schmuckes, einer plumpen Waffe, in dem Wunsche, ein Stück Jagdbeute den Genossen vorzuenthalten und in thierischer Fresslust es selbst zu verzehren.

Allein man gebe sich keiner Täuschung hin und glaube nicht, dass ein anderer socialer Begriff, ein anderes sociales Gefühl stärker entwickelt sei als der persönliche Begriff. Ein Gemeinleben, wie es die Horde führt, ist auch bei den Thieren zu finden und ein helleres Bewusstsein der Gemeinschaft ist selbst bei den heute auf einer dem Urzustande nahen Stufe lebenden Völkern noch nicht zu treffen. Alles, was die Menschenhorde vom thierischen Rudel unterscheidet, ist vielleicht nur ein Gradunterschied in dem Empfinden oder Bewusstsein der örtlichen Zusammengehörigkeit und der Artgleichheit.

Das Ortsband ist der älteste sociale Factor, den es giebt. Es wäre eine Banalität, beweisen zu wollen, dass die unerlässliche Voraussetzung des geschlechtlichen Verkehres, sowie jeder wirthschaftlichen oder auch politischen Cooperation die Ortsgemeinschaft sei; je unentwickelter die Menschheit selbst ist, desto enger muss das Ortsband sein; in der modernen Welt giebt es eine Cooperation und einen Verkehr auch auf die grössten Entfernungen; im Naturzustande ist der Verkehr, diese erste Voraussetzung der Socialisation, nur bei Ortsgemeinschaft möglich. Die einfachste Form des Gefühles der Gleichheit und der Sympathie entspringt aus der beständigen räumlichen Nähe. Noch unseren Kindern sind jene Personen die theuersten, die am meisten in ihrer Umgebung sind; die Amme ist ihnen deshalb lieber, als die Mutter, die Mutter lieber, als der Vater, und der Grad der Sympathie nimmt ab, wie die räumliche Entfernung der betreffenden Personen von dem Kinde zunimmt. Welche Bedeutung der Naturmensch dem Ortsband beimass, zeigt der Umstand, dass bei den meisten Naturvölkern das Kind nach dem Orte genannt wurde, wo es geboren ward[1]), zeigen die zahlreichen Mythen, welche den Menschen chthonischen Ursprungs sein lassen, u. s. w. Ganz ist jedoch die Stärke des Ortsbandes auch inmitten der fortgeschrittenen Civilisation nicht geschwunden, und trotz aller Höhe des weltverbindenden Verkehres ist der moderne Mensch oft nicht weniger Knecht der Scholle, als es der Urmensch war.

Die Wichtigkeit des Ortsbandes für die sociale Entwicklung ist vielfach unterschätzt worden; es ist gewiss einfacherer Natur als alle anderen socialen Empfindungen und Gefühle.

Ihm zunächst steht das Bewusstsein der Artgleichheit. Similis simili gaudet. Die Sympathie zwischen Artgleichen ist keine Besonderheit der menschlichen Psyche. Ihren natürlichsten Ausdruck findet diese Regel in der Thatsache, dass der normale geschlechtliche Verkehr und besonders der fruchtbare Verkehr nicht nur unter Angehörigen derselben Art, sondern sogar nur unter Angehörigen derselben Species, also in einem noch engeren Kreise von Gleichen stattfindet. Auf den höheren Stufen und besonders beim Menschen wird diese Sympathie der Gleichen

---

[1]) Die Ortsnamen in Frankreich, Deuschland und Russland sind, soweit sie nicht von dem nächsten Berge, See oder Wald entlehnt sind, meist Patronymica (Kowalewsky, M., L'évolution de la propriété p. 178). In Afrika unterscheidet sich meistens der Name des Landes von dem des dasselbe beherrschenden Volkes nur durch das Präfix, z. B. U-njora und Wa-njora, U-ganda und Wa-ganda, U-gogo und Wa-gogo, U-sagara und Wa-sagara u. s. w.

zu einem bewussten Act. Der Gedanke der Gleichheit ist zunächst nur Gleichheit der Gedanken. Auch zu diesem trägt das Ortsband nicht wenig bei.

Die gleiche Umgebung, die Gleichheit der sinnlichen Eindrücke von Aussen muss auf den Geist ebenso in einem gewissen Grade ausgleichend wirken, wie sie auf die physische Beschaffenheit wirkt. Die physische Gleichheit ist allerdings das Wesentliche. Der physischen Gleichheit entspricht eine gleiche Form der Reaction auf sinnliche Reize. Man weiss, wie auch bei uns, besonders bei Kindern, ein entsprechend starker Reiz, zumal, wenn wir nicht in der Lage sind, ihn vorherzusehen und uns auf ihn vorzubereiten, bei ganzen Gruppen ein und dieselben Empfindungen, Gedanken, Willensacte auslöst. Nun ist der Natur- und gar der Urmensch nicht nur geistig, er ist nach dem Zeugnisse der Anthropologie auch physisch an und für sich weniger differenzirt; die Gesellschaft, die Horde ist frei von Mischungen; sie ist, wie wir sagen, rassenrein. das rassenreinste, was man sich denken kann; die physische Gleichheit ist eine tausendfach grössere, als bei uns, und dem entspricht auch eine viel intensivere Gleichheit des Empfindens, Fühlens und Denkens. Die Erscheinung, dass Personen aus einem Gesellschaftskreise, aus einem Orts- oder Blutverbande gleiche Urtheile und gleiche Vorurtheile, gleiche Charaktereigenschaften und gleiche Fähigkeiten, ja sogar gleiche Geschmacksrichtungen und Launen zeigen, steigert sich, jemehr wir die Bahn der menschlichen Entwicklung zurückgehen. Bei den Naturvölkern ist die geistige Differenzirung womöglich noch weniger ausgebildet als die körperliche. Der organischen Gleichheit entspricht eine ebenso grosse geistige und moralische; wie die Mitglieder eines Stammes für uns alle ein Gesicht zu haben scheinen, so ist auch das geistige Gesicht ohne rechten persönlichen Ausdruck.

Aus der Combination der Empfindungen und Sensationen, die aus dem Ortsband, sowie aus den objectiven Thatsachen der Artgleichheit entspringen, resultirt die bewusste Sympathie mit den Artgleichen. Wenn der Grad der Sympathie von der Unmittelbarkeit des Verkehres u. z. von den ersten Kindestagen an abhängt und die „Nächsten“ die Gleichen sind, d. h. wenn man immer nur in der Umgebung der Gleichen lebt, so wird sich ein Grad der Sympathie für die Gleichen herausbilden, dass diese zum Bewusstsein der Sympathie aufleuchtet, und dass die Voraussetzungen dieser Sympathie geradezu umgekehrt, als das Element des Verkehres, gedacht werden.

In nichts Anderem besteht das Bewusstsein der Art[1]).

Man hat sich gefragt, was früher gedacht wurde, ob die Ungleichheit oder die Gleichheit. Das ist die ins Psychologische übersetzte Geschichte von der Henne und dem Ei. Beides, Gleichheit und Ungleichheit erwachen gleichzeitig im Geiste, und die Sympathie mit dem Gleichen wächst in demselben Grade wie die Antipathie gegen das Verschiedene Gerade die Sympathie ist es, die den Blick für das Ungleiche schärft und je geringer und weniger die Verschiedenheiten der Mitglieder einer Gruppe sind, desto greller treten solche Verschiedenheiten für die Gleichen an der anderen Gruppe hervor. Man braucht nur zu unseren Bauern am Lande zu gehen, um zu beobachten, wie die kleinlichsten Unterschiede der Mundart, die kleinsten Abweichungen in Sitte oder Brauch oder fast unmerkbare physische Eigenthümlichkeiten als abgrundtiefe Verschiedenheiten empfunden und zum Anlasse höhnender und herausfordernder Bemerkungen gemacht werden. Und wenn man dem Bauer aus dem Dorfe A. so recht auf den Grund der Seele blickt, so wird man finden, dass er die Bauern aus dem Dorfe B., obwohl sie in unseren Augen ihm ganz gleich sind, doch nicht für volle Menschen hält. Der Naturmensch denkt ganz bestimmt, dass, wer nicht seiner Art, wer nicht ihm gleich ist, und das ist der Angehörige jedes fremden Stammes, jeder fremden Horde, überhaupt kein Mensch sei. Der Name Mensch und der Name des eigenen Volkes, also der Multiplication der eigenen Ichheit, fällt bei sehr vielen Völkern zusammen[2]).

Wie weit das Gefühl und das Bewusstsein der Zusammengehörigkeit ursprünglich ging, lässt sich kaum bestimmen, soviel wir aus dem Benehmen der einfachsten Naturvölker sehen, keineswegs etwa bis zu dem wirklichen Gedanken einer auf erkannter Gegenseitigkeit beruhenden Cooperation einer auf dem Compromiss der Individuen beruhenden Solidarität. Ja, es ist lediglich eine Annahme, dass aus dem Gefühl der Gleichheit, aus dem beständigen Verkehr, aus der gegenseitigen Nachahmung auch ein Gefallen des Einen am Anderen, Freundschaft und Liebe des Einen zum Anderen entspringen muss. Es mögen diese freundlicheren Gefühle die Urhorde beschienen haben — ehrlich gesagt, die noch lebenden primitivsten Völker weisen wenig davon auf, und selbst das elementarste der Gefühl, das nicht sociologischen, sondern biologischen

---

[1]) Vgl. Giddings, F. H., The elements of sociology. New-York-London 1898. ch. VI.

[2]) Z. B. bei den Eskimos (Elié Reclus, Primitiv Folk, London, p. 12), bei den Hottentotten (Fr. Müller, Allgemeine Ethnographie, Wien 1879, p. 93 f.).

Ursprungs ist, selbst die Mutterliebe, erlischt mit der Emancipation des Kindes wie beim Thier.

Alle Versuche, den Menschen, wie er am Beginne seiner Carrière gewesen, besser zu machen, sei es nun in individueller, sei es in socialer Hinsicht, sind bisher fehlgeschlagen, beweislos in sich zusammengebrochen. Man kann den socialen Zustand, in dem auch heute noch viele Naturvölker sich vorfinden, nicht anders und nicht besser bezeichnen, als durch den Satz. „Der Mensch lebte anfangs im Rudel.“ Das sociale Band ist nicht psychischer, als jenes, das aus dem Bienenstock eine Einheit gleich der organischen macht. Isolirt sein oder isolirt werden, bedeutet für den Menschen — Tod. Es giebt kein entsetzlicheres Elend und keine grössere Strafe für ihn, als aus der Gemeinschaft gestossen zu werden [1]).

Man hat von einer Uranarchie gesprochen; wohlan! Nur darf man den Begriff Freiheit ebensowenig im Gegensatz zur Herrschaft stellen als zur Gemeinschaft. Eine auf die Herrschaft eines Einzelnen begründete Organisation besass die Horde nicht, allein die primitive Herrschaftslosigkeit steht nicht mit dem Gemeinleben in Widerspruch. Wir allerdings können uns Herrschaftslosigkeit nur als Begleiterscheinung des höchst entwickelten Individualbewusstseins denken. Die Herrschaftslosigkeit in der Horde beruht umgekehrt darauf, dass das Individualbewusstsein überhaupt noch nicht zum Durchbruch gelangt ist. Wenigstens Einer, zum wenigsten der Herrschende, muss durch besonders persönliche Vorzüge die anderen überragen, und wenn schon nicht überlegene Geistes- oder Körperkraft, so muss doch überlegener Besitz ihn hoch über alle anderen erheben.

Auf der Stufe der Hirten und Ackerbauers ist dies vielleicht möglich; auf dem Standpunkte der Fischer und Jäger ganz und gar nicht. Wir citiren hier nochmals Darwins Worte über die Feuerländer: „So lange nicht im Feuerlande irgend ein Häuptling aufsteht, welcher Kraft genug hat, irgend einen einmal erlangten Vortheil, wie z. B. den Besitz domesti-

---

[1]) Bei den alten Semiten gab es nur zwei Strafen, Hinrichtung und Verbannung, was, wie Renan richtig bemerkt, ungefähr dasselbe bedeutet. Die „Hikkaret“-Strafe oder die Trennung von dem Volksstamme musste bald den Tod nach sich ziehen, da der vogelfrei erklärte Mensch nirgends mehr Schutz fand. Merkwürdige Beispiele dieses Brauches führt Saulcy Voyages I, v. p. 291f. an. — Im Alt- und Mittelhochdeutschen ist „Verbannt“ und tiefste Stufe des Unglücks (elend und aus dem Lande gestossen) identisch.

cirter Thiere festzuhalten, scheint es kaum möglich, dass der politische Zustand des Landes verbessert werden kann. Jetzt wird selbst ein Stück Tuch, das dem Einen gegeben wird, in Stücke zerrissen und vertheilt und kein Individuum wird reicher als das andere."

Die persönliche Herrschaft eines Einzelnen ist auch auf viel höherer Culturstufe mitunter noch kaum mehr als dem Namen nach vorhanden und konnte sich zu wirklicher Bedeutung überall erst sehr spät und unter grossen Kämpfen durchringen.

Die Function des Führers in der Horde hat keine grössere Bedeutung als die des Leitthieres im thierischen Rudel. Er geht voran, führt und warnt die Horde. Er ist vermuthlich der Wegekundigste, der Stärkste, der Flinkste oder Scharfsichtigste; vielleicht führt beim Suchen von Wurzeln, beim Fischen oder beim Jagen immer ein Anderer. Lebt die Horde in der Nähe einer anderen, und sind feindliche Zusammenstösse zu befürchten, so wird vielleicht dem Führer entsprechend der grösseren Verantwortung spontan ein grösseres Recht des Befehles eingeräumt, allein ein solcher Zustand kann bei nicht sesshaften und bei nicht besitzenden Völkern nicht lange währen. Es bildete sich also die Befehlshaberschaft zu keinem dauernden Bedürfniss, zu keinem Zustand heraus; sie schwand mit der flüchtigen Veranlassung; der Führer kehrte in den Schooss der Gemeinschaft zurück.

Bei all den schon mehrfach citirten Fischer- und Jägervölkern (Feuerländern, Eskimos, Buschmännern) war es beim kritischesten Vorgehen unmöglich, etwas wie die Herrschaft eines Einzelnen nachzuweisen. Unter den australischen Stämmen ist nur bei wenigen das Vorhandensein eines Häuptlings nachweisbar und dann aber auch nur von der geringsten Autorität begleitet. Die Eingeborenen von Port Lincoln haben weder Häuptlinge noch sonst eine Person von Autorität über sich; alle erwachsenen Männer sind einander gleich, und nie macht Einer den Versuch, einen Befehl, eine Herrschaft über den Andern auszuüben. Ganz dasselbe wird von den Adelaide- und Encounterbai-Stämmen berichtet. Aber auch dort, wo sich die Führung und Herrschaft eines Einzelnen schon deutlicher aus dem gleichmässigen und gleichrechtlichen Boden der Horde erhebt, wo auch bereits Verhältnisse eingetreten sind, welche diese Führung nothwendig machen, ringt sich die Autorität der Häuptlinge doch nur sehr allmählich und unter grossen Kämpfen durch. Der klare Begriff eines Führers scheint nach der den meisten Völkern eigenen

Verbindung der Hirtenidee mit dem Königs-(Häuptlings)Begriffe[1]) erst auf der Stufe des Hirtenlebens zum Durchbruche gelangt zu sein, und in der That erfordert auch erst die Wirthschaftsstufe des Hirten eine thatkräftige und einheitliche Leitung. Der jagende und fischende Nomade nennt so wenig sein Eigen, dass die Horde wohl selten einem Angriffe ausgesetzt ist. Zu einem Kampfe kommt es nur dann, wenn zwei Horden um ein und dasselbe Jagdrevier gleichzeitig zu ringen gezwungen sind. Dass dieser Fall eintreten kann, beweist die bereits erwähnte Abgrenzung des Jagdgebietes bei einzelnen Völkern. Er ereignete sich vielleicht auch früher im Urzustande. Dass ein Kampf um die Erde von allem Anbeginne stattfand, beweist, dass es Sieger und Besiegte in diesem Kampfe gab und dass die versprengten Reste der Besiegten uns noch die stumme Geschichte dieses Kampfes erzählen. Im Allgemeinen sind die Jäger- und noch weniger die Fischervölker Kampfesvölker. Sie sind meist friedfertig, und selbst die Buschmänner sind zwar Diebe und Räuber aber keineswegs Krieger, obwohl gerade diesem Volke der Krieg offen genug erklärt und auf den Leib getragen wird. Der Buschmann wird von allen Reisenden und Ethnographen als ein sehr begabter, zu allen Kunstfertigkeiten, aber auch zu allen Bosheiten fähiger Mensch geschildert, dem jedoch die Gabe, sich unterzuordnen, vollkommen fehlt. Er ist der freie wilde Jäger par excellence; um ein unübertrefflicher Jäger zu sein, braucht er die Unterordnung unter eine kräftige Führung keineswegs, er brauchte sie aber sehr wohl, um den Krieg, den ihm seine von ihm unaufhörlich bestohlenen Nachbarn erklären, mit Erfolg führen zu können. Und weil er diese Gabe nicht besitzt, stirbt er eigentlich ohne ernsten Kampf langsam aus.

Von dem räuberischen Jägervolk der amerikanischen Apachen entwirft Élie Reclus folgendes typische Bild: „Das Kind bleibt bei seiner Mutter bis es selbst eine Frucht pflücken kann und eine Ratte ohne

---

[1]) Der Kaiser von China heisst pastor hominum. Ganz allgemein ist die Auffassung des Königs oder Fürsten als Hirten seines Volkes bei den arabischen Stämmen. Bei Homer heissen die Häuptlinge immer ποιμένες λαῶν; im Beovulf heisst der König „Folkes Hyrde".

Die Deutung, welche man in diese Verbindung der Hirtenidee mit dem Königthum legte, ist sehr verschieden; die Einen finden darin einen Hinweis auf die Hauptbeschäftigung der betreffenden Völker als Hirten, Andere wollen darin aber blos eine Metapher erblicken. Das kommt aber auf Eines hinaus, denn die Metapher wird eben aus dem täglichen Anschauungskreise genommen, und dieser entspricht bei Naturvölkern immer deren Hauptbeschäftigung.

fremde Hülfe gefangen hat. Nach diesen Heldenthaten kommt es und geht es nach Belieben, ist frei und unabhängig, Herr seiner bürgerlichen und politischen Rechte und geht bald in dem Gemeinkörper der Horde auf. Die Eltern wären übel berathen, die ihre Jungen strafen oder auch nur ernstlich zurechtweisen wollen. Keine wichtige Unternehmung findet statt ohne Zustimmung des ganzen Stammes, der auf keine Weise sich seiner collectiven Oberhoheit begeben oder sie auf die Familienhäupter übertragen hat. — Es kann ein Individuum unmöglich weniger durch irgend eine Art von Regierung behindert werden als unser Apache; er ist Niemandem verantwortlich, er thut immer was er will, d. h. was er kann. Bei einer Expedition vereinigen sie sich unter dem Commando eines Genossen, der sich auffällig hervorgethan hat, dessen Autorität aber mit dem Unternehmen auch wieder endet. Wenn Feindseligkeiten andauern, kann es natürlich vorkommen, dass der Einfluss des Kriegshäuptlings oft mehr wächst, als man verlangt. Einige Stämme suchen dieser Gefahr vorzubeugen, indem sie eine rein moralische Autorität in ihren Sachems oder Friedensfürsten anerkennen[1]).“

Buschmänner und Apachen sind ebensowenig reine Hordenvölker, wie irgend ein anderes noch lebendes Volk; sie zeigen aber immer noch am deutlichsten die Structur der ursprünglichen Gesellschaft und ähneln sich — so verschieden sie sonst auch sein mögen — merkwürdig in ihrem Schicksal, das das Schicksal aller Völker wurde, welche wie sie nicht die Voraussetzungen zur herrschaftsmässigen Organisation boten.

Neben dem glücklichen Befehlshaber im Kampfe hätte noch der Priester die meisten Chancen, eine höhere Macht an sich zu reissen. Der Zauberer fehlt auf keiner Culturstufe, wenigstens so weit wir in die Vergangenheit des Menschengeschlechtes zurückblicken können. Er ist der Merkstein, dass sich der menschliche Gedanke aus den Banden der ihn unmittelbar umgebenden Anschauungswelt zu befreien beginnt, dass, wenn auch nicht unabhängig von dem nutritiven Leben des Urmenschen, so doch über dieses hinausgehend sich ein psychisches Leben eröffnet, welches roh und abstossend in seinen ersten Kundgebungen dennoch den Menschen hoch über die entwickeltste Form der Thierwelt erhebt. Auch der menschliche Geist ist eine Sumpfblüthe. Die menschliche Psyche hat sich aus den wüsten Traumgesichten emporgerungen, welche die Folge des gemeinsten aller Laster, der Maaslosigkeit im Fressen,

---

[1]) Primitiv Folk p. 131 und p. 136.

waren. Die Unregelmässigkeit der Ernährung bei den Naturvölkern ist eine der bekanntesten Thatsachen der Ethnologie. Je nachdem ihnen das Jagd- und Beuteglück gewogen ist oder nicht, leben sie zwischen langem Fasten und beispiellosen Gelagen dahin; es ist allgemein bekannt, dass die Naturvölker ebenso Unerhörtes im Fasten, wie nachher im Fressen zu leisten vermögen[1]). Diese Lebensweise hat natürlich mehr oder minder grosse Störungen des Verdauungslebens zur Folge. In dem Schlafe, welcher einer durchschmausten Nacht folgt, thut sich dem Wilden ein wüstes Traumleben auf, über dessen Realität er natürlich nicht in Zweifel gerathen kann, wenngleich der ganze Charakter desselben ihm sagt, dass es ein anderes Leben, als das ihn gewöhnlich umgebende sei. Es ist eine andere Welt, eine leichtere, luftigere, eine oft trügerische Welt, in die er vorübergehend entrückt wird, es ist die Welt, in die ohne Zweifel auch seine Väter und Brüder gehen, welche — er weiss nicht wie — aus diesem Leben scheiden. Der Gedanke einer Zweiheit im Menschen, eines materiellen Körpers und einer luftigeren Seele, eines Schattenwesens ist in ihm erwacht und er bedient sich seiner, um die tausend Räthsel zu lösen, die ihm täglich gestellt werden, das Räthsel der Krankheit und des Todes, die Räthsel der Natur, die ihn mit Schrecken und Entsetzen erfüllen.

Es ist nicht die Aufgabe der Sociologie die Entwicklung des menschlichen Gedankens und die Entstehung der animistischen und der religiösen Weltauffassung überhaupt zu schildern; die Sociologie begnügt sich, das Vorhandensein dieser rohen Gehversuche des menschlichen Geistes auf der untersten Culturstufe zu constatiren und sie auf ihre sociale Bedeutung zu prüfen. Wir werden auf den Zusammenhang der animistischen und religiösen Begriffe mit den socialen wohl oft genug zurückgreifen müssen. Augenblicklich handelt es sich um das Vorkommen von Zauberern und Priestern auf den primitivsten Culturstufen zu erklären. Wir mögen immerhin auch in der primitiven Horde das Auftreten solcher Personen annehmen, wenn wir uns nur dessen bewusst sind, dass es sich in diesem Falle nicht um eine sociale Institution, sondern mehr um ein momentanes zufälliges Auftreten handeln konnte.

Tylor[2]) schildert diese ältesten Wundermänner in ihrer Doppelstellung zwischen Besessenen und Exorcisten treffend wie folgt: „Der Be-

---

[1]) Vgl. Letourneau a. a. O.

[2]) Die Anfänge der Cultur. Deutsch von Spengel und Poske, Leipzig 1873, II. Bd. S. 123ff.

sessene, vom Fieber geschüttelt und durchschauert, gefoltert und gequält, als ob irgend ein lebendiges Wesen sein Inneres zerreisse oder durchwühlt und Tag für Tag seine Lebenskraft aussaugt, wird ganz natürlich einem persönlichen Geiste die Ursache seiner Leiden zuschreiben. In schrecklichen Träumen mag er sogar zuweilen den leibhaftigen Geist oder den nächtlichen Feind erblicken, der ihn mit Alpdrücken peinigt, besonders wenn die geheimnissvolle, unsichtbare Gewalt ihn hilflos zu Boden wirft, ihn zwingt, sich in Convulsionen zu krümmen und zu winden oder mit Riesenkraft und thierischer Wildheit sich auf die neben ihm Stehenden zu stürzen, wenn sie ihn antreibt, mit verzerrtem Gesicht und wahnsinnigen Geberden, und mit einer Stimme, die nicht seine gewöhnliche ist und sogar nicht einmal menschlich erscheint, wilde unzusammenhängende Laute der Verzückung auszustossen oder mit einer Begabung und Beredtsamkeit, die seine Fähigkeiten im nüchternen Zustande weit übersteigt, zu befehlen, zu rathen, zu prophezeien — ein solcher Mensch scheint denen, die ihn bewachen, und sogar sich selber das blosse Werkzeug eines Geistes geworden zu sein, der ihn ergriffen hat oder in ihn gefahren ist, eines ihn beherrschenden Dämons, an dessen Persönlichkeit der Patient so unbedingt glaubt, dass er sich oft einen persönlichen Namen für ihn ausdenkt, wodurch es erklärlich wird, dass derselbe in seiner eigenen Sprache und seinem eigenen Charakter durch seine Sprechorgane redet; endlich verlässt der eingefahrene Geist den verbrauchten und ermatteten Körper und geht davon, wie er gekommen ist. Dies ist die wilde Anschauung von dämonischer Heimsuchung und Besessenheit, die lange Zeit hindurch, wie noch jetzt, die herrschende Theorie von Krankheit und Inspiration bei den niederen Rassen gewesen ist. Sie gründet sich augenscheinlich auf eine animistische Deutung der thatsächlichen Symptome solcher Fälle, die an ihrem richtigen Orte in der geistigen Geschichte der Menschheit als durchaus echt und naturgemäss zu betrachten ist. Die allgemeine Lehre von Krankheitsgeistern und Orakelgeistern scheint ihre früheste, umfassendste und festeste Stellung innerhalb der Grenzen des wilden Culturlebens gehabt zu haben. Wenn wir von ihr eine klare Anschauung in dieser ihrer ursprünglichen Heimat gewonnen haben, so werden wir sie in der weiteren Entwicklung der Civilisation von Stufe zu Stufe verfolgen können, wie sie unter dem Einflusse neuer medicinischer Theorien allmählich zu Grunde geht, aber von Zeit zu Zeit wieder auflebt und sich von neuem ausbreitet und wie sie wenigstens als hinschwindendes Ueberlebsel sich bis in die Mitte unseres modernen Lebens hinein erhält. Aber die Besessenheitstheorie ist uns nicht nur aus den Angaben derer bekannt, welche die Krankheiten in Uebereinstimmung mit ihr zu erklären suchen. Da die Krankheit dem Anfalle der Geister zugeschrieben wurde, so folgt ganz natürlich, dass das eigentliche Heilmittel in der Befreiung von diesen Geistern bestand. So erscheinen die Praktiken der Exorcisten Hand in Hand mit der Lehre von der Besessenheit in ihrem ersten Auftreten bei den Wilden bis auf ihre Ueberreste in der modernen Civilisation, und nichts vermöchte die Vorstellung, dass eine Krankheit oder eine Gemüthserregung durch ein persönliches geistiges Wesen veranlasst wird, deutlicher vor Augen zu führen als das Vorgehen des Exorcisten, der zu ihm spricht, ihm schmeichelt und droht, ihm Geschenke darbringt, es aus dem Körper des Patienten hervorlockt oder austreibt und es veranlasst, seinen Wohnsitz in einem andern zu nehmen. Die Erscheinung, dass die beiden grossen Wirkungen, die man einem solchen Geistereinfluss bei der Heimsuchung und der Besessenheit zuschreibt, nämlich die Behaftung mit Krankheiten und die Inspiration von Orakeln nicht nur miteinander vermischt sind, sondern oft vollständig zusammenfallen, stimmt mit der Ansicht überein, dass beide auf eine gemeinsame Ursache zurückzuführen sind. Auch dass der eingedrungene oder eingefahrene Geist entweder eine menschliche Seele sei oder einer anderen Classe in der Geisterhierarchie angehöre, befestigt die Meinung, dass die Besessenheitstheorie auf der gewöhnlichen Anschauung von der Einwirkung der Seele auf den Körper beruht und nach ihr gebildet ist. Bei der Erläuterung dieser Lehre durch typische Beispiele wird es kaum möglich sein, unter den einwirkenden Geistern zwischen denen, welche Seelen und denen, welche Dämonen sind, zu unterscheiden oder eine feste Grenzlinie zwischen äusserer Heimsuchung durch einen Dämon und innerer Besessenheit, oder eines von Dämonen gequälten Patienten und eines von Dämonen beeinflussten Arztes, Sehers oder Priesters zu ziehen.“

Dass die bei den einfachsten Völkern stellenweise auftretenden Zauberer Personen waren, die sich in einem Zustande krankhafter Ekstase befinden, Epileptiker, Maniker[1]) u. s. w., ist durch die Ethnologie mehr als ausreichend bewiesen[2]). Auch diese sociale Erscheinung wurde nicht geschaffen, sie tauchte auf und bildete selbstverständlich für den

[1]) Bei den Eskimos gehört Nervosität, Hysterie, Epilepsie, Veitstanz und Wahnsinn zu den häufigsten Krankheiten.

[2]) Vgl. Élie Reclus, Primitiv Folk (London) p. 75ff.

Wilden den Gegenstand scheuen Staunens und kindlicher Ehrfurcht. Die Wundermänner traten bald als Orakel bald als Medicinmänner auf, sie assistirten vielleicht auch den socialen Ceremonien bei der Geburt, dem Tode und dem Uebergang in die socialen Gruppen; sie genossen sicher in dieser Eigenschaft einen gewissen Einfluss, allein dass diese Kranken und eigentlich am meisten bejammernswerthen Individuen inmitten einer unmündigen Gesellschaft der Krystallisationspunkt für die politische Macht hätten werden sollen, ist nicht sehr wahrscheinlich. Das Priesterthum hat zwar bald seinen Einfluss durch unfrommen Betrug auf das politische Gebiet zu erstrecken gewusst, allein auf der Stufe der Horde war dies nicht gut möglich.

Wenn wir die sociale Entwicklung weiter verfolgen wollen, ist dies nur möglich angesichts der wirthschaftlichen Revolution, die sich relativ zeitig eingestellt haben musste.

Drittes Capitel.

Primitive Wirthschaft.

I.

Die beiden Kräfte, welche die socialen Anlagen der nomadisirenden Horde zur weiteren Entwicklung brachten, waren eine geänderte Wirthschaftsform und der Krieg. Im Grunde sind beide dasselbe, die verschiedenen Erscheinungs- und Bethätigungsformen einer und derselben Sache, eines stärker betonten und rationeller bethätigten Lebenswillens. Eine geänderte höhere Wirthschaftsform trägt diesem Willen positiv Rechnung, indem sie günstigere Existenzbedingungen schafft, der Krieg negativ, indem er den Mitbewerber beseitigt, die wirthschaftliche Entwicklung schützt und — was allerdings ursprünglich rein accessorisch war — der Wirthschaft organisatorische Hilfe leistet. Der wirthschaftliche Kampf ist im Anbeginne nackter Krieg. Beide Erscheinungen, wirthschaftlicher Fortschritt und Krieg sind daher von einander nicht zu trennen.

Wir haben gesehen, wie alles Denken, Sehnen und Thun des Hordenmenschen in der Nahrungssorge aufgieng. Nur an die Magenfrage knüpften die Gedanken an, in welchen er sich über die Thierheit erhob. Nicht in der rohen Form der Befriedigung seiner Bedürfnisse unterschied sich der Mensch zu seinen Gunsten vom Thiere, sondern darin, dass er nicht so ganz wie dieses vor sich hinlebte. Die grosse Verschiedenheit der ihn umgebenden Existenzverhältnisse, die an und für sich eine grössere Anpassungsfähigkeit zur Ursache oder Folge hatten, liess den Menschen nicht so genügsam wie das liebe Thier auf seiner Weide hinleben. Wohl ist der Naturmensch im Vergleiche mit dem Culturmenschen ein Kind des Augenblickes, aber dem Thiere gegenüber ist er stets ein ungeheures Zweckwesen gewesen, was sich in der Erfindung des Werkzeuges und in der Entdeckung des Feuermachens, die beide in die Urzeit fallen, deutlich genug zeigte. Der Mensch war immer ein strebsames Thier, und diesem Wesen konnte die Lösung der Magenfrage, wie sie die Fischerei oder Jagd bot, keineswegs genügen. Wir haben gesehen, wie er bei dieser Beschäftigung oft langem Hunger ausgesetzt war, während er dann, nach einem glücklichen Beutezug die Nahrung in so überreichem Maase zu sich nahm, dass er schweren Störungen des physischen Wohlbefindens ausgesetzt war. Ueberhaupt wird man sich das Leben des Urmenschen nicht allzu golden vorstellen dürfen. Der ungenügende Schutz vor Wind und Wetter, die geschlechtlichen Ausschreitungen, die harte Arbeit bei unzureichender oder unregelmässiger Ernährung, all das bewirkt, dass der Naturmensch kaum von weniger Krankheiten[1]) heimgesucht ist, als der Culturmensch. Dazu kam, dass die für das Gemeinleben der Horde so wichtige Fortpflanzung des Geschlechtes gerade infolge des wilden Herumnomadisirens und der Strapazen, welchen das schwangere Weib ausgesetzt war, eine sehr mangelhafte und kaum zureichende sein musste. Wo der Mensch nur immer konnte, zog er es vor, sich bei den „Fleischtöpfen“ ruhig nieder zu lassen, statt hungernd umherzuirren. Wo immer in der Natur sich grosse Vorräthe an Früchten finden, lassen sich in der Zeit der Reife oder Ernte immer ganze Stämme zu gemeinsamer Ausbeute und zu ruhigem Genusse nieder; so ziehen die Melonenindianer zur Zeit der Melonenreife in die Niederungen des Poatzocoalco, um Monate hindurch von dieser Frucht zu leben, die dort in riesigen Mengen gedeiht. Die Chippewäer versammeln sich, wenn die Zizania (Wasserreis) reift, bei den Sümpfen, wo sie gedeiht, und die Australier thun Aehnliches, wenn die kernreichen Marsiliaceen reifen. Es geht der Mensch also dem ruhigen Genusse nach, seit er Mensch ist. Allerdings auf diesem Wege kam er vom Regen in die Traufe, denn solche mit vorübergehender Ansiedlung

---

[1]) Die gewöhnlichsten Krankheiten sind Rheumatismus, Pneumonie, Lungentuberculose, Tabes mesenterica, Rhachitis, Leberkrankheiten, Dysenterie, Pocken, Syphilis, Elephantiasis, Nervosität, Hysterie, Epilepsie, Veitstanz, Wahnsinn. Ob die unter den Australnegern wie unter den amerikanischen Indianern gleich der Pestseuche verheerend und epidemisch auftretende Influenza auch zu den eigentlichen Krankheiten der Naturvölker zu rechnen ist, wagen wir nicht zu entscheiden.

verbundene Erntezeiten waren der körperlichen und geistigen Entwicklung gewiss nicht förderlich.

Dass ein strebsames Thier, als welches wir den Menschen bezeichneten, bei diesem Zustande nicht verharren konnte, ist bald begriffen. Die Natur gieng ihm auch hierin an die Hand. Gerade die langen Pausen des Hungers, die sie ihm vorschrieb und während welcher er sich dürftig mit wilden Beeren und Schwämmen nährte, musste für ihn eine werthvolle Lehrzeit werden. Der

Magister artis, ingeniique largitor,
Venter,

der dem Hungernden schon gesagt hatte, dass auch unter der Erde noch Essbares verborgen sei, Knollen und Wurzeln, zeigte ihm vielleicht auch den Weg, die Natur zu verbessern und durch Saat diese rettenden Knollen absichtlich hervorzurufen. Der Umstand, dass weitaus die grösste Zahl der durch den späteren Ackerbau der Naturvölker erzeugten Producte Knollengewächse (Maniok, Yam, Tarro, Bataten, Erdnuss u. s. w.) sind, sowie das älteste Werkzeug des Ackerbaues, der Grabstock, zeugen dafür, dass das Knollensuchen schon sehr früh zum Knollenanbau geführt haben muss.

Der Schritt war kein leichter; er setzt ein bedeutend weiter entwickeltes Zweckbewusstsein voraus, als es der Urmensch bisher von Nöthen hatte. Allein der Uebergang zu diesen ersten und bescheidenen Voraussetzungen des Ackerbaues ist immer noch leichter, als der zum Hirtenleben, das man gewöhnlich für das ältere hält, was jedoch auf einem Misverständnisse beruht. Die Domestication wilder Thiere ist allerdings vielleicht ebenso alt, wenn nicht älter, als der Anbau von Knollengewächsen; allein von der Domestication zur eigentlichen Heerdenwirthschaft ist ein ungleich weiterer Weg, als vom Knollengraben zum Ackerbau, wie dieser bei den Naturvölkern betrieben wird. Man wird in dieser Hinsicht gut thun, sich, wie immer, vorerst all der unserer letzten Cultur eigenen Vorstellungen zu entäussern. Der Ackerbau, wie er noch heute von den Naturvölkern betrieben wird, hat sich technisch nie über die anfänglichsten Entwicklungsstadien hinaus entwickelt und wird, wenn auch stellenweise mit bewunderungswürdigem Fleisse und gutem Erfolge, so doch immer mit sehr dürftigen Mitteln betrieben. Den Pflug kennen die wirklichen Naturvölker überhaupt nicht, er ist in der Geschichte erst bei den Aegyptern aufgetaucht; ebensowenig kennen die meisten Völker

Wagen und Zugthiere zur Ausübung des Ackerbaues[1]). Gewöhnlich bedienen sie sich statt des Pfluges einer kurzstieligen Haue, weshalb man diese primitive Technik auch „Hackbau“ genannt hat. Andere Völker haben den noch primitiveren Grabstock. Die Technik des Hackbaues erinnert mehr an unseren Gartenbau, als an die Landwirthschaft; sie kann sich nicht leicht auf grössere Territorien erstrecken, behandelt aber die kleinen mit grossem Fleisse und Erfolg. „Die Felder sind meist in Beete zerlegt, die oft in musterhafter Weise gehäufelt und aufs Sauberste gejätet werden. Das Ganze ist mit einem Zaune umgeben, um das Eindringen wilder Thiere zu verhüten[2]).“ Gegen körnerfressende Vögel werden mitunter recht kunstvolle Vogelscheuchen verwendet. Düngung des Bodens, besonders bei den Indianern mittelst Fischen und Muscheln, kommt vor, ist aber selten. Häufiger sind Bewässerungsvorrichtungen. Auch eine Art Fruchtwechsel ist bei den ursprünglichen Landwirthen nicht ganz unbekannt[3]). Gebaut wurden mit Vorliebe Knollengewächse, Bananen, verschiedene Kürbisarten, Bohnen, Reis, Durrha, Mais, Tabak u. s. w. Von Bäumen werden gepflanzt die Sago-Dattel und Cocos-Palme, der Brotfruchtbaum, Maulbeeren u. s. w. Die Baumpflanzungen wurden besonders von den Indianern in grossem Umfange gepflegt; dieselben verstanden es auch schon vor Ankunft der Europäer, ihre Wälder regelrecht auszuforsten, indem sie die zur Ausscheidung bestimmten Bäume anbrannten[4]).

Wenn mau jedoch von derlei vereinzelten technischen Fortschritten absieht, muss das Urtheil aufrecht bleiben, dass der Ackerbau bei den Naturvölkern technisch nie weit über den ersten Schritt hinausgekommen ist und hinauskommt. Gleichwohl bedeutet er einen wesentlichen Fortschritt in der Ernährungsweise und der gesammten Lebensführung. Zwar überwiegen unter den cultivirten Pflanzen jene, welche mehr saftig und wohlschmeckend als reich an Nährwerthen sind; es werden jene Früchte, die sofort ohne viele Zubereitung genossen werden können, jenen vorgezogen, welche nur auf dem Umwege einer mehr oder minder kunstvollen Zubereitung zu geniessen sind, dafür aber lange Zeit aufgespeichert werden können. Ganz wird also der Mensch auch durch den Ackerbau keineswegs von jener Unregelmässigkeit und Ungleichmässigkeit der Er-

---

[1]) Dr. Karl Bücher a. a. O. S. 14.
[2]) Ebendaselbst S. 15.
[3]) Letourneau a. a. O. S. 573.
[4]) Ratzel, Völkerkunde II. Band S. 605.

nährung befreit, die seiner körperlichen und geistigen Entwicklung ein so unüberwindliches Hindernis über den Weg legte. Allein zum grössten Theile wurden die schroffen Gegensätze doch gemildert, welche zwischen den Orgien des Fleischgenusses und den langen Hungerpausen bestehen, und wenn die Fruchtbarkeit des Bodens und die Milde des Himmels der Arbeit des Menschen nur halbwegs günstig war, führte der Ackerbau wenn auch nicht zu dem paradiesischen Zustande, von dem Rousseau träumte, so doch zu einem stillbescheidenen Glück, das nicht ohne Einfluss auf die menschlichen Sitten bleiben konnte.

Weitaus die folgenschwerste Bedeutung des Ackerbaues war die durch denselben bedingte Arbeitstheilung zwischen Mann und Weib. Da die Bebauung der Erde nirgends urplötzlich zur Hauptbeschäftigung und ausschliesslichen Nahrungsquelle wurde, sondern nur neben der Jagd und dem Fischfang betrieben wurde, war es die natürlichste Form der Arbeitstheilung, dass der Mann dem alten Jagd- und Fischerhandwerk mit seinen Strapazen und schweren Anforderungen an physische Kraft und Ausdauer treu blieb, während das Weib, das schon durch ihre natürliche Bestimmung zur Mutterschaft mehr ans Haus gefesselt ist, neben den häuslichen Verrichtungen und der Pflege der Kinder in erster Linie den Feld- oder Gartenbau zu besorgen hat. Als die Fallenstellerin haben wir die Frau schon in der Horde kennen gelernt. Auch der Bau des Hauses, der fast nur für sie Bedeutung hat, obliegt zumeist den Frauen; gelegentlich hilft ihr dabei wohl auch der Mann.

Im Allgemeinen darf man sagen, dass die Arbeitslast auf Mann und Weib so ziemlich gerecht vertheilt ist, und dass die vielverbreitete Vorstellung, nach welcher das Weib einfach das Lastthier, welchem alle Mühsal aufgehalst wird, der Mann aber die faulenzende Drohne sei, wenigstens mit Bezug auf die erst am Beginn der agricolen Entwicklung stehenden Naturvölker ganz und gar nicht zutrifft.

Die Grenzen der Arbeitstheilung sind übrigens begreiflicher Weise nicht immer und überall streng eingehalten. Bei den meisten polynesischen Völkern fällt auch die Hauptlast des Ackerbaues auf die Männer; vielfach ist der Häuserbau gleichfalls männliche Beschäftigung und selbst das Kochen ist nicht überall den Weibern überlassen, so z. B. auf den Mortlockinseln, auf Tonga u. s. w. Als Gegenstück hierzu können die vereinzelten Fälle des Amazonenthums bezeichnet werden, wo das Weib nicht dem Waffenhandwerk entsagt und — wenigstens nach der classischen Quelle — die Männer den Feldbau betreiben.

Wir kommen nun zur Heerdenhaltung.

Die Domestication wildlebender Thiere dürfte sehr frühzeitig erfolgt sein. Der Naturmensch lebt mit der ihm nicht direct schädlichen Thierwelt in weit innigerem Contact als der Culturmensch. Er hat den Thieren die geheimsten Regungen ihrer Seele abgelauscht, und das Thier kommt auch ihm vertrauender entgegen. Die Schwalbe, die sich heute noch heimisch am Dachfirst des menschlichen Hauses anbaut, wird auch am Hordenhause sich nicht minder zutraulich ihr Nest gebaut haben; wenn nicht sie, so doch ihre Vorgängerin. Die Zähmung wilder Vögel scheint überhaupt den Anfang der Domestication gemacht zu haben. Diese Zähmung erfolgte aber keineswegs aus Erwägungen des Nutzens, der Anlass dürfte vielmehr die Freude am bunten Gefieder und am lauten Gesang gewesen sein; das entspricht der Geschmacksrichtung des Urmenschen. Bei den Indianern fand man ganze Menagerien buntfarbiger Vögel[1]), die eigentlich keine rechte praktische Verwerthung finden können. Daraus hat man den Schluss gezogen, dass die Viehhaltung bei den Naturvölkern überhaupt nicht dem Zwecke der Nahrungsmittelproduction dient[2]). Der Satz ist in dieser Allgemeinheit natürlich ganz falsch; die Thatsachen, die dafür zu sprechen scheinen, gehen meist darauf zurück, dass die Heerdenthiere (Rinder) deshalb nicht verzehrt wurden, weil sie einen höheren Werth als Tauschwerth, als Geld, besitzen[3]). Jedenfalls kann als feststehend betrachtet werden, dass die Domestication ursprünglich nicht der Nahrungsmittelproduction diente. Zwischen dem Einem und dem Andern liegt aber ein gewaltiger Zeitraum, innerhalb dessen eine sehr weitgehende Wahl der geeigneten Thiere stattfand, die nicht immer leicht gewesen sein mag, denn die Thiere wie Rind, Schwein, Rennthier, welche sich zur Nahrungsproduction eigneten, waren nicht gerade häufig. Ausserdem setzt die Heerdenhaltung einen Spar- und Ansammlungssinn voraus, der sich später bis zu capitalistischen Neigungen steigert.

---

[1]) Ratzel a. a. O. II. Bd. S. 603.

[2]) Dr. Karl Bücher a. a. O. S. 19. Allerdings trinken die Dinka nicht die Milch ihrer Rinder. Dafür leben andere Hirtenvölker, wie die Todas, fast ausschlieslich von Milch.

[3]) Aehnlicherweise bauen die Fur, von den Arabern angelernt, zwar Weizen, aber nicht, um ihn zu verzehren, sondern um ihn zu exportiren. Auch unsere Bauern züchten mitunter bessere Federvieharten (Truthähne), nicht um sie selbst zu essen, sondern ausschliesslich zum Verkauf.

Die Viehzucht hat auch thatsächlich fast überall zum Capitalismus geführt, indem Besitz über Bedarf aufgestapelt wird, der allerdings, wie alles andere Capital, auch ebenso leicht wieder dahinschwindet. Mit dem Heerdengelde (pecunia) wird grösstentheils alles das angefangen, was wir mit unserem Metallgelde thun; es wird damit speculirt, gewuchert, es wird der wichtigste sociale Machtfactor, mit einem Worte: für den Naturmenschen sind Heerden Capital. Diese Neigung des Heerdenbesitzers zur Capitalsbildung hängt aufs Innigste mit dem Leben des Hirtennomaden zusammen, der, um für alle Fälle, einer Seuche, einer Dürre u. s. w., versorgt zu sein, mit übermässigen Mitteln, d. h. mit einem grossen Vorrath an Thieren rechnen muss, wodurch die ganze Wirthschaft, modern gesprochen, vertheuert wird. Sie ist das Muster einer nicht concentrirten Wirthschaft. Dazu kommt, dass der Nomadismus in seiner begreiflichen Kurzsichtigkeit sich selbst die eigenen Existenzbedingungen durch sinnlose Verwüstung der nützlichsten Dinge abgräbt. Befindet sich die Heerde auf fetter Weide, so nimmt sie rasch zu, um bald darauf durch Dürre, Hunger oder Seuchen ebenso rasch decimirt zu werden. Während der „sieben fetten Jahre“ lebt der Nomade in dem, allen Naturmenschen eigenthümlichen Uebermaasse, plan- und ziellos verschmaust er die Tage und Wochen, weder der Heerde achtend, noch der maasslosen Verwüstung, die sie an Gras und Strauch anrichtet. Mit den Heerden versiegt auch die einzige verlässliche Ernährungsquelle für den Nomaden und so tritt als nächste Folge eines Rückgangs in der Heerde auch Hungersnoth und Rückgang in der Bevölkerungszahl ein. Dem raschen Wechsel zwischen capitalistischem Wohlleben und Bettelarmuth und Hunger im Leben der Hirtenvölker entspricht ganz consequent ein auffallend rascher Wechsel in der Bevölkerungszahl und diesem wieder das stossweise Auftauchen und Verschwinden der Nomadenvölker in der Weltgeschichte, besonders in der Geschichte Europas. Seit es eine sedentäre Cultur in Europa giebt, taucht vor derselben aus den ungemessenen Steppenländern Südosteuropas uud Westasiens von Zeit zu Zeit immer wieder das drohende Gespenst des Nomadismus auf: Skythen, Sarmaten, Avaren, Hunnen, Tartaren, Magyaren, Türken lösten einander ab. Wie die Protuberanzen am Sonnenrande flammen sie auf und sinken wieder hinab, man kann sie beobachten, man kann aber nicht sagen, welche Vorgänge im Innern des Sonnenballes sie verursachen. Kein Statistiker und Demograph hat noch die wirthschaftlichen Vorgänge in jenen Steppen gemessen. Das Gesetz des Nomadismus scheint jedoch dem sogenannten ehernen Lohngesetz am nächsten verwandt, wenn es gleich richtiger sein dürfte als dieses, weil die bestimmenden Ursachen immer elementarer Natur sind.

Auch an diesem ist zu ersehen, dass die Heerdenhaltung zum Zwecke der Nahrungsmittelproduction im Vergleiche mit dem Ackerbau keineswegs die einfachere Productionsweise ist. Damit sie auch zum Segen ausschlage, stellt sie an die Züchter bedeutende geistige Anforderungen, die bei dem Naturmenschen kaum allzu häufig erfüllt sind. Der Mensch, der also vor die Alternative: Feldbau oder Viehzucht gestellt war, traf meistens nach längerem oder kürzerem Schwanken die Wahl für das erstere; unsere Landwirthe, welche mitten im Industriebetriebe und dem erdrückenden Getreideimport gegenüber nur unter sehr schwierigen Verhältnissen arbeiten, können sich gleichwohl nur sehr schwer entschliessen, die viel schwierigere, wenn auch viel einträglichere Wirthschaftsform einer rationellen Viehzucht zu wählen. Da ist es denn auch kein Wunder, wenn die ursprünglichen Hirtenvölker fast allesamt schliesslich gleichfalls Landwirthe wurden, allerdings, wie noch ausführlich zu zeigen, als herrschende und nicht als arbeitende Klasse.

II.

Hand in Hand mit dem wirthschaftlichen Umschwung musste eine, wenn auch langsame Weiterbildung des Eigenthumsbegriffes gehen; es wird sich zeigen, dass auch in diesem Punkte das Leben des Heerdennomaden ganz andere Begriffe zeitigte, als das des Ackerbauers, wie sich denn überhaupt in jedem einzelnen Punkte wesentliche Unterschiede zwischen diesen beiden Völkertypen als Folgen einer berufsmässigen Anpassung und Vererbung herausstellen werden. Die Beachtung dieses Unterschieds scheint uns für die sociale Entwicklung wichtiger, als das fruchtlose Abwägen des culturellen Werthes oder Unwerthes der beiden Klassen.

Das individuelle Eigenthum an Waffen, Werkzeug, Schmuck, Kleidern begegnet uns schon auf der untersten socialen und culturellen Staffel

---

[1]) Vgl. über die Entwicklungsgeschichte des Eigenthums als Hauptquellen: Laveleye, E. de, De la propriété et des ses formes primitives. Paris 1874 (deutsch: Das Ureigenthum von Bücher, Leipzig, 1879). — Felix, L., Entwicklungsgeschichte des Eigenthums (1. Einfluss der Natur, 2. Einfluss der Sitten und Gebräuche auf die Entwicklung des Eigenthums, Leipzig 1883/86. — Dargun, L. v., Ursprung und Entwicklungsgeschichte des Eigenthums (Zeitschrift für vgl. Rechtswissenschaft V Stuttgart 1884). — Letourneau, Ch., L'Evolution de la propriété, Paris. — Kowalewsky M. M. Le passage historique de la propriété collective à la propriété individuelle (Annales de l'institut international de Sociologie II. Travaux du second congrès 1895). Paris 1896. Allenfalls kämen auch noch die theils juristischen, theils

der Menschheit. Einen Absatz höher steht das collective Eigenthum. Der Begriff eines Eigenthums, das eigentlich keines ist, die Vorstellung einer Sache, die Keinem gehört, weil sie Allen gehört, ist eine so complexe und schwierige, dass sie der Naturmensch nie hätte denken können, hätte er zu ihr auf demselben Wege gelangen müssen, wie wir. Ja, es ist für die Schwierigkeit des Begriffes bezeichnend, dass auch der gemeine Mann unter uns den Begriff eines Collectiveigenthums theoretisch sich nicht entwickeln kann und ihn wie etwas Chimärisches bekämpft, obwohl er ihn practisch, als ein Gegebenes ahnungslos, ich möchte nicht gerade sagen instinctiv, begreift und sehr wohl kennt. Der Fall illustrirt deutlich, wie das Denken des Menschen auf der Naturstufe beschaffen ist. Indem wir bei Beurtheilung des geistigen Processes im Menschen, besonders im naiven Menschen, willkürlich zwei Factoren unterscheiden, die gewissermassen nichts mit einander zu thun haben, indem wir zwischen Leben und Bewusstsein unterscheiden, den Menschen förmlich aus seiner Umgebung heraussreissen, begehen wir eigentlich — nur bei einem etwas schwierigeren Problem — denselben Fehler, den der Naturmensch begieng, in dem er seine eigenen Traum- und Fieberbilder für Vorgänge ausser sich und die ersten nicht mehr an der directen Anschauung haftenden Regungen seines Geistes für Wirkungen eines fremden Wesens hielt. Das gewöhnliche Denken des Naturmenschen dürfen wir uns aber keineswegs so gewissermassen aus dem Körper des Lebens herausgerissen denken, es war selbst körperlich von Natur, es war nicht das syllogistische Denken des intelligenten Culturmenschen und konnte es schon deshalb nicht sein, weil ja all die, dem syllogistischen Denken unerlässlichen, zahllosen allgemeinen Voraussetzungen (Kathegorien) fehlten. Seine Bedürfnisse auf eine vorher planmässig abgewogene Weise befriedigen, konnte der Urmensch nicht. Er war eigentlich kein Erfinder, immer nur ein Finder, er war auch nie rationell; auch dachte er nicht so spielend leicht im Wege der Analogie, wie es ihm gewisse Forscher immer so gerne andichten. Es braucht daher immer sehr lange, ehe der Naturmensch einen wirklichen Schritt weiter macht, und oft wird dieser Schritt, so leicht gethan er wenigstens uns scheint, überhaupt nicht gemacht. Dass gewisse afrikanische Völker, die sehr geschickt im Schmieden

---

polemischen Abhandlungen über das Eigenthum von Thiers, Proudhon, Lafargue, Jhering u. A. in Betracht. Mehr oder minder eingehende Capitel zur Geschichte des Eigenthums enthalten die allgemeinen ur- und socialgeschichtlichen Werke von Maine, Morgan, Engels, Spencer, Colón y Beneitos u. A.

des Eisens sind, Hammer und Ambos aus Stein dazu benutzen, ist wohl ein überzeugendes Beispiel dafür, aber nur eines von vielen Tausenden.

Der Schritt vom Gemeinbesitz an Häusern u. dgl. bis zum Besitz an Grund und Boden war also nicht so einfach gemacht, so leicht sich ihn der moderne Mensch auch denkt, zumal mit Zuhilfenahme der ihm geläufigen Analogieschlüsse. Zum Begriff des Eigenthums gehört die Bezeichnung, d. h. beim Grund und Boden die Abgrenzung. Bei den Jägern und Waldmenschen war kein Bedürfniss darnach vorhanden; es giebt zwar Fälle, wo das Jagdrevier der Horde und des Stammes abgegrenzt wird, aber es ist, wie erwähnt, doch fraglich ob der Fall auch den ursprünglichen Verhältnissen entspricht. Auch der Viehhalter braucht keinen abgegrenzten Besitz an Grund und Boden. Wenn er rationell zu wirthschaften versteht, findet er allerdings auch auf beschränktem Raum hinreichende Nahrungsmittel für seine Heerde. Allein rationelle Wirthschaft ist, wie schon erwähnt, aus rein psychologischen Gründen auf dieser Stufe undenkbar, und so kann der Hirte nichts anderes, als eine Weidegegend, eine Trift abnutzen und dann auf eine andere ziehen. Ein Interesse am materiellen, am stetigen Besitz des Bodens haben Jäger und Hirten nicht; die Frage des Besitzes, der Abgrenzung wird nicht aufgeworfen. Das war auch noch unter viel jüngeren Verhältnissen, ja selbst bis in die modernste europäische Gegenwart hinein, mit dem Walde nicht anders. Es gab ausgedehnte Forstgebiete, bei denen man durch Jahrhunderte weder nach Forsthoheit, noch nach dem fiscalischen und privatrechtlichen Eigenthum, sondern immer nur nach einzelnen Nutzungsrechten, namentlich nach dem Jagdrecht gefragt hat. Erst die modernste Gesetzgebung, die aufsteigende Bedeutung der Waldcultur und der zunehmende Werth des Holzes haben hier zu einer Feststellung des Besitzrechtes und der Eigenthumsgrenzen geführt.

Ein Bedürfniss nach Besitz ist normaler Weise erst bei dem Ackerbauer vorauszusetzen, aber auch nicht von allem Anbeginn. So lange der Anbau von Fruchtpflanzen nur eine Art Aushilfe zu der Ausbeute des Jagdlebens bildete, wird man dem Stückchen angebauten Lande zu Liebe noch lange nicht das Nomadenleben des Jägers aufgegeben haben. Auch ausgesprochene Ackerbauvölker, wie die Afrikaner, verlassen oft mit leichtestem Herzen Haus und Ernte. Weiss doch der Wilde nie, wenn er säet, ob er auch ernten wird. Nicht nur der feindliche Nachbar und das gefürchtete Raubthier kann ihm einen mächtigen Strich durch die Rechnung ziehen, auch die zerstörende Macht der Elemente kann über

Nacht den Fleiss des Menschen zu nichte machen. Wie viele tausendmal mag der Naturmensch über Nacht seine reifende Ernte wie von feindseligen Geistern zerstört, vernichtet vorgefunden haben? Erweckt im Naturmenschen die fremde ihn umgebende Natur mit den ihm unerklärlichen und daher für ihn wunderbaren Erscheinungen eine heilige Scheu und den Glauben, sie sei der Sitz zahlloser geisterhafter Wesen, so werden ihn Hagel und Wetterschlag, Dürre oder Nässe, die seine Culturen vernichteten, umsomehr auf den Gedanken gebracht haben, er habe durch die Aneignung und Ausnutzung des Bodens die Gottheit des Ortes den genius loci verletzt und beleidigt. Er betrachtet dies als Anzeichen, dass man Grund und Boden überhaupt nicht aneignen sollte, ein Glaube, der dem Fortschritte des Eigenthumsbegriffes gewiss lange hindurch im Wege stand. Noch lange, nachdem diese Scheu überwunden war, suchten die Menschen, die ein Stück Grund occupieren wollten, vorerst den angenommenen einwohnenden Geist durch feierliche Gelübde oder durch die Verehrung irgend eines anderen Gegenstandes zu sühnen. „Den Eskimo“ sagt Bastian [1]) „durchwaltet Innerterrisok den Luftkreis, als der Verbieter (für den Menschen), damit den Innuae (als Elementargeistern) ihre Rechte nicht geschädigt werden (ausser eben etwa gegen Abtragung des ceremoniell geschuldeten Tributs), während ihre südlichen Nachbarn dem Schöpfungsbericht bereits eine partielle Cession des Schöpfers vertragsmässig beifügen (für Quasi-ususfructus) indem hier, bei Wanderung über schrankenlose Ebenen, die Schrecken übermächtiger Natur weniger niederdrücken, als bei den mit sturmbrausendem Meer und der täglichen Noth des Klimas kämpfenden Küstenanwohnern. Der Neger beugt sich sklavisch dem Herrn der Wälder, als Grossvater oder Onkel geschmeichelt in Indien, während der Maori, welchem auf seinen Inseln kein ebenbürtiges Wesen gegenübersteht, auf Tumatuengas Siege seine, die Natur beherrschenden Karakia begründet“.

Alles in allem genommen dürfte der factische klare Begriff von einem Gemeinbesitz des Stammes an Grund und Boden erst sehr spät und unter grossen Schwierigkeiten entstanden sein. Alle entgegengesetzten Meldungen [2]) scheinen mir auf irrige Deutungen seitens der Beobachter zurückzugehen. Es ist eben ein Unterschied, ob gewisse (Eigenthums)-Rechte unbewusst geübt, oder ob sie auch als solche erkannt werden.

---

[1]) Grundriss der Ethnologie S. 32.

[2]) So findet man solche Berichte über die Besitzverhältnisse der Australneger bei Ratzel (a. a. O. Bd. II, S. 77f).

Ohne Widerspruch nachweisbar ist der Gedanke des Collectiveigenthums an Grund und Boden erst in einem Momente, wo es eigentlich streng genommen aufhört reines Collectiveigenthum zu sein, wo der politische Chef des Stammes, der Häuptling oder König, der Vertreter der juristischen Person auch der alleinige Eigenthümer, d. h. der Träger des collectiven Rechtes ist. Die andere, vermuthlich die ältere, weil direct an die eben citirte animistische Anschauung von der Belebtheit der Erde anknüpfende Auffassung ist die, dass Gott oder ein gewisser Gott der Herr des Grundes und Bodens sei und die Menschen nur Nutzniesser. Classisch in dieser Hinsicht ist die Agrarverfassung der alten Hebräer [1]), aber auch anderwärts, z. B. bei den Javanesen finden wir ganz die gleiche Anschauung.

Unter diesen beiden Formen war dem Naturmenschen der Begriff eines Collectiveigenthums zugänglich; der abstracte Begriff ist ihm absolut unfassbar, und alle Versuche gewisser moderner Forscher, an den Beginn der menschlichen Gesellschaft eine regelrechte communistische Wirthschaft zu setzen, sind von einer der Sociologie fremden politischen Tendenz nicht ganz frei.

Dass der Ackerbau überall mit einer Art Gemeinwirthschaft begonnen hat, ist eine über allen Zweifel erhabene Thatsache; diese Gemeinwirthschaft wurde aber, sobald die Familie einmal constituirt war, nicht mehr vom Stamme, sondern von der Familie betrieben. Der Stamm occupirt ein Stück Landes, gross genug, dass es bei der Vertheilung auf die Familien nicht leicht zu Streitigkeiten kommen konnte. Was von den ackerbautreibenden Manganja berichtet wird [2]), dass nur das bebaute Land als eigen gilt, das unbebaute aber als herrenlos, wird wohl überall der Fall gewesen sein; diese Thatsache zeigt uns aber auch, warum anfangs die Besitzfrage nach aussen und innen überhaupt gar nicht aufgeworfen wurde; einfach deshalb nicht, weil so viel Grund vorhanden war, dass ihn der Stamm bei der unentwickelten Technik des Ackerbaues gar nicht ausnutzen konnte. Wenn es für die Auftheilung auf die einzelnen Gruppen überhaupt ein Maass gab, so war es die Möglichkeit der Bebauung [3]). An einen wirklichen Communismus — wie man oft

[1]) „Mein ist das Land, spricht der Herr, Ihr aber seid Fremdlinge und Beisassen von mir". Lev. 25, 23.

[2]) Ratzel a. a. O. Bd. I S. 403. Du Chaillu berichtet das Gleiche von den Negerstämmen des aequatorialen Afrika (voyage dans Afrique équatorial p. 294).

[3]) Auf Island erwarb der Freie seinen Besitz durch Heiligung mit Feuer; bei zunehmender Bevölkerung konnte er jedoch nur soviel occupiren, als sich an einem Tage mit Feuer umfahren liess (Bastian a. a. O. S. 34). M. Kowalewski (a. a. O. S. 182 f) erzählt folgendes: Il a été reconnu que, dans les gouvernements du Nord,

liest — war aber schon deshalb nicht zu denken, weil ja das Arbeitsproduct dem Erzeuger, d. h. der Familie oder ihren Vertretern gehörte. Ja es giebt sogar hinreichende Anhaltspunkte dafür, dass die individuelle Aneignung von Grund und Boden oder daran haftenden Dingen eigentlich nirgends principiell ausgeschlossen war.

Bei den Maori Neuseelands, wo das Besitzrecht des ganzen Stammes an Grund und Boden strenge gewahrt wird, erlangt ein Kind Anrecht zum Mitbesitze an dem Stück Boden, wo die Nachgeburt begraben wurde, ein Krieger an jenem Stück, wo Tropfen seines Blutes hinfielen; das Land, welches jemand urbar macht, oder wo er Fallen aufstellt u. dgl., geht ebenfalls — allerdings unter Aufrechterhaltung des Hoheitsrechts des Stammes — in sein Eigenthum über. Dieser individuelle Besitz wird durch Steinhaufen abgegrenzt[1]).

Dieses Beispiel zeigt deutlich, wodurch individueller Besitz errungen werden kann, durch das Blut, jenen ganz besonderen Saft, der im Leben der Naturvölker und vorzüglich der Maori eine so grosse Rolle spielt und durch das Verdienst, hauptsächlich, durch den socialen Werth, der einer That innewohnt. Der individuelle Besitz ist ein Lohn für die sociale That. Dass, wer todtes Land lebendig gemacht hatte, dessen Besitzer wird, war ausser bei den Maori auch bei den nordgermanischen Stämmen[2]), in Gurhwal, und nach der Sunna zu schliessen, auch bei den Arabern Brauch. Fruchtbäume gehören demjenigen, der sie gepflanzt hat, auf den melanesischen Banksinseln[3]) und bei den Rudjang auf

---

tels qu' Archangel or Olonetzk, il n'y avait non seulement aucune trace de répartition périodique, mais encore que chaque famille était autorisée a s'approprier la quantité de terrain dont elle croyait avoir besoin, sans sortir pour cela de limites de la commune, et sans que d'autres personnes, non originaires de la même commune, eussent des prétentions du même ordre. La population de ces provinces et très éparse; les familles groupe se maintiennent en grand nombre: les forêts et les marécages sont très répandus. Dans ces conditions, il est facile d'accorder aux familles la quantité de terrain, dont elles croient avoir besoin et que, souvent, elles sont forcées de s'approprier par le feu et la hache, autrement dit par les mêmes procédés, qui ont été en usage parmi les Germains à l'époque des premiers défrichements du sol. Un vieux dicton russe déclare, que les limites d'un champ peuvent être indiquées, non seulement par la charrue, mais également par la faux et la hache. — Les mêmes procédés reparaissent dans les steppes des Cosaques du Don et de la mere noire et sur une grand étendue de la Sibirie.

[1]) Bastian a. a. O. S. 34.

[2]) Bastian a. a. O. S. 34.

[3]) Ratzel a. a. O. II, 282.

Sumatra [1]); Brunnen denjenigen, die sie gegraben haben, bei den arabischen Beni Amer [2]) und manchen Wüstenbeduinen [3]). Bei einzelnen Indianerstämmen Nordamerikas ist es dem Einzelnen gestattet, neben dem Zelte sich eine Art Hausgärtchen herzurichten und dieses mit einem Zaum zu umgeben. Bei einzelnen Negerstämmen Afrikas ist es gestattet, im Walde Holz zu schlagen oder Harze abzuzapfen, und auf Java bleiben die Trockenfelder Gemeinbesitz, während die für den Reisbau bestimmten Grundstücke, die eine sorgsamere Pflege erfordern, Privatbesitz bilden [4]).

Alles das beweist zum Mindesten, dass der wirthschaftliche Werth des individuellen Besitzes und der individuellen Arbeit zu allen Zeiten recht wohl geschätzt wurde und wenn er im Anfang nicht grössere Ausdehnung gewann, so hat dies seinen hauptsächlichsten Grund wohl darin, dass in der Mehrzahl der Fälle der Erfolg der individuellen Arbeit beim Landbau überhaupt nicht nachweisbar war, und die Arbeit überhaupt nur collectiv geleistet werden konnte. Durch diese Verhältnisse entwickelte sich aber dann im Ackerbaue selbst ein mehr socialitärer Sinn, der dem Aufkommen der Individualität überhaupt weniger günstig war.

Die Werthe, welche der primitive Ackerbau schuf, waren lediglich Bedarfswerthe. Der Anbau des Bodens dient blos den Zwecken, den unmittelbaren und nothwendigsten Bedarf zu decken. Aufspeicherung von Vorräthen kommt wenigstens auf der Stufe, von der wir jetzt handeln, nicht vor, kann auch gar nicht vorkommen, weil die von dem primitiven Ackerbau bevorzugten Culturpflanzen (Früchte, Knollen) zwar reichlich abwerfen, also den augenblicklichen Bedarf reichlich decken, sich aber nicht aufheben lassen. Die Scheune ist den Naturvölkern ebenso fremd wie der Pflug. Die Schaffung von Tauschwerthen, Luxuswerthen und Capitalswerthen ist dem primitiven Ackerbau fremd, ein Umstand, der auf die sociale Gestaltung der betreffenden Völker nicht ohne Einfluss war.

So ziemlich in jedem Punkte dieser Entwicklung entgegengesetzt, vollzog sich die Eigenthumsbildung bei den Hirtenvölkern. Vielleicht mehr als der Feldbau ging die Viehzucht von der Gemeinwirthschaft aus. Der Werth der individuellen Arbeit und ihr Antheil am Arbeitsertrag lässt sich hier ebenso wenig wie beim Feldbau feststellen. Für die Entlohnung der Arbeit auf einem anderen Wege, als dem der directen

[1]) Bastian a. a. O. S. 34.
[2]) Bastian a. a. O. S. 34.
[3]) Spencer Principles III, 635.
[4]) Bastian a. a. O. S. 34.

Ertragsbetheiligung fehlt jeder Werthmesser und jeder Begriff eines Reingewinnes überhaupt. Die Beobachtung reiner Hirtenvölker, die den ursprünglichen Typus repräsentiren, ist heute kaum mehr möglich. Denn immer hat sich dieser Typus sehr rasch umgewandelt zu jenen social höher entwickelten Formen, die etwa der Wüstennomade zeigt; bei den anderen Hirten, die neben ackerbautreibenden Völkern leben, ist dagegen wieder die Viehzucht zum grössten Theile ihrem ursprünglichen Zwecke der Nahrungsmittelproduction entfremdet und zu einer rein capitalistischen Wirthschaft geworden, die durch die Nähe von ackerbautreibenden Völkern sehr einträglich wird. Die Grundzüge der Hirtenwirthschaft zeigen sich vielleicht noch am besten bei den Hottentotten. Jeder Kral hat nur eine einzige Rinderheerde, an der jeder seinen grösseren oder geringeren Antheil hat. Das Viehhüten geht der Reihe nach unter den Einwohnern eines Dorfes herum und täglich wird die Heerde von morgens bis abends auf die Weide getrieben.

Bei den Herero, einem typischen Hirtenvolk, ist noch deutlich die alte Hordenstructur auch in Bezug auf das Eigenthum zu erkennen (S. 45); die Heerden gehörten den Altersgruppen. Später, als an die Stelle der primitiven Geschlechtsverhältnisse die Familie trat, wurde eben diese die Besitzerin. Dass sich hier nun bald Verschiedenheiten des Besitzes ausbildeten, konnte nicht ausbleiben. Wie sich aus den undifferencierten Anfängen die späteren Besitzverhältnisse mit stark capitalistischem Charakter nothwendig entwickelten, hat Ratzel sehr anschaulich gerade an dem Beispiele des ebengenannten Volkes gezeigt:

„Die Schaffung einer Heerde ist gleichsam der Stab, an dem sich das Leben eines Herero emporrankt; es wäre hohl ohne diesen Inhalt. Sehen wir, wie ein solcher Besitz dem einzelnen Menschen nach und nach zuwächst, so entrollt sich vor uns eines der merkwürdigsten Bilder socialen Lebens, eine in manchen Beziehungen wunderbar befriedigende und kaum minder einfache Lösung des Problems der Besitzvertheilung. Das heranwachsende Kind wird bald von der Mutter gelehrt, den Vater respective den Vormund etwa um eine Ziege zu bitten, andere Thiere werden dann bei Gelegenheit bei den Oheimen und Tanten erbeten, so dass die Kinder nicht nur aus dem allgemeinem Hausgute leben, sondern auch ihr eigenes Vieh bekommen, auf dessen Milch sie allein Anspruch haben. Wenn die Heerden des Abends von der Weide nach Hause kommen, dann sieht man überall die Kinder denselben weit entgegenlaufen, um ihre Ziegen in Empfang zu nehmen und sich die Milch meist direct in

den Mund zu melken. Die Lämmer dieser Ziegen gehören dem Kinde natürlich ebenfalls zu, und da nichts geschlachtet wird und der Vormund wie der Vater die Aufsicht über das Peculium des Kindes unentgeltlich führen, so wächst allerdings mit dem heranwachsenden Kinde sein Vermögen. Dem Knaben, dem heranwachsenden Mädchen wird dann wohl auch ab und zu ein Färskalb geschenkt und so sammelt sich allmählich eine kleine Heerde an. Bei den fortwährenden Reisen und dem beständigen Umherziehen wird auch sonst jeder irgendwie vermögende Mann, mag er auch in noch so entferntem Grade verwandt sein, um etwas gebeten, und je älter und je mächtiger jemand wird, desto eher bekommt er ein Geschenk und das Lehen eines Viehpostens. Der Postenhalter benutzt nun natürlich die Milch des Viehes, das seiner Wartung anvertraut ist, wenngleich er die frischmilchenden Kühe und Ziegen dem Herrn auf sein Verlangen immer wieder abgeben muss. Je reicher der Eigenthümer ist, desto besser hat es auch der Postenhalter. Es werden sich dann auch Gelegenheiten finden, durch Erbschaften den Glanz des eigenen Hauses immer mehr zu vermehren. Ist der Sohn bereits erwachsen und selbst schon ein begüterter Eigenthümer, wenn der Vater stirbt, so glückt es ihm wohl auch einmal, seines Vaters Familie zu erben; dann ist er mit einem Schlage in der Reihe der Grossen. Man sieht, wie das Vermögen hier die Neigung hat, sich immer mehr zu accumuliren, man wird aber auch von hier aus den Communismus, vor dem der Reichste gerade am wenigsten sicher ist, verstehen: es sind eben die Erben, die ein ganz gutes Recht auf den ihnen vorenthaltenen Reichthum ihrer Väter haben, und die durch beständige kleine Abschlagszahlungen beruhigt und in ihrer Treue gegen den grossen Vater der ganzen Familie immer wieder befestigt werden müssen; denn so calculirt die Logik des Herero, wer mir nichts giebt, kann unmöglich mein Vater sein und ich bin ihm weder Treue noch Ehrerbietung schuldig."
Büttner sagt von den Herero, es sei unmöglich, dass ein reicher Mann seine ganze Heerde, die sich oft auf mehrere Hundert, bei den Reichsten bis auf 10 000 Kühe, Ochsen und Kleinvieh beläuft, an einem Orte zusammenhalte, dass er vielmehr jüngern Brüdern, Verwandten und vertrauenswürdigen Knechten Posten zur Ueberwachung übergeben muss. Diese Auftheilung des Besitzes in Posten erweise sich auch bei Seuchen oder Ueberfällen vortheilhaft.

Wie rasch sich der Heerdenbesitz auf den jungfräulichen Weiden der von der Cultur noch nicht betretenen Länder entwickelt, davon giebt Dobrizhoffer anschauliche Beispiele. Obwohl Amerika vor der Entdeckung durch die Europäer das Pferd nicht kannte, wimmelten doch bereits im Beginne des vorigen Jahrhundertes die Ebenen des La Plata-Gebietes von wilden Rossen. „Wer seinen Viehstand vergrössern wollte, sandte dort einige Reiter aus, die in kurzer Zeit ein paar Tausend Pferde zusammentrieben. Als Dobrizhoffer schrieb, gab es Meiereien von 50 000 Pferden. Er sah, wie eine Heerde von 2000 Pferden um ein Stück Baumwollenstoff verkauft wurde, das am Sattel getragen werden konnte.“ (Ratzel.)

Der Heerdenbesitz hat in sich den Trieb zu einer raschen Vermehrung, allerdings auch wieder zu einer plötzlichen Abnahme. Er ist fluctuirender als der Grundbesitz, unsicherer, aber auch wieder dauerhafter; er dient nicht blos dem Bedarf des Augenblicks, er lässt sich ansammeln und für einen Augenblick besseren Bedarfs aufheben, er lässt sich leicht vertheilen und leicht verbreiten; er besteht aus einer Sache, die von allen gern genommen wird und sich zum Tausche vorzüglich eignet. Der Heerdenbesitz trägt mit einem Worte alle Merkmale des Geldbesitzes an sich, er ist das lebendige Capital der Naturvölker. Das Heerdenvieh wurde nicht nur unter allen Naturvölkern das Geld κατ-ἐξοχήν (pecunia), der Heerdenbesitz hat unter diesen Umständen auch immer die Form des Capitalismus mit allen Vorzügen und Lastern des Capitalismus angenommen. Es wird unter den Naturvölkern wie bei uns gezinst, gewuchert und speculirt. Glück und Fähigkeit vereint, haben auf der Hirtenstufe, wie auf der Stufe der modernen Geldwirthschaft zu Ungleichheiten des Besitzes geführt, die in sociale Ungleichheiten umschlugen. Wie es bald Reiche und Arme gab, gab es bald eine Ausbeutung der einen durch die anderen und eine Herrschaft des Besitzes über die Besitzlosen. Es trat eine Arbeitstheilung ähnlich der uns bekannten ein, die nämlich darin besteht, dass die eine Klasse arbeitet und die andere von den Früchten dieser Arbeit zehrt. Mit einem Worte, der Heerdenbesitz machte eine sociale Differenzirung möglich, die auf der Stufe des Ackerbaues ganz unmöglich und undenkbar ist. Diese wurde die lebendige Quelle einer socialbildnerischen Kraft, die dem Ackerbau gleichfalls fremd ist. Es ist wahr, der kriegerische Hirtentypus hat die grossen Gewaltreiche aufgerichtet, jene Despotien, in denen der absolute Staatsgedanke das erste Mal zur historischen Erscheinung kam. Allein daneben ging der Individualismus keineswegs ganz verloren, ja er kam, wo sich der Hirtentypus rein erhielt, vielmehr zum kräftigsten

Ausdruck. Die Despotien richteten die Nomaden auf den Trümmern der von ihnen unterjochten Ackerbauvölker auf, sie selbst blieben, was sie waren, geborene Freie. Man hat mit Recht die Sahara „ein Land voll Scheichs" genannt. Nur ein „Herr" kann „Knechte" haben, der persönliche Herrschaftsbegriff hätte sich jedoch an der Hand des bäuerlichen Besitzes nie entwickeln können.

So sehen wir, wie die Verschiedenheit der Eigenthumsverhältnisse aus dem Grundbauer und aus dem Viehhälter zwei entgegengesetzte sociale Typen herausbildete, die in ihrer stärksten Betonung, wie sie im Wüstenbeduinen und im ackerbautreibenden Neger Afrikas, oder an einem anderen Theile der Erde im Chinesen und Mongolen hervortritt, unlösbare Contraste zu bedeuten scheinen. Auf der einen Seite konnte der Unterschied der vorwiegenden Nahrungsmittel nicht ohne Einfluss auf den Charakter bleiben; der vorwiegend carnivore Hirte entwickelte ganz andere körperliche und physische Eigenschaften als der vorwiegend frugivore Ackerbauer; Wanderleben und Sesshaftigkeit einerseits und die verschiedenen Eigenthumsbegriffe, und wie wir allsogleich sehen werden eigenartige Geschlechtsverhältnisse andererseits, mussten in dem Hirten ganz andere Anschauungen, ganz andere Gefühle und Leidenschaften, ganz andere Bedürfnisse hervorrufen als in dem Ackerbauer. Wenn sich diese Gegensätze auch nirgends rein erhalten und vielleicht auch nirgends so ganz rein herausgebildet haben, so konnte diese Differencirung im Grossen doch auch nicht ohne Einfluss auf die gesammte Gestaltung der beiden Hauptrichtungen der socialen Entwicklung bleiben.

Viertes Capitel.

Die Verwandtschaft.

I.

Von dem grossen Differencierungsprozess, welcher durch die Einführung der Nahrungsmittelproduction an dem socialen Einheitskörper der Horde sich vollzog, konnten die Beziehungen zwischen Mann und Weib [1]) nicht ausgeschlossen bleiben.

Die blos auf Jagdbeute und Fischzug oder auf das Sammeln wilder Früchte ausgehende Horde, bot nur unzureichenden oder gar keinen Anlass zur Differencirung der Geschlechter. Dass das Weib während der Nährzeit, die bei den Naturvölkern sehr lange währt, mehr an das Haus

[1]) Vgl. zur Geschichte der Ehe und der Familie: Morgan, System of consanquinity, Washington 1871. — M. Lennan, Primitive marriage, Edingburgh, 1865. — Giraud-Teulon, Les origines des mariages et de la famille, Paris 1876—1884. — Lippert, J., Die Geschichte der Familie, Stuttgart 1884. — Westermarck, E., The history of human marriage, London 1891 (Deutsche Ausgabe: Geschichte der menschlichen Ehe, Jena 1893). — Westermarck, Le matriarcat (Annales de l'Institut Internat. de Sociol. Paris 1896). — Starcke, Die primitive Familie und ihre Entstehung und Entwicklung, Leipzig 1888. — Mucke, Dr. J. R., Horde und Familie in ihrer urgeschichtlichen Entwicklung, Stuttgart 1895. — Post, Die Geschlechtsgenossenschaft der Urzeit, Oldenburg 1875. — Post, Geschichte der Familie. — Post, Studie zum Familienrecht. — Hellwald, Die menschliche Familie, Leipzig 1889. — Bachofen, Das Mutterrecht, Stuttgart 1861. — Dargun, L. v., Mutterrecht und Vaterrecht, Leipzig 1892. — Achelis, Th., Die Entwicklung der Ehe, Berlin 1893. — Wilken, Over de Verwantschaft. — Le Play, Organisation de la famille, Paris. — Letourneau, L'évolution de marriage et de la famille. Paris. — Kohler, J., Zur Urgeschichte der Ehe (Totemismus, Gruppenehe, Weiberrecht), Stuttgart 1898. — Grosse, E., Die Formen der Familie und die Formen der Wirthschaft, Freiburg i. B. 1898.

gekehrt war, dieweil der Mann auf Beute auszog, mag allmählig die Begriffe wachgerufen und gestärkt haben, die später so ziemlich allen Völkern eigen sind, dass das Weib die Herrin des Hauses, der Mann der Beschützer des Hauses sei. Ja, noch mehr! Wir haben bereits früher gesagt, dass die Gleichheit und Gemeinsamkeit des Hordenlebens nicht ausschloss, dass sich für längere oder kürzere Zeit in der Horde Paare bildeten, wie dies ja auch im thierischen Leben der Fall ist. Weiter wird aber die durch die rein sexuellen Beziehungen veranlasste Differencierung nicht gehen, und weiter geht sie auch bei allen Völkern nicht, die unter der Stufe des Mutterrechtes stehen, bei den Buschmännern, Feuerländern, Botokuden u. s. w. Eine Art Männerschutz ohne Dauer, ohne wirthschaftliche und politische Folge, wenn ich so sagen soll, ist das Meiste, wozu sich die sexuellen Beziehungen von Mann und Weib aus sich heraus entwickeln konnten [1]). Dass dieser Männerschutz bei der natürlichen Rohheit, besonders bei anpassungs- und entwickelungsunfähigen, also relativ noch tiefer stehenden Völkern mitunter in eine brutale Plackerei des Weibes ausartete, ist ebenso wenig mit dem späteren Patriarchat zu verwechseln, wie etwa eine durch rein locale Verhältnisse bedingte Erscheinung gleich der primitiven Monogamie der Veddah auf Ceylon als eine Entwicklungsform von allgemeinerer Bedeutung aufgefasst werden darf.

Die ältesten socialen Differencirungsproducte waren die Verwandtschafts- und die Herrschaftsverhältnisse. Beide stehen zu dem Gemein- und Gleichheitsleben der primitiven Horde in strictem Gegensatz. Das Bewusstsein der Verwandtschaft ist ein Gleichheitsgefühl höherer Art und daher einerseits auf einen engeren Umfang beschränkt, andererseits auf einer Unterscheidung von anderen Hordenmitgliedern beruhend.

Verwandtschaft ist das Bewusstsein gemeinsamer Abstammung. Die Verwandtschaft kann entweder Vaterverwandtschaft oder Mutterverwandtschaft oder Elternverwandtschaft, d. h. doppelseitige Verwandtschaft von Vater und Mutter her sein. Das Bewusstsein der Vaterverwandtschaft (und damit natürlich auch der Elternverwandtschaft) ist in der Horde ausgeschlossen, nicht etwa deshalb, weil dem Naturmenschen der Antheil des Mannes an der Zeugung unbekannt war, sondern in erster Linie deshalb, weil bei dem promiscuen Geschlechtsverkehr der Horde in einem bestimmten Falle der Vater nicht bekannt war. Die Vaterschaft ist ungewiss, die Mutterschaft dagegen unzweifelhaft, die Thatsache der Vater-

---

[1]) Dargun, Mutterrecht und Vaterrecht, S. 38f.

schaft wird erschlossen, die der Mutterschaft wahrgenommen. Die Thatsache gemeinsamer Abstammung von uteriner Seite kann directe durch die Mutter den Kindern mitgetheilt werden. Die Vaterschaft ist last not least aber auch eine gleichgiltigere Sache als die Mutterschaft: das Weib, welches die Frucht in ihrem Leibe getragen, welches das Kind in Schmerzen geboren, und es noch lange Monate ja Jahre hindurch[1]) mit den Säften des eigenen Körpers, gewissermassen mit dem eigenen Blute nährt, dieses Weib kann in dem Kinde nichts anderes, als eine Knospe am eigenen Lebensstamme, als ihr eigen Fleisch und Blut sehen, und wohl nirgends in der ganzen Urgeschichte der menschlichen Gesellschaft entspricht das subjective Bild, das sich der Mensch macht, so sehr dem objectivem Sachverhalte, wie dies bei der Blutsverwandtschaft (consanquinitas) der Fall ist. Die erhöhte Sympathie, welche die Mutter für ihre Kinder hat, entspringt richtig aus dem Mit-Leiden (συμπαθεῖν), welches dem Vater fremd war. Wir haben schon anlässlich der Besprechung der thierischen Gesellschaft (S. 18f) hervorgehoben, dass jene physiologischen Vorgänge, welche die Mutterliebe erklären, nicht auch die Vaterliebe erklären, und an dieser Thatsache hat sich auch beim Urmenschen, ja sagen wir es, im Grossen und Ganzen beim Naturmenschen überhaupt nichts geändert. Auch wenn der Antheil des Mannes an der Zeugung bekannt war, was wir nicht bezweifeln, und auch, wenn die Vaterschaft in einem gegebenen Falle bekannt gewesen wäre, was jedoch im Allgemeinen bestimmt nicht der Fall war, so fehlte doch zwischen Vater und Kindern noch immer das unsichtbare organische Band, welches für das am Concreten hängende Naturdenken das Massgebende war.

Das Gefühl der Blutsverwandtschaft ist durch die Nabelschnur gegeben, und er reisst, wenigstens bei den Kindern, zumeist auch mit derselben wieder ab. Die Kinderliebe ist nicht so urwüchsig, wie die Mutterliebe. Das Kind erfährt erst von seiner Kindschaft, wenn es der Mutter längst entfremdet ist; dem Gefühle fehlt schon die Unmittelbarkeit, welche auf der untersten Stufe unerlässliche Voraussetzung ist. Die Mutterliebe ist eine identische Gleichung: $a = a$, die Kinderliebe ist auch eine Gleichung $a = b$, aber sie leuchtet nicht so unmittelbar ein; die Geschwisterliebe endlich ist ein ganzer Schluss; weil $a = b$ und $a = c$ ist, ist $b = c$. Weil mehrere Kinder mit einer Person (Mutter) blutgleich sind, sind sie

[1]) Die Säugezeit dauert bei den Naturvölkern meist drei Jahre.

auch untereinander blutgleich. Das ist die logische Formel, welche dem Bewusstsein der Blutsverwandtschaft zu Grunde liegt.

Man muss sich der relativen Schwierigkeit dieser Denkform für den Naturmenschen voll bewusst sein, um zu begreifen, dass mit dem blossen Wissen von den Thatsachen der Geburt — diese sind allerdings auch dem Kinde der Naturvölker bekannt — noch lange nicht das Bewusstsein der Verwandtschaft gegeben ist; denn die Blutsverwandtschaft geht zwar von dem Verhältnisse zwischen Mutter und Kind aus, gipfelt aber nicht in diesem, sondern in dem Verhältniss der Kinder untereinander. Dieses Verhältniss ist aber ein indirectes, blos durch die gemeinsame Mutter gegebenes, es ist das Resultat einer Schlusskette und nach alledem, was wir über das Denken des Naturmenschen wissen, ist anzunehmen, dass derselbe zu einem so complicirten Schluss nur auf einem grossen Umwege durch eine langwierige sociale Anleitung gelangt sei. Diese sociale Erziehung bestand in einer fortschreitenden Entwicklung der Beobachtung der Gleichheiten und Ungleichheiten, in der daraus entspringenden Sympathie, wie wir es oben für die Horde beschrieben haben. Unter den Gleichen bildeten sich Gruppen von — noch Gleicheren, wenn ich so sagen darf. Es sind nur kleine individuelle Besonderheiten, welche den Kindern einer Mutter auf so primitiver Seite gemeinsam sein können, aber sie werden für die Einen schliesslich doch äussere Merkmale innerer Zusammengehörigkeit, wie für die Anderen ein Unterscheidungsmerkmal. Unbedeutende körperliche Aehnlichkeiten, ein Muttermahl, eine auffällige Bildung der Nase, der Lippen, vielleicht ein körperliches Gebrechen, sodann aber auch bestimmte Veranlagungen des Gemüths und des Geistes bildeten hinreichende Anhaltspunkte für die Beobachtung, dass sich unter den Kindern eine gleiche Mutter, ein Gefühl höherer Gleichheit und damit höhere Sympathie, den anderen gegenüber aber ein Gefühl der Ungleichheit entwickeln konnte.

Damit aber diese Beobachtung stattfinden konnte, mussten wieder Verhältnisse vorliegen, die in der primitiven Horde mit ihrem Alles ausgleichenden Gemeinschaftsleben nicht gegeben waren. Solange die Kinder der verschiedensten Mütter unterschiedslos durcheinander lebten, durcheinander jagten, durcheinander schliefen, kamen so kleine individuelle Unterschiede gar nicht zur Geltung. Man kann dies bei den Feuerländern, Buschmännern, Botokuden, aber nicht blos bei diesen, sondern auch ebenso gut bei unseren Zigeunern beobachten. So lange das Kind noch an der Mutterbrust hängt, wirkt noch die Mutterliebe in ihrer ungeschwächten Kraft, sobald das Kleine aber einmal auf den eigenen Beinen stehen und sich unter den Altersgenossen tummeln kann, ist es für die Mutter für ewig verloren, es geht in der Horde auf und denkt nicht mehr an die Mutter und diese sehr bald auch nicht mehr an das Kind. Feuerländer verschachern ihre Kinder für ein Messer und noch wertloseres Zeug mit der grössten Gemüthsruhe von der Welt.

Dass sich ein innigeres Verhältniss zwischen den Kindern einer Mutter untereinander entwickele, erfordert eine gewisse dauernde Separation und diese ist auf dem Wanderleben des Nomaden nicht denkbar. Separation setzt Sesshaftigkeit voraus. Sesshaftigkeit aber, wenn auch nur vorübergehende, ist erst bei aufkommendem Ackerbau gegeben. Wir haben in einem der vorübergehenden Capitel (S. 77) gezeigt, dass der Ackerbau eine durchgreifende Arbeitstheilung des Geschlechtes nothwendig machte. Während der Mann Jäger blieb und auf tage- und wochenlangen Raub- und Beutezügen fern der Heimstätte weilte, blieb das Weib zu Hause, um das Feld, oder besser gesagt, den kleinen Garten zu bebauen und die Kinder zu betreuen. In der ewigen Flucht dieses Naturlebens bildet die Mutter den ruhenden Punkt, um welchen sich etwas, wie ein Hausleben zu entwickeln beginnt. Das Weib ist die Herrin des Feldes (wie bei den Indianerstämmen), sie ist die erste Trägerin des Grundeigenthums; dieser agrarische Charakter des Weibes, im Gegensatz zu dem nomadisirenden Charakter des Mannes, hat vielleicht auch die psychologische Voraussetzung für die Separation geliefert. In dem Weibe, das stundenlang allein, über dem Grabstock gebückt, der Feldarbeit oblag, schweigend auf die eigene Kraft angewiesen und eifersüchtig die Erfolge der eigenen Arbeit betrachtete, in dem Weibe konnte sich nicht jener socialitäre Sinn erhalten und entwickeln, wie in dem Manne, der weiter in der Horde lebte und nur in der Horde arbeitete und Erfolge hatte. Das Weib ist weit weniger für das Gemeinschaftsleben veranlangt als der Mann; es zog sich auf seine eigene „Wirthschaft“ zurück, in deren Gedeihen sie ihren Stolz erblickte. Das Gemeinhaus zerfällt in eine Gruppe von Hütten, und in jeder derselben bildet sich eine kleine Welt für sich: Menschen, die sich einander näher fühlen, Menschen, die sich auch ähnlich sehen und ähnlich sind, Gegenstände, die den sie Gebrauchenden altgewohnt und lieb und theuer sind; in dem Hause heimliche Winkel, vor dem Hause das liebe Gärtchen, über alles waltend die gemeinsame Mutter, als ein lebendes Wahrzeichen der Zusammengehörigkeit, das ist der zauberische Kreis des „Hauses“, in welchem auch bei der erbärmlichsten Rohheit die ersten Blüten menschlicher Veredlung knospen, das ist das Milieu, in dem sich jenes Gefühl der höheren Gleichheit entwickeln kann, von dem, wir vorhin gesprochen. Der Vater ist in diesem Verwandten-Kreise fremd: als Mensch gehört er dem Hause seiner Mutter an, als Vater weilt er in dem Hause seiner Kinder nur als Gast, neben ihm noch andere.

Das ist der Zustand der Mutterverwandtschaft, wie er sich bei den im Uebergang von der Jagd zum Ackerbau befindlichen Indianerstämmen Amerikas in classischer Weise fand, wie ihn aber alle Völker, die eine gleiche Entwicklung durchgemacht haben, in ähnlicher Weise zeigen und zeigten.

II.

Aus der Kenntniss der „Mutterverwandtschaft“ entwickelte sich das „Mutterrecht“, wenngleich erst auf einer etwas vorgerückten Entwicklungsstufe und zum Theil in bewusster, zum Theil auch in unbewusster Opposition zu der auf der Grundlage der Herrschaft aufgebauten Vaterfamilie.

Recht ist die Form des socialen Lebens überhaupt und zwar die nothwendige und daher allgemein verbindliche Form. Als verbindlich gilt, was nicht ohne Gefahr schwerer Schädigung ausser Acht gelassen werden kann. Nach dem gemeinen Menschenverstand wird das Gesetz beobachtet, nicht weil es nothwendig ist, sondern aus Furcht vor der Strafe. Auch die religiösen und moralischen Gesetze werden nicht aus Liebe zum Guten, Wahren und Schönen, sondern aus Furcht vor der Rache der Götter und den Foltern der Hölle beobachtet. Die Vorstellung physischer Folgen (Leiden, Schmerzen, Entbehrungen, Tod) und die Furcht vor ihnen erhalten allein Gesetz und Recht. Wie wenig gerade in diesem Punkte die Menschheit trotz aller Civilisation vorgeschritten ist, zeigt der noch so ziemlich allgemein unter dem Volke verbreitete Glaube, dass gewisse Vergehen, wie Meineid oder der unwürdige Genuss des Abendmales unmittelbar den jähen Tod des Frevlers zur Folge haben. Ganz genau so glaubt der Maori, dass, wer die Tabugesetze übertritt, wie von einem Blitzstrahl getroffen todt zusammensinken müsse. Das heisst, die Verbindlichkeit einer socialen Form, die von dem entwickelten Culturmenschen bereits unmittelbar aus ihrer Nothwendigkeit heraus begriffen wird, ist bei dem Naturmenschen unter die Sanction des „Gottesurtheiles“ gestellt, oder die Verbindlichkeit, die wir aus der Nothwendigkeit erschliessen, ist auf dem Standpunkte des Naturmenschens eben weiter nichts als das subjective Corrolat der objectiven Thatsache, Nothwendigkeit genannt (wieder ein Beispiel für den Unterschied des Naturdenkens vom Culturdenken). Mit anderen

Worten, der Naturmensch erkennt nur als nothwendig an, was sich ihm gewissermassen durch Faustschläge ins Gesichts als nothwendig manifestirt. Nur der Macht, die, wenn sie beleidigt ist, sich an seinem Leibe rächt, fügt er sich und oft auch ihr nicht. Und die socialen Sünden fallen immer auf den Leib der Sünder zurück. Jede Schuld rächt sich auf Erden, nicht erst im Himmel. Kommt aber die Strafe, dann erscheint sie als ein verschleiertes Bild zu Sais, als ein Räthsel, das sich der Urmensch wieder dadurch zu lösen versucht, dass er sie dem Walten zorniger Mächte zuschreibt. Er fügt sich dem unsichtbaren Willen aus Furcht; er unterlässt eine Handlung, die, wie er wiederholt gesehen, die Rache der Götter heraufbeschworen hat, er fügt sich einer bestimmten Ordnung, aber nicht, weil er deren Nothwendigkeit erkennt, oder weil sie ihm Jemand gelehrt hat, sondern aus Furcht vor der, wie er meint, regelmässig und nothwendig auftretenden Strafe. Ein interessantes Beispiel dafür, das alle anderen überflüssig macht, bietet die traurige Geschichte des jüdischen Volkes, welches von Jehovah, dem zornmüthigen Gotte, zu jedem neuen Schritte socialer Ordnung, durch Pest und Aussatz, Hunger und Krieg getrieben werden musste.

Der Act der Rechtwerdung vollzieht sich natürlich nicht in einem Augenblicke — auch heute noch nicht — und nicht an einem einzigen losen Begriff, er ist das Werk einer oft langwierigen und complicirten Verkettung von Entwicklungsreihen [1]). Auch das sogenannte „Mutterrecht“, als die als verbindlich erkannte Mutterverwandtschaft, ist aus der Vielgestaltigkeit der Lebensformen nicht herauszureissen. Wir müssten uns allzusehr vorgreifen, wenn wir schon an dieser Stelle erschöpfend zeigen wollten, wie das Bewusstsein der Consanquinität zum Mutterrechte geworden. Vor allem kann hier nicht die Frage der Blutnähe aufgerollt werden. Sodann ist das Mutterrecht begreiflicherweise auch nicht von der antagonistischen Entwicklungsreihe, von dem Patriarchate ganz losgelöst zu denken. Beide Erscheinungen, obwohl grundverschieden in jeder Hinsicht, stützen sich doch gegenseitig und wirken bis zu einem gewissen Punkte geradezu gegenseitig fördernd.

---

[1]) Zur Geschichte der Rechtsbegriffe und Rechtwerdung vgl. Bastian, Die Rechtsverhältnisse der verschiedenen Völker der Erde, Berlin 1872; — Kohler, Ueber dss Recht der Australneger. Zeitschrift für vergleichende Rechtswissenschaft VIII. S. 329. 1887. — Post. A. Naturgesetz des Rechts. 1867. — Post. Naturwissenschaft des Rechts. 1867. — Post. Ursprung des Rechts. 1876. — Post. Grundlage des Rechts. 1884.

Die unmittelbarste Folgeerscheinung des erwachenden Verwandschaftsgefühles, eine Erscheinung, die umgekehrt auch wieder mächtig zur Verstärkung dieses Gefühles beitrug, war die Blutrache[1]), die Pflicht der Blutsverwandten, den gewaltsamen Tod einer dem Verwandtenkreise angehörigen Person am Mörder mit eigener Hand zu rächen. Man hat das Jus talionis die erste Form des Rechtsschutzes genannt, und wenn man damit nicht etwa den Begriff einer planmässigen Herbeiführung, einer Satzung verbindet, ist es auch so. Wir haben gesehen, dass die Grundlage des Gefühles der Blutsverwandschaft doppelter Art ist; sie ist nämlich organischer Natur, die Verwandten halten sich für eine Einheit, die durch das materielle Band des Blutes aufs Engste verknüpft sind, und psychologischer Natur, indem sich unter den Verwandten eine Vorstellung höherer Gleichheit und damit auch schärferer Unterscheidung von Anderen herausbildet. Durch dieses gesteigerte Gleichheitsbewusstsein tritt auch in dem engeren Gleichenkreise eine Steigerung jenes gegenseitigen Schutzverhältnisses ein, welches schon zwischen den Hordenangehörigen besteht, und dieses Schutzverhältniss äussert sich eben in der vollkommenen Solidarität des einen Gleichenkreises gegenüber dem andern.

Es ist hier abermals der Ort, an die animistische Weltanschauung des Ur- und Naturmenschen zu erinnern, für welchen Seele und Blut zusammenfallen. Der Homunculus, das Schattenmenschlein im Menschen, es sitzt im Blute. Blut war zu allen Zeiten ein ganz besonderer Satz, es galt und gilt als Heil- und Zaubermittel; wenn man dem fremden, dem Ungleichen, Nichtverwandten das eigene Blut einflösst, wird er verwandt, ein Gleicher, Blutbruder; mit Blut werden daher Bündnisse und Verträge geschlossen, Blut bedeutet Glück, Blut macht tabu[2]), mit einem Worte, Blut ist die allgebräuchliche Formel, hinter welcher sich die Räthsel des Lebens verbergen. Blut ist nicht blos die Einzelseele, es ist die Welt der Geister, und aus dem Blute des Erschlagenen steigen des Nachts die Geister der Rache und die schrecklichen Gespenster auf, welche der Naturmensch so unsäglich fürchtet. Der Naturmensch ist nichts weniger als sentimental, und ein Menschenleben gilt ihm herzlich wenig. Allein

[1]) Vgl. Kohler, Zur Lehre von der Blutrache, Würzburg 1885. — P. Frauenstädt, Blutrache u. Todtschlagsühne, Leipzig 1881. — Eichhoff, Die Blutrache bei den Griechen, Duisburg 1873. — Miklosich, Die Blutrache bei den Südslaven, Wien 1887.

[2]) Vgl. H. L. Strack, Der Blutaberglaube in der Menschheit, Blutmord und Blutritus. 4. Aufl., München 1892.

wenn einer aus dem Kreise der Blutsverwandten getödtet wird, dann empfindet er dies als einen Schlag gegen sein eigenes Haupt. Es ist nicht das Blut des Einzelnen, sondern das gemeinsame Blut, welches vergossen wurde, die gemeinsame Seele, der ein Schaden zugefügt wurde und dieser Schaden muss — soll nicht der Geist des Ermordeten des Nachts als mahnender Bote erscheinen — wett gemacht werden nach der nacktesten und natürlichsten Formel: „Aug' um Aug', Zahn um Zahn", nach dem einfachen Grundsatze der Wiedervergeltung.

Die Blutrache ist der roheste Ausdruck für das zum Rechte gewordene Bewusstsein der Blutsverwandtschaft, und eben weil es den rohen und wilden Trieben des Naturmenschen am meisten entsprach, wurde es auch einer der festesten Stützpunkte für das Mutterrecht.

Auch die Erbfolge bildete ein starkes Entwickelungsferment für die Verwandtschaftsbegriffe, wenngleich diese sociale Erscheinung noch mitten unter mutterrechtlichen Verhältnissen, sich bald mehr der Familienorganisation anpasste und mit dieser auch ihre Vollendung erhielt. Dort, wo die Erbfolge noch ausschliesslich der Verwandtschaft folgt, liegt ihr nur ein sehr ungeklärter Gedanke der Erhaltung des Besitzes unter den Blutsgleichen zu Grunde, ein Umstand, der nicht Wunder nehmen kann, wenn man sich erinnert, dass das reine ungetrübte Mutterrecht eine vorwiegend agrarische Erscheinung ist, und dass auf der primitiven agrarischen Stufe das Eigenthum selbst nur wenig entwickelt ist. Wir haben gesehen, dass die Frau, die Herrin von Haus und Garten ist; um sie sammeln sich die Blutsverwandten ohne andere Ordnung als nach dem Alter, nach den Geschwistergruppen. Stirbt nun eine Person, so tritt ja im Grossen und Ganzen keine Besitzänderung ein, nur die geringen Habseligkeiten an Schmuck, Kleidern und Waffen gehen an die Verwandten über, anfänglich gewiss ohne Beobachtung grösserer oder geringerer Verwandtschaftsnähe; selbstverständlich konnten gewisse Gegenstände nur in männliche, andere wieder nur in weibliche Hände übergehen, weil sie für andere unbrauchbar waren. So erben bei den meisten Indianern Nordamerikas nach dem Manne: Brüder, Schwestern, Mutterbrüder, nach der Frau: Kinder, Schwestern, Brüder, Schwesterkinder. Die Formen der Erbfolge in mutterrechtlichen Verhältnissen sind sehr manigfaltig, aus dem Grunde, weil eben die Grade der Verwandtschaft nicht festgestellt sind, so finden wir bald eine Erbfolge mit vorherrschender Berücksichtigung der Schwesterkinder (auf den Neuhebriden, Malaga, theilweise in Polynesien, bei den Negern Aequatorias, am Kongo, bei den

Creeks, Irokesen und Navajos Amerikas u. s. w.), bald eine vorwiegend parentele Erbfolge (z. B. bei den Nairs); bald tritt in der Erbberechtigung der Mann ganz hinter dem Weibe zurück (bei den Khassya in Siam), bald ist bei strenger Aufrechterhaltung der uterinen Verwandschaftsreihe die männliche Seite stark bevorzugt (bei den Barea, Bazen, Australiern[1]), Melanesiern u. A.[2]).

In diesen Thatsachen liegt ein Beweis mehr dafür, dass die Entstehung des Verwandtschaftsbegriffes noch vor die Zeit der Einzelehe fällt und dass das Mutterrecht noch eine präfamiliäre Erscheinung ist, wie wir es oben gesagt. Es ist auch gewiss kein Zufall, dass sich die rein mutterrechtliche Erbfolge nur noch bei wenigen Völkern erhalten hat und zwar bei solchen, welche zum grössten Theile noch in Polyandrie leben oder lebten (Nairs, Khassya, Neuhebriden, Navajos und Irokesen u. s. w.). Zu einer allgemein angenommenen Feststellung der Verwandtschaftsreihe und Verwandtschaftsgrade scheint es in dieser Zeit überhaupt nicht gekommen zu sein. Auch hier musste erst eine stärkere socialorganisatorische Kraft eintreten, als es das blosse Gefühl der Gleichheit aus dem gleichen Blute, aus organischen Anlässen ist und sein kann.

Theoretisch ist es bei rein uteriner Verwandtschaft und polyandrischen Verhältnissen möglich, dass eine gewisse Person kannte: ihre Mutter, Grossmutter u. s. w., ihre Tanten und Onkeln mütterlicherseits, ihre Geschwister jedoch ohne Unterschied, ob Voll- oder Halbgeschwister, die Söhne und Töchter ihrer Tanten (Vettern und Basen), die Söhne und Töshter ihrer Schwestern (Nichten und Neffen). Weiblicherseits war also die Verwandtschaftsreihe wenigstens potentiell eine vollkommen bekannte, männlicherseits dagegen eine äusserst unvollständige; es waren von den männlichen Verwandten blos vier Grade bekannt, der eigene Bruder, der Bruder der Mutter (Onkel), der Sohn der Tante (Vetter) und der Sohn der Schwester (Neffe). Unbekannt blieben der eigene Vater und alle Verwandten desselben, der eigene Sohn und alle Verwandten desselben, die Söhne und überhaupt die Kinder des Bruders, die Söhne und überhaupt die Kinder des Onkels u. s. w. Ob allerdings auch nur die oben genannten Verwandtschaftsgrade auch wirklich bei den auf rein mutterrechtlicher Basis lebenden Völkern immer ins Bewusstsein traten, ist nach den sprachlichen und ethnologischen Forschungen und auch nach

---

[1]) Dargun a. a. O. S. 81 und 138.
[2]) Ratzel a. a. O. Bd. II, S. 278.

dem, was wir über das Erbrecht auf rein mutterrechtlicher Basis wissen, mehr als zweifelhaft.

Nachweisbar ist neben dem Verhältnis der Mutter, Kinder und Geschwister nur die klar bestimmte Stellung des Mutterbruders (avunculus). Wir haben wiederholt davon gesprochen, dass die Gleichengruppe, also die Verwandtschaftsgruppe, so gut wie die Horde ein gegenseitiges Schutzverhältniss bedeute. Dass dieser Schutz seine Vertretung in dem streitbaren Manne findet, bedarf wohl nicht erst einer Erläuterung. In jeder Verwandtschaftsgruppe leben für gewöhnlich drei Generationen vereint, entsprechend den Altersreihen der Horde: die Altengeneration, deren männliche Mitglieder jedoch zum Schutze der Sippschaft nicht mehr die Kraft besitzen, die heranwachsende Generation, welche diese Kraft und den nöthigen Einfluss noch nicht hat und endlich die zeugende Generation; die männlichen Glieder dieser Reihe (also die Onkel der heranwachsenden Kinder), sind die eigentlichen Beschützer und zum grössten Theile auch die Ernährer des Hauses. Der Mutterbruder beschützt die Schwestern und ihre Kinder, er vertritt ganz die Stelle des nachmaligen Vaters, er schlichtet Streit und ordnet alle Angelegenheiten; seine Stellung im Hause ist noch weit hinein in die historische Zeit, in die Zeit des ausgeprägtesten Patriarchates, die einer geheiligten Respectperson, er ist (wie bei Römern, Griechen, Germanen) die einzige Durchbrechung des ehernen patriarchalen Princips, und neben ihm konnte vielfach das Patriarchat nicht aufkommen[1]). Der Avunculus ist der Schutzherr des Mutterhauses.

Schon aus dieser allgemein anerkannten Thatsache geht hervor, wie unrecht es war und ist, Mutterrecht (matrimonium) mit „Matriarchat“ (Mutterherrschaft) zu verwechseln. Wenn überhaupt bei der rein verwandtschaftlichen Gruppirung von einer Spur eines Herrschaftsverhältnisses die Rede sein kann, so war sie bei dem Mutterbruder und nicht bei der Mutter selbst zu suchen. Ein Matriarchat als Analogon des Patriarchates giebt es nicht. Ebenso wenig scheint es uns berechtigt, Matriarchat auch nur in dem Sinne zu verstehen, dass die Kinder in Name, Titel, Rang und Freiheit der Mutter folgten. Von allen diesen Dingen war zunächst in der mütterlichen Verwandtschaftsgruppe keine

[1]) Ueber die Stellung des Avunculus siehe Dargun a. a. O. S. 80ff. und Achelis, Die Entwicklung der Ehe, S. 58ff. Vgl. die classische Schilderung des mutterrechtlichen Haushaltes bei den Malaien bei Bachofen, Antiquarische Briefe, S. 54f.

Spur. Sie setzen nothwendigerweise die patriarchalisch geordnete Familie voraus, und die mütterliche Verwandtschaftsgruppe nahm sich in diesen Dingen ebenso die patriarchalische Organisation zum Vorbilde, wie sich diese in Bezug auf die Vaterverwandtschaft nach dem Muster der Muttergruppe entwickelte. Thatsächlich findet sich das Mutterrecht in diesen äussersten Consequenzen nur bei Völkern, welche das Patriarchat bereits herausgebildet haben, so dass man hier ohne Widerspruch zwar vom Mutterrecht aber nicht vom Matriarchat sprechen kann.

Nicht minder unbegründet ist es, der späteren Androkratie eine allgemeine primitive Gynäkokratie, die mit dem Mutterrecht zusammenhängen soll, vorangehen zu lassen. Es ist ja wahr, dass bei einzelnen mutterrechtlichen Völkern (bei den Indianern, Nairs u. s. w.) die Frau vielfach eine etwas bessere Stellung geniesst als sonst bei den wilden Völkern; aber gerade da ist diese Stellung nachweisbar auf den Schutz des Mutterbruders und nicht auf das vermeintliche Matriarchat zurückzuführen. Es ist auch wahr, dass oft unmittelbar neben der tiefsten Knechtung des Weibes Spuren offenbarer Bevorrechtung sich finden (Afrika). Diese Thatsache geht jedoch, wie bald zu zeigen, keineswegs auf eine ursprüngliche Weiberherrschaft zurück. Auch die vereinzelten Erscheinungen des Amazonenthums, welche, wie schon erwähnt, locale Abweichungen in der Arbeitstheilung unter den Geschlechtern bedeuten, haben nichts mit einer präsocialen Gynäkokratie zu thun.

Es kann aber vor der Hand auch von einer Androkratie ebenso wenig die Rede sein. An dem Gemeinleben der Horde und der dort herrschenden Gleichberechtigung — wenn man überhaupt vom Rechte sprechen kann — war durch den Verwandtschaftsbegriff absolut nichts geändert. Der Begriff der Consanguinität entspringt aus dem Begriff der Gleichheit, die Herrschaft aber hat das Verlangen und die Vorstellung eines individuellen Vorrechtes zur Voraussetzung. Die musste wo anders her kommen als aus dem Verwandschaftsgefühle.

Fünftes Capitel.

Die Herrschaft.

I.

Welches sind die in der Seele des Menschen verborgenen Quellen, aus welchen die menschliche Herrschlust hervorschoss, diese mächtigste der Gewalten, die dem Leben der Erde seine ureigenste Physiognomie verliehen hat?

Ist es die Eitelkeit? Eitel sind alle Naturmenschen, eitel sind ebenso die Thiere; das Thier thut sich auf eine Besonderheit unendlich viel zu Gute: die grosse, ernste Dogge blickt mit Verachtung auf die übrige Hundewelt herab, das Ross, welches den Feldherrn im Triumphzuge trägt, scheint mit zu triumphiren. Im Grunde sind diese Gefühle sehr einfacher Natur und gehen wohl nur auf die geschlechtliche Zuchtwahl und das damit verbundene Streben, dem anderen Theile zu gefallen, zurück. Auch die Eitelkeit des Naturmenschen ist nichts anderes als Gefallsucht mit unverkennbar sexueller Grundlage. Diese Eitelkeit ist durch einen rothen oder gelben Tuchlappen reichlich befriedigt. Es ist wahr, diese Sucht, unter Gleichen als etwas anderes zu erscheinen wie die übrigen, ist vielleicht der Beginn eines neuen Differencirungsprocesses, aber sie reicht in der Form der Eitelkeit nicht über die biologische Sphäre hinaus und ist kaum ein bewusster Act.

Eifer und Stolz sind gewiss mächtige Triebfedern der Herrschsucht — beim Culturmenschen; sind sie beim Naturmenschen überhaupt vorhanden? Giddings[1]) sucht sie von dem Verlangen nach Anerkennung abzuleiten; er meint aus dem Bewusstsein der Gleichheit und aus der Sympathie mit den, einen Menschen umgebenden Personen entspringe das Verlangen, dass auch diese anderen die Punkte der Aehnlichkeit anerkennen. Wir meinen dagegen, dass der Stolz eher das Verlangen bedeute, dass Andere in Einem das Besondere und nicht das Gleiche anerkennen. Der Eifer ist mehr activer, der Stolz mehr passiver Natur, beide haben aber mit dem Gefühl der Gleichheit nichts zu thun, beiden liegt vielmehr das Gefühl der eigenen Erhebung über das Gleichmaass zu Grunde.

Die Ungleichheit muss auch objectiv vorher gegeben sein, ehe sie subjectiv empfunden wird. Thatsächlich giebt es weder in der Thiernoch in der Menschheit auch nur zwei Individuen, die einander gleich wären an Grösse, Kraft, Sinnesschärfe, Charaktereigenschaften u. s. w. Was insbesondere die Charaktereigenschaften, die Gemüthsart betrifft, so zeigt selbst die höhere Thierwelt (Hunde, Pferde, Affen) eine ausgesprochene Individualisirung. Die ausschlagebendsten persönlichen Unterschiede beim Menschen waren zunächst aber die, welche eine praktische Bedeutung hatten, überlegene Kraft, Gewandtheit, Sinnesschärfe, Schlauheit u. s. w. Dieser war der beste Schwimmer, er führte beim Uebersetzen eines Flusses; Jener der beste Renner, er war bei der Verfolgung allen voran; ein Dritter hatte das schärfste Gesicht und feinste Gehör, er schritt an erster Stelle, wenn es galt, eine Spur aufzusuchen, eine Beute zu beschleichen.

Die Führerschaft, welche in der höheren Thierwelt schon bekannt ist und auch auf der tiefsten menschlichen Stufe, wie wir ausführlich geschildert, nirgends fehlte, fliesst ganz von selbst aus der persönlichen Ueberlegenheit. Es wäre fehl gegriffen, anzunehmen, der Führer sei gewählt oder durch ein gegenseitiges Uebereinkommen an die Spitze gestellt. Der Führer ersteht, er ist da. Auch heute noch wählt eine politische Partei zumeist nicht ihren Führer, und wenn zehn Personen zum erstenmal gemeinsam eine Bergpartie machen, so wählen sie den Führer nicht, sondern er geht, vielleicht ohne es selbst zu wissen, an ihrer Spitze. Die Führerschaft hat die individuelle Ueberlegenheit zur Voraussetzung, aber nicht auch das klare Bewusstsein dieser Ueberlegenheit bei dem Führenden und den Geführten. In den meisten Fällen wird allerdings

---

[1]) Elements of Sociology p. 65.

das Bewusstsein der eigenen Ueberlegenheit bei dem Führer vorhanden sein, und auch die Geführten werden die Eignung des Führers und sein Verdienst anerkennen. Eitelkeit und Stolz gesellen sich zu dem Gefühle der Ueberlegenheit und verstärken es. Die Naturmenschen bramarbasiren fürchterlich gern mit ihrer Kraft, sie leisten die unglaublichsten Aufschneidereien; der mit der Kraft von tausend Stieren brüllende Ajax ist ein typisches Beispiel dafür. Im Kriege spielt selbstverständlich die Führerschaft eine ganz besondere Rolle; der Führer im Kampfe muss alle Eigenschaften in sich vereinen, er muss an Kraft, Muth, Schlauheit und Erfahrung allen voran sein. Der Höhe der Verantwortung entspricht auch die Grösse der Anerkennung durch die Andern und das Maass des Stolzes auf Seite des Führers. Der glückliche Kriegsführer ist der Gegenstand ganz besonderer Achtung und Verehrung für das Volk, aber wir sehen in all' dem noch immer nicht die Brücke, die von der Führerschaft zur Herrschaft hinüberleitet.

Spencer lässt die Herrschaft einfach dadurch entstehen, dass der Kriegsführer sein Recht des Befehles auch auf die Friedenszeit ausdehnt. Allein, wie macht er das und zu welchem Zwecke? Wir haben an dem Beispiele der Apachen gesehen (S. 66 f.), dass, wenn es einem Kriegshäuptling einfallen sollte, sein Commando über den Krieg hinaus zu verlängern, sofort die rivalisirenden Friedensführer (Sachems) da sind, welche das zu verhindern wissen. Es muss zugegeben werden, dass in der Mehrzahl der Fälle der Kriegsführer eine grössere Chance hat, seine gouvernementale Rolle in ein Herrschaftsverhältniss umzuwandeln. Allein es ist auch der Fall keineswegs selten, wo ein anderer Factor dem Kriegsführer erfolgreiche Concurrenz machte und den letzteren an zweite Stelle schob. Und diese Erscheinung tritt nicht etwa nur bei durchaus friedlichen Stämmen auf, sondern bei ausgesprochen streitbaren und streitlustigen Völkern; wir finden diese Erscheinung bei gewissen melanesischen und mikronesischen Völkern und fast bei allen polynesischen Stämmen (Maori, Hawai, Markesas), wir treffen sie in Japan wieder (Mikado und Taikun) und finden Anklänge auch bei den alten Israeliten (Moses, Aaron). Und beweist nicht der Kampf zwischen weltlichem und geistlichem Schwert im Mittelalter, dass die Usurpation der Herrschaft nicht so anstandslos vor sich ging. Die Horden und Stammesgenossen mussten sich zu diesem Zwecke ja auch unterwerfen, und man sieht nicht ein, warum sie dies freiwillig gethan hätten. Von den Herero, einem sehr kampflustigen Hirtenvolke Afrikas hören wir, dass, wenn der

Häuptling den Versuch macht, seiner Autorität Geltung zu verschaffen, die von der Strafe Bedrohten einfach zu einem anderen Häuptling ziehen[1]). Man erinnert sich dabei an die noch nomadisirenden Israeliten, welche, sobald Jehovah an sie zu viele Ansprüche stellte, gleich zu einem anderen Gotte beteten, ähnlich unseren Kindern, die, wenn sie von einer Person gezüchtigt werden, derselben sofort ihrer Sympathie entziehen, und sie ostentativ auf eine andere Person übertragen. Aehnlich machten es die kindlichen Naturmenschen; sie räumten vielleicht dem glücklichen Kriegsführer freiwillig eine gewisse Achtungsrolle ein, eine Rolle, wie sie etwa der Avunculus im Mutterhause besitzt, aber ihrer Rechte begaben sie sich nicht und, um sie zu unterjochen, dazu reichte wenigstens die persönliche Gewalt, d. h. zunächst die physische Kraft des Einzelnen nicht aus.

Zwischen der Führerschaft und der Herrschaft klafft also eine Lücke, welche nur durch die Antwort auf die Frage ausgefüllt werden kann: warum unterwarfen sich alle Uebrigen Einem, und wodurch unterwarf der Eine sich Alle und zu welchem Zwecke?

Vor Allem muss man sich klar darüber sein, dass der Unterschied zwischen Führung und Herrschaft nicht allein darin liegt, dass erstere vorübergehend und fallweise, letztere aber dauernd ist. Das gouvernementale Recht macht keineswegs das Wesen der Herrschaft aus, ja die gesammte moderne Staatsentwicklung geht sogar dahin, die gouvernementale Macht von der Herrschaft soweit als möglich zu reinigen, ein Beweis, dass beide nicht identisch sind. Herrschaft ist überall dort gegeben, wo Einer mehrere Personen (oder eine Minderheit die Mehrheit) zwingt, ihm die Mittel der leiblichen Existenz zu schaffen, dafür aber die Anderen selbst in den Voraussetzungen ihrer leiblichen Existenz ganz von sich abhängig macht. Oder mit anderen Worten, Herrschaft ist da, wenn Einer den oder die Anderen für sich arbeiten lässt, und ihnen von dem Product ihrer Arbeit nur soviel lässt, als sie unbedingt für die Erhaltung ihres Lebens brauchen, damit sie weiter für ihn arbeiten. Dem Begriff der Herrschaft (dominium) steht überall die Dienstbarkeit (servitus) gegenüber, und die Dienstbarkeit ist überall, ob wir nun die Sclavenwirthschaft oder das feudale Verhältnis der Grundunterthänigkeit, oder die Zustände der sogenannten dienenden Classe von heute vor Augen haben,

---

[1]) Ratzel a. a. O. Bd. I S. 342.

[2]) Nach Gumplowicz wird die „Herrschaft immer von einer Minorität über eine Majorität geübt“. (Grundr. S. 115. und „Racenkampf“ S. 219.)

ursprünglich nichts als ein Verhältniss wirthschaftlicher Abhängigkeit[1]). Erst diese wirthschaftliche Abhängigkeit hat auch die Beschränkung der Willensfreiheit, die Einschränkung der persönlichen oder socialen Freiheit, den Verlust politischer Rechte zur Folge. Die Herrschaft hat wenigstens für den Sociologen sowohl eine privatrechtliche, als eine öffentlichrechtliche Seite, und sie hat auch thatsächlich zwei Ursprungswurzeln, von denen die eine im privaten, die andere im collectiven Leben hängt.

Dass die Herrschaft eines Einzigen über Viele oder Alle, oder einer Minderheit über eine Mehrheit nicht aus dem Leben der isolirt gedachten Horde heraus sich entwickeln konnte, leuchtet ein, denn nie würde die persönliche Kraft und Macht eines Einzelnen hingereicht haben, auch nur Einen anderen zu unterjochen, d. h. wie sein Eigenthum zu halten. Um dies zu ermöglichen, musste eine andere sociale Gruppe in Rechnung kommen. Ein Mitglied einer anderen Gruppe, das aus seinem Schutzbereiche und Gleichenkreise losgerissen war, konnte unterjocht, beherrscht werden, und zwar, ohne dass die eigenen Genossen sich unmittelbar benachtheiligt sahen, zumal in dieser Beziehung allen ja das gleiche Recht zustand. Ebenso war es möglich, dass eine ganze Gruppe von der

---

[1]) Verwirrt wurde der Begriff „Herrschaft" eigentlich von den Staatsrechtslehrern, die ihn mit allen erdenklichen anderen Begriffen verwechselten oder reine Zweckdistinctionen für materielle Gegensätze hielten. Bei Bluntschli herrscht diesbezüglich ein wahres Chaos. Das eine Mal (Der moderne Staat Bd. I, 279) unterscheidet er z. B. die Gebietshoheit des Staates (imperium) von dem Eigenthum des Staates (dominium), das andere Mal (ib. 73) identificirt er obrigkeitliche Gewalt und Herrschaft, und ein drittes Mal (S. 350) spricht er von der Herrschaft der Obrigkeit. Was ist da Obrigkeit, was Herrschaft, was Imperium, was Dominium? Die Juristen haben unter der Herrschaft und seinem Corrolar, der Dienstbarkeit nie etwas Anderes als ein dingliches Recht an einer fremden Sache verstanden, kraftdessen eine Person entweder die fremde Sache für sich in irgend einer Richtung zu benützen oder die Benutzung einer Sache in irgend einer Richtung dem Eigenthümer zu verbieten berechtigt ist. Dieses Recht kann soweit gehen, dass es das Eigenthumsrecht an der fremden Sache vollkommen aufsaugt. Es ist also juristisch kein principieller Unterschied, ob die Herrschaft eine vollständige oder eine partielle ist, so wie es keinen Unterschied ausmacht, ob dieses Recht auch auf Personen oder nur auf Sachen geht. Wie wenig praktische Bedeutung die letztere Unterscheidung hat, zeigt sich an der geringen Verbesseruug der socialen und politischen Lage des bäuerlichen Standes, als das Verhältniss der Grundherrschaft von den Personen auf den Grund verlegt wurde und man statt von herrschenden und dienenden Personen nur noch vom herrschenden und dienenden Grunde sprach (Zenker, Die Wiener Revolution 1848).

anderen nach dem einfachsten Naturrechte, nach dem Rechte, das sich der Stärkere nimmt, unterjocht und beherrscht werde. Da haben wir also die doppelte Wurzel der Herrschaft der privaten und persönlichen und der politischen Herrschaft. Geschichte und Völkerkunde sind voll von ungezählten Beispielen für beide. Wir wollen zunächst die älteste Form der Herrschaft betrachten, die Herrschaft eines Einzelnen über eine oder mehrere andere Personen.

II.

Die älteste Form der Herrschaft ist die des Mannes über das Weib und durch das Weib über deren Kinder, d. h. die älteste Form der Herrschaft ist die des pater familias über seine Familie. Wir haben schon einmal (S. 36 f.) hervorgehoben, dass die Familie kein reines Verwandtschaftsverhältnis ist; der Ursprung der Familie ist aber überhaupt nicht in dem sexuellen Verhältnisse zu suchen und hat mit Verwandtschaft überhaupt nichts zu thun. Das Weib der Familie ist nicht das Weib des Mutterhauses, es ist das Eigenthum des Mannes, mit dem er nach Willkür verfahren kann, das er verkauft, vertauscht, an Gäste zu deren Ergötzung verleiht, das er tödten kann und nur deshalb nicht tödtet, weil es als Arbeitsthier und Kindererzeugungsmaschine für ihn ein höherer Werthgegenstand ist. Man hat sich früher, und zum Theil auch noch jetzt unendlich viele unnütze Mühe gegeben, zu erklären, wie neben dem Mutterrechte eine solche Unterjochung des Weibes möglich war. Diese Schwierigkeit entstand aber immer daraus, dass man das geschlechtliche Paar als Basis der Familie angenommen hat.

Es ist einfach absurd dieses Verhältnis aus dem sexuellen Verkehr ableiten zu wollen. Es ist gar nicht einzusehen, warum der Mann, dem alle Weiber der Gruppe zur Verfügung standen, jetzt eines oder das andere hätte besitzen wollen. Alle anderen Männer hätten energisch dagegen protestirt und vor allem der Bruder des Weibes, der avunculus, hätte sich dies unter keinerlei Umständen gefallen lassen. Der Preis dieses Weibes wäre der Kampf mit dem ganzen Stamm gewesen, und wofür hätte der Mann diesen unaufbringlichen Preis zahlen sollen? Für den Genuss eines Leibes, den er bei der nächsten besten Gelegenheit einem Gastfreunde selbst zur freien Verfügung stellte? Wenn auch die Promiscuität der Horde minder fest bewiesen wäre als sie ist, so würde doch noch immer das geringe Gewicht, welches die meisten Naturvölker auf voreheliche Keuschheit und eheliche Treue legen [1]), sowie vor allem die weitverbreitete Thatsache der gastlichen Prostitution, des Frauenborges und Frauentausches es ganz ausschliessen, dass irgend etwas ähnliches, wie Liebe zum Weibe die Gründung eines gemeinsamen Heerdes veranlasst habe. Dieser Wunsch nach dem ausschliesslichen dauernden Besitz eines geliebten Weibes ist nicht nur allen Naturvölkern, sondern im Grossen und Ganzen auch dem civilisirten Alterthume fremd, und der Gedanke der ehelichen Treue ist eine so junge und, setzen wir hinzu, selbst heute noch so wenig gefestigte sittliche Errungenschaft der Civilisation, dass es Wahnwitz wäre, ihn an der Wiege der socialen Einrichtungen zu suchen.

Es muss als unbestreitbare Thatsache gelten, dass das Familienweib nicht der eigenen Horde, somit also auch nicht dem Kreise der Blutsverwandten angehörte, und dass das Familienweib nicht der Gegenstand der geschlechtlichen Liebe war. Sie war das erbeutete, sie war das geraubte, sie war das gekaufte Weib, des Mannes Eigenthum, seine Sclavin.

Die Kriegsbeute ist Eigenthum dessen, der sie gemacht hat. Nach derselben Logik, nach welcher der Speer, den sich Jemand selbst gefertigt, dessen Eigenthum ist, wird auch der Speer, den er dem von ihm erschlagenen Gegner abgenommen, sein Eigenthum. Der Sieger isst das Herz des von ihm erschlagenen Feindes, um seinen Muth zu erben, er isst dessen Augen, um sein Gesicht zu bekommen, er nimmt sich den Scalp des Besiegten als Trophäe und Zeichen seiner Tapferkeit, und Waffen und Schmuck des Gegners führt fortan er. Die werthvollste Beute

---

[1]) Wenn auf den Palau-Inseln und Carolinen ein Mädchen 10 bis 12 Jahre alt ist und noch keinen Mann hat, geht sie als Dirne, bis sich ein Ehemann gefunden hat. Aehnlich ist es in Japan. Bei den Urstämmen der Osthymalayaländer ist vor der Ehe der Umgang der Geschlechter frei; bei den Wotjäken gilt es für ein Mädchen als Ehre möglichst viele Kinder gehabt zu haben. Bei manchen Indianerstämmen obliegt es sogar dem Zauberer, die in die Ehe tretenden Mädchen zu defloriren. Diese Erscheinung erinnert an die sogenannte Tempelprostitution, zu welchen meist Jungfrauen verwendet wurden; dieselbe ist bei den semitischen Völkern (Astarothkultus), Aegyptern und Griechen verbürgt, sie findet sich in allen Zonen und Breiten von den Aleuten des Nordens bis zu den Dajaken Borneos (vgl. Reclus, Primitive Folk p. 68f). Eine ähnliche, gleich der priesterlichen Prostitution auf frühere Polyandrie zurückgehende Erscheinung ist der schon von Diodor auf den Balearen beobachtete Hetärismus der Brautnacht (Bachofen), wobei die Braut am Hochzeitstage allen Gästen prostituirt wird; derselbe Brauch herrscht in Peru, auf Cuba, Corsika, in Victoria, in Thrakien, in Afrika u. s. w.

ist aber der Mensch selbst. Der streitbare Mann wird erschlagen, denn was sollte man anderes mit ihm anfangen? Auch die Alten werden getödtet; selb st wenn der Mensch mildherziger wäre, als er ist, das harte Leben des Naturzustandes würde es einfach nicht erlauben, dass man sich blose Zehrer in das Haus setze. Die kräftigen arbeitsfähigen Weiber aber und ihre Kinder werden von den Siegern mitgeführt in deren Heimath, und hier von dem glücklichen Eigenthümer genutzt, wie es eben die Umstände erfordern: die Last der häuslichen Arbeit, die Bestellung der Felder, wenn man solche hat, das Herbeischaffen von Wasser aus den oft entfernt liegenden Brunnen, das Melken der Herdenthiere, all' das und noch mehr bildet ein reiches Feld der Arbeit für die häusliche Sclavin. Wir haben gesehen, dass auch die freie und gleichberechtigte Hordenfrau dieselben Arbeiten verrichtete, allein sie that es für die ganze Gruppe der Blutsverwandten, für ihren Kreis, für das Mutterhaus. Das im Kriege erbeutete Weib arbeitet für seinen Herrn, für den Mann, der bisher im Kreise seiner Blutverwandten nur ein Gleicher unter Gleichen gewesen, oft sogar eine sehr untergeordnete Rolle gespielt hatte. Mit der Erwerbung eines Sclavenweibes bildet sich ein Kreis, der für ihn und nur für ihn arbeitet, in dessen Mitte er steht, in dem er unbedingter Herr, Alleinberechtigter, Alleinbesitzer, Allbesitzer ist, die Familie. Die Familie ist der älteste Wirthschaftskörper, der geschaffen wurde, sie ist eine sociale Institution, welche auf dem erkannten Werth der Arbeit beruht. Ein Verwandtenkreis ist die Familie nicht, denn das Haupt derselben, der pater familias, ist mit den übrigen Gliedern nach mutterrechtlichen Anschauungen nicht verwandt. Das Mutterhaus ist ein Kreis, der mit Banden der Natur umschlungen ist und durch die Geister, die im Blute walten, geheiligt, zu einem Gegenstande religiöser Verehrung erhoben wird. Die Familie ist etwas Erworbenes, Gewordenes auch für die Erkenntnis des einfachsten Menschen.

Zunächst ist die Familie noch eine zufällige Erscheinung von geringer Dauer. Wenn auch der Krieg im Leben der Naturvölker vielleicht einen grösseren Raum einnimmt, als bei den Culturvölkern — was indes erst zu beweisen wäre — immer wird doch nicht gestritten, und noch weniger häufig kommt es so weit, dass geplündert und geraubt wird. Der Vortheil, den der Besitz eines Eigenweibes bringt, dürfte aber sehr bald auch jenen eingeleuchtet haben, die sich eines solches noch nicht erfreuten, und das Verlangen, sich in einen solchen Besitz zu setzen, dürfte bald ein allgemeineres geworden sein. Besonders bei den Viehzucht treibenden Völkern, wo das individuelle Eigenthum und der Heerdenbesitz bald Fortschritte machte und die Pflege, das Tränken, Weiden, Melken der Thiere u. s. w. viele Menschen beschäftigt, dürfte sich der Nutzen einer Familie bald eindringlich genug fühlbar gemacht haben. Es wird also wohl kaum irgendwo lange gewährt haben, bis man das, was der Krieg blos zufällig gab, absichtlich herbeiführte, bis man die Frau raubte.

Der Frauenraub ist eine so weit über die Länder verbreitete Sitte, dass es füglich überflüssig ist, für das Vorkommen desselben noch Beispiele anzuführen. Vor allem lässt sich kein Hirtenvolk, und kein Volk, dass ehemals Viehzucht getrieben hat, finden, bei welchem nicht der Frauenraub herrschte oder doch Spuren ehemaligen Frauenraubes aufweisbar wären (Arier, Semiten, Mongolen). Ueberall, wo aber Frauenraub herrscht, ist das Weib das Eigenthum des Mannes, die Sclavin des Herren, des pater familias. Die „Raubehe“ ist die charakteristische Form, welche der Familie zu Grunde liegt. Im weiteren Verlaufe der Entwicklung hat auch diese Form ihre Wandlungen durchgemacht. An die Stelle der nackten Gewalt ist das friedliche Uebereinkommen getreten, an die Stelle des Raubes, der Kauf oft mit blos fingirtem Raub, oder die Abdienung des Kaufpreises für das Weib bei dem Vater desselben. „Kaufehe“ und „Dienstehe“ gehören späteren Zeiten, der Aera des entwickelten Patriarchates an, allein im Grunde sind sie doch Eins mit der frühesten Form der Eheschliessung: das erbeutete, das geraubte, das gekaufte, das erdiente Weib ist ein erworbenes Gut, ein angeeignetes Gut, und daher das Eigenweib, die Sclavin; der Mann ist ihr Beherrscher. In einer dieser Formen wird bei den Naturvölkern, und wurde auch bei allen Culturvölkern des Alterthums die Familie immer begründet. Das „Ehejoch“ war der Weg in die Familie, durch das jugum ging das Weib in das conjugium.

Ein anderes Mittel der Familie ihren zufälligen und vorübergehenden Charakter zu nehmen, war die Erziehung der Kinder, man darf füglich sagen die Zucht der Kinder. Der Anschauungkreis der Heerdenhalter dürfte hierbei von nicht geringem Einfluss gewesen sein. Lag der Werth der Familie in der Arbeitskraft, so war dieser Werth um so grösser; je mehr Arme da waren, die sich rührten und regten. Bei der Neigung des Herdenbesitzes zum raschen Wachsthum, war die Zahl der Arbeiter aufs Innigste mit der Möglichkeit des Wirthschaftsbetriebes verquickt. Beide Factoren, Viehbesitz und Menschenbesitz bildeten ein Ganzes, die

Kinder bildeten keinen geringeren und keinen grösseren Stolz, als die Rinder; die homerischen Heldenkönige rühmen sich ganz in gleichem Masse ihres Rinder- wie ihres Kinderreichthums, und in der Bibel sind immer Weib und Kind auf einer Stufe mit dem Heerdenbesitz gestellt[1]). Dieser Hirtenanschauung entspringen wohl auch ganz natürlich all' die Vergleiche der Volkspoesie, nach welcher der Vater (und später der König, also jedenfalls der Herrscher) als Hirte, die von ihm Beherrschten, aber als seine Heerde bezeichnet werden. Es ist allgemein bekannt, wie hoch Naturmenschen den reichen Kindersegen veranschlagen, aber diese Werthschätzung ist frei von alledem, was wir ideale Beweggründe nennen würden. Die Vaterliebe besteht so wenig, wie in der thierischen Gesellschaft. Der Wunsch zielt nicht auf die Nähe geliebter Kinder, sondern auf den Besitz möglichst vieler, ihm eigener Menschen ab.

Das biologische Moment der Vaterschaft und Kindschaft spielt keine Rolle: darauf, dass der Familienvater auch der wirkliche Vater, der Erzeuger der Kinder sei, kommt nichts an; die Kinder kommen durch die Mutter in die Familie, vielleicht schon aus einer früheren Ehe; wer die Mutter besitzt, besitzt auch die Kinder (pater est, quem nuptiae demonstrant) und es kommt nur auf den Vater an, ob er diese Kinder in die Familie aufnehmen, in Besitz nehmen will. Also nicht die Thatsache der Zeugung, sondern die Aufhebung (sublatio) ist entscheidend für die Aufnahme in die Familie. Der Vater hat auch das Recht ein Kind, welches wirklich von ihm gezeugt ist, von sich zu weisen, nicht aufzuheben, dann wird es dem Tode übergeben. Andererseits nimmt der Vater auch Kinder, die ein anderer Mann — vielleicht sogar mit Vorwissen des Vaters — mit dem Familienweibe gezeugt hat, ohne Bedenken in die Familie auf, ja er kann selbst ganz fremde Personen durch die Sublatio dem Familienverband einverleiben (Adoption).

Diese Thatsachen[2]), welche, wie allgemein bekannt, der patriarchalen Familie überall und zu allen Zeiten — ob wir es nun mit afrikanischen Naturstämmen oder mit den antiken Culturvölkern zu thun

---

[1]) „Lass dich nicht gelüsten Deines Nächsten Hauses: Lass dich nicht gelüsten deines Nächsten Weibes, noch seines Knechtes, noch seiner Magd, noch seines Ochsen, noch seines Esels, noch Alles, das dein Nächster hat.“ 2. Mose 20. 17. Ebenso 5. Mose 5. 11.

[2]) Vollkommen erschöpfend und zutreffend sind dieselben behandelt durch Dargun a. a. O. S. 117 und bei Achelis a. a. O. in den Kapiteln „Raubehe“ und „Kaufehe“.

haben — zu Grunde liegen, bilden einen mehr als hinreichenden Beweis dafür, dass ebenso wenig bei den Menschen, wie bei den Thieren es die Liebe zu Weib und Kind war, die den Mann in die dauernde Hausgemeinschaft geführt hat, sondern, dass die Familie nichts als eine Arbeitsgemeinschaft auf herrschaftlicher Grundlage war, und dass ihr zunächst erkannter Zweck, die Erwerbung der Kinder war. An dieser Auffassung der Familie vermochte selbst die Cultur die allerlängste Zeit nichts zu ändern, und die fortschreitende Entwickelung und Verfeinerung der menschlichen Gefühle, der Umstand, dass mit der Zeit die Kinder in der Regel thatsächlich die des Familienvaters waren, das Aufkommen der Vaterverwandtschaft und die Umwandlung des reinen Gewaltverhältnisses in ein Rechtsverhältniss, haben der Familie ihren ursprünglichen, rein wirthschaftlichen Charakter nicht zu nehmen vermocht. Als später die Raubehe zur Kaufehe geworden, galt der Kaufpreis nicht blos für die Mutter, sondern mehr noch für die erwarteten Kinder „das Ankaufen der eigenen Kinder durch den Vater ist bei den Kimbundas, Makololo, Fantis und Sothonegern üblich. Bei den Fanti gilt der Brautpreis zugleich als Kaufpreis für die künftigen Kinder. Bei den Duallanegern verlangt der Ehemann Rückstellung des Brautpreises im Falle der Kinderlosigkeit, denn der Preis wird der Kinder wegen bezahlt. Bei Nichtbezahlung des Brautpreises bleiben die Kinder der Makololo in der Gewalt des mütterlichen Grossvaters, diejenigen der Kimbundas in der Gewalt des Mutterbruders. In Unyoro kann allmähliche Zahlung des Brautpreises stattfinden. Bis zur völligen Zahlung gehören aber die Kinder dem Vater der Frau, und müssen jedes mit einem Ochsen ausgelöst werden. In den Gallareichen ist der Gatte verpflichtet, dem Vater der Frau ein Kalb oder einen Ochsen bei Geburt des ersten Sohnes darzubringen“. (Dargun.) Bei den Zulukaffern muss für eine besonders fruchtbare Frau sogar noch eine Nachzahlung geleistet werden; umgekehrt verlangt der Mann, wenn sein Weib schwach und kinderlos ist, eine Entschädigung von ihrem früheren Eigenthümer; Rückgabe des Brautpreises bei Unfruchtbarkeit, wird bei den Bongo, auch bei den Kamerunnegern gefordert. Auch die sogenannten Probeheiraten gehören in diese Kategorie von Erscheinungen, indem bei vielen Völkern die Ehe als Vertrag erst definitiv wird, wenn sich die Fruchtbarkeit herausgestellt hat [1]).

[1]) Auf Hawai heisst die Ehe Hoao-Versuch. Probeheiraten und nachträgliche definitive Ehen kommen vor am unteren Kongo, bei den Polynesiern, bei den Badagas Indiens, u. s. w.

Alle diese Thatsachen, die sich noch beliebig aus der Geschichte der civilisirten Völker vermehren liessen, sind Zeugen dafür, dass die Familie nichts als eine auf den Kindererwerb gerichtete Institution war, und wir werden noch sehen, dass der Naturmensch diesen Erwerb sogar sehr rationell und einsichtig zu betreiben verstand.

Wenn wir also die alte Hordenehe mit der Familienehe vergleichen wollen, so ergeben sich folgende wesentliche Unterschiede: die Hordenehe beruht lediglich auf der geschlechtlichen Paarung, die Familienehe ist ein reines Besitzverhältniss, zu welchem der geschlechtliche Verkehr erst später als Accidenz hinzutritt; die Hordenehe ist promiscue oder polyandrisch, die Familienehe polygyn oder monogyn; die Hordenehe kann nur zwischen Angehörigen derselben Gruppe, also somit auch nur unter Verwandten stattfinden, die Familienehe kann ursprünglich nur zwischen Personen verschiedenen Blutes stattfinden. Die sogenannte Exogamie, auf deren Erklärung man so viele Mühe und Geist verschwendete, ist ursprünglich nichts als eine nothwendige Begleiterscheinung des Frauenraubes; thatsächlich findet sich die Exogamie auch nur dort, wo Frauenraub herrschte oder herrscht. In sehr vielen Fällen überlebte freilich erstere den letzteren, und wurde als ein Gebot angesehen, das für den Menschen selbst ein Räthsel geworden war, für dessen Lösung der Schlüssel fehlte. Im Allgemeinen haben auch die Ethnographen und Sociologen neuester Zeit den rein symptomatischen Charakter der Exogamie allzu wenig erkannt und diese selbst viel zu sehr überschätzt.

Die Familie schloss die mütterliche Verwandtschaftsgruppe nicht nur nicht aus, im Anfange bestanden beide Formen der Ehe, die alte Hordenehe und die neue Familienehe noch nebeneinander, als zwei Dinge, die mit einander eigentlich nichts zu thun hatten.

Bei den Apachen besteht nach der Aussage der Einen, keine Ehe, die Menschen paaren sich nach Gefallen, es herrscht Promiscuität; andere Berichterstatter wissen zu erzählen, dass auf die eheliche Treue grosses Gewicht gelegt wird, dass Ehebruch eine Beleidigung ist, die nur durch Blut hinweggetilgt werden kann. Beides ist richtig, nur herrscht Promiscuität unter den Hordenfrauen und Männern, während das im Kriege erbeutete Weib Eigenfrau des sie Erbeutenden wird. Der Führer der Bande hat nach der Rückkehr vom Beutezuge das Recht, eine von den Gefangenen sich als spolia opima auszuwählen. Wenn er ihr ein Tuch in das Haar schlingt, wird sie „des Kapitäns Antheil"; Niemand darf sie ohne Erlaubniss berühren, und wenn er sich mit ihr vermählen will für längere Zeit, zerbricht er über ihrem Haupte einen Pfeil. Durch diesen Act hört sie auf, eine Person zu sein, sie wird die Habe des Siegers[1]). Es ist gewiss kein Zufall, dass sich diese Erscheinung gerade bei einem Volke findet, bei dem, wie wir gezeigt, eine andere Form des Herrschaftsbegriffes überhaupt noch nicht existirt.

Bei den Nairs herrschen polyandrische Mutterfamilie und Männerfamilie nebeneinander. Die gewöhnliche Form der Ehe unter gleichberechtigten Volksmitgliedern ist die, dass jeder Mann mit jedem Weibe frei verkehren kann. Die Ehe ist blos die feierliche Initiation des Mädchens in ihren Beruf als genetrix; sie wird dadurch nicht nur nicht gebunden, sondern als Freie der Gesellschaft einverleibt. Sie lebt bei ihrer Mutter weiter mit ihren Kindern. Söhne können entweder diesen Aufenthalt theilen oder sich ein eigenes Haus begründen mit ihrer Lieblingsschwester. Falls er ein „Weib“ nimmt, so nimmt diese im Hause nur eine zweite Stellung ein und ist in Allem der Mannesschwester untergeordnet. Dies erinnert am nächsten an dem Sprachgebrauch der Tschippewäer, welche zwei Namen für Frau, u. z. schdezeh, d. i. schwesterliche Gattin, und scha, d. i. fremde Sclavin, haben[2]). Hier tritt die Doppelform der freien, dem Mutterrechte folgenden Hordenehe, und der auf Unfreiheit des Weibes beruhenden Mannesfamilie nebeneinander in grellem Gegensatze auf. Eheliche Liebe ist dem Nair nicht bekannt, nur die Liebe zur Schwester.

Bei den Bataks auf Sumatra gibt es neben einer Eheform, in welcher der Mann durch Kauf Herr der Frau und der Kinder wird, eine andere Form, bei welcher der Mann in das Haus der Frau heirathet und die Kinder der Mutter angehören[3]).

Von einem malaischen Stamme des indonesischen Gebietes wird berichtet, dass die Männer für gewöhnlich aus ihrem Gemeindeverband in den der Frau zu heirathen pflegen, wobei die Kinder der Mutter zugehören. Mitunter rauben aber auch die Männer Mädchen und bringen sie in ihr Dorf, worauf die Kinder dem Manne angehören. Riedel[4]) weiss von einem anderen Inselstamme zu erzählen, wo Polyandrie und Mutterrecht herrscht. Die im Krieg erbeuteten Weiber werden aber als Eigenthum der Männer angesehen, und die mit ihnen erzeugten Kinder folgen dem Vater.

---

[1]) Reclus a. a. O. p. 130.

[2]) Mucke a. a. O. S. 125.

[3]) Dargun a. a. O. S. 123.

[4]) Beide Beispiele ebend. S. 119 f.

Bei den Stämmen des östlichen Innernafrika hat nach Macdonald[1]), jeder Mann eine freie Frau, während die übrigen Sclavinnen sind; jene führt die Aufsicht über das Haus und über die Arbeit der anderen.

Bei den Australiern herrscht ausser der exogamen Ehe, die ausschliesslich den Besitz einer Sclavin, eines Heerdenthieres zum Zwecke hat, weitgehende Promiscuität. Im Schosse der Horde verkehren die Mädchen vom 6., die Knaben vom 13. oder 14. Jahre an, vollkommen frei untereinander[2]). Das Sclavenweib darf dagegen nur auf Befehl des Mannes mit einem anderen Manne geschlechtlich verkehren.

Es darf als überflüssig angesehen werden, hier alle jene Fälle aufzuzählen, wo neben Polygamie noch Polyandrie herrscht. In allen diesen Fällen darf man ein ähnliches Nebeneinanderbestehen der alten geschlechtlichen Urvereinigungen und der neueren Familienehe erblicken, und wenn uns über dieses Verhältniss nicht häufigere und detaillirtere Berichte vorliegen, so ist der Grund in der geringen sociologischen, oft auch nur culturhistorischen Bildung der Reisenden zu suchen.

Im Uebrigen bestätigen auch eine Reihe von Ueberlebungsformen in unzweideutiger Weise die Thatsache, dass die beiden Gesellschaftsformen, Geschlechtsehe und Familienehe eine ganze Zeit hindurch unabhängig nebeneinander bestanden. Hierher gehört vor Allem die bevorzugte sociale Stellung, welche die Hetären[3]) gegenüber dem verachteten Familienweibe genossen, und die bei so vielen Naturvölkern und auch älteren Kulturvölkern vorkommende Existenz einer Oberfrau oder Grossfrau[4]), welche gegenüber den übrigen Frauen der polygynen Familie eine bevorrechtete Stelle geniesst. Wie diese Oberfrau entstanden ist, sieht man deutlich aus dem Beispiele der Juden, wo die Grossfrau vom selben Blut und Stamme ist, die Nebenfrau dagegen die Sclavin, die „Fremde“ ist.

Es ist kein Zweifel, dass die alte promiscue oder doch polyandrische Muttergesellschaft und die Familie, so wenig sie ursprünglich mit ein-

---

[1]) Mucke a. a. O. S. 124.

[2]) Letourneau Sociologie p. 328f.

[3]) In Griechenland war die Hetäre überhaupt das einzige gesellschaftsbürtige Weib, während die Frau des Hauses in orientalischer Zurückgezogenheit und Unterthänigkeit lebte. Auf den Palau- und Carolineninseln ist es überhaupt nicht fair, wenn sich der Mann in Begleitung seines Eheweibes sehen lässt; dagegen erscheint er in Gesellschaft ungenirt an der Seite seiner Maitresse. Auf Tahiti nennen sich die Buhlerinnen „Tedua“, ein Titel, der eigentlich nur Frauen königlichen Stammes zukommt u. s. w.

[4]) Ober- oder Grossfrauen kennt man bei den Betschuanen, Damara, Zulu, Ovambo, Algonquins, Aleuten, Patagoniern, Chinesen.

ander zu thun hatten, doch in einem gewissen Sinne concurrirende Formen waren, die zwar eine Zeit nebeneinander existiren konnten, ja sich sogar bis zu einer gewissen Grenze ergänzten und förderten, nichtsdestoweniger aber das Bestreben hatten, sich gegenseitig auszuschliessen. Die Familie, als ein auf Besitz und Herrschaft aufgebautes Verhältniss, musste das Bestreben zeigen, sich auszudehnen, nach dem natürlichen Grundsatze, dass die Begehrlichkeit des Menschen wächst mit der Befriedigung des Reizes. Zudem machte das rasche Anwachsen des Heerdenbesitzes und das kriegerische Leben, welches mit zahlreichen Verlusten an Menschenleben verbunden war, einen entsprechend raschen Nachwuchs immer wünschenswerther. Die Ehen sind aber keineswegs so fruchtbar, und die Sterblichkeit der Kinder in den ersten Jahren ist enorm[1]). Die lange Säugezeit, die zwei und oft bis fünf Jahre dauert, schliesst allein schon das oftmalige Gebären aus; die allzufrüh nach Eintritt der Geschlechtsreife erfolgende Empfängniss hat nicht nur die Folge, dass die Frauen auch allzufrüh wieder die Fähigkeit zu gebären verlieren, es wird dadurch auch die Wahrscheinlichkeit auf Erhaltung des Nachwuchses herabgemindert[2]). Dazu kommen endlich die Strapazen des Naturlebens, die Unreinlichkeit und Unregelmässigkeit desselben, die leichte Möglichkeit die Leibesfrucht zu verlieren, und die grossen Gefahren für das Leben der Gebärenden selbst. Mehr als drei überlebende Kinder sind also im Naturzustande aus einer Ehe auch unter günstigen Umständen normaler Weise kaum zu erwarten.

---

[1]) Grey fertigte eine Liste der Zahl der Geburten von 41 australischen Frauen an; diese hatten zusammen 188 Kinder, also jede 4—6 gehabt. Die höchste Zahl, die nur bei drei Frauen vorkam, betrug 7 Kinder, und mit einer einzigen Ausnahme hatte eine Jede mehr als 1 Kind geboren. Die Ehen in China und Japan gelten als sehr kinderreich; dennoch hören wir, dass in japanischen Bauernfamilien die Zahl von 2—3 Kindern gewöhnlich sein soll (Ratzel III. 596). Bei den Eskimos wird selten eine Ehe mit mehr als 3 Kindern getroffen; als Regel gilt eine Geburt.

[2]) Der verdiente Statistiker J. Körösi hat für Budapest Beobachtungen über „Eheliche Fruchtbarkeit und Kindererhaltung“ (vgl. „Neue freie Presse“ v. 28. Dez. 1892) angestellt. Es wurden daselbst in je 100 Ehen (die 30 Jahre und länger gewährt, also weiter keine Hoffnung auf fernere Vermehrung rechtfertigen) im Ganzen 539 Kinder geboren, von denen 241 starben, so dass die Zahl der erhaltenen Kinder 55·28 pCt. der Geborenen oder nicht genau drei Kinder auf eine rücksichtlich ihrer Fortpflanzungskraft vollkommen erschöpften Ehe beträgt. Bezüglich des Alters von Vater und Mutter hat Körösi festgestellt, dass dasselbe bis zu einer gewissen Grenze im umgekehrten Verhältnisse zur Mortalitätsziffer der Kinder steht. Es betrug die Anzahl der verstorbenen Kinder bei Müttern, die geheirathet hatten im Alter von 16 Jahren bei Katholiken 43 pCt., bei Israeliten 33 pCt.; im Alter

Dabei wurde bereits ein Mittel in Anschlag gebracht, welches weit davon entfernt die Population zu vermindern (wie man gewöhnlich glaubt), im Gegentheile die Population hebt, weil es die Erwartung des Ueberlebens festigt und die zum Leben bestimmten und befähigten Elemente auf Kosten der Lebensunfähigeren oder des Lebens nicht wert Befundenen schützt und fördert — der Kindermord [1]). Man müsste gut neun Zehntel der bekannten Natur- und Culturvölker aufzählen, wenn man Beispiele für das Vorkommen des Kindermordes citiren wollte. Er ist über alle Zeiten und über die ganze Erde verbreitet, wie eine blutige Kennmarke für den thierischen Ursprung des Menschen. Es mag immerhin bei einzelnen Völkern der Kindesmord seinen schwunghaften Betrieb der weiblichen Eitelkeit (Fidschi und Neuhebriden), der Rachsucht oder der Faulheit, Kinder aufzuziehen, verdanken. Die überwiegendste Mehrzahl der Beobachtungen ergab, dass der schonungslos und mit unerbittlicher Grausamkeit geübte Kindermord einem primitiven und mehr geahnten Malthusianismus seinen Ursprung verdankt, indem consequentermassen dem Tode hauptsächlich überzählige Mädchen [2]), eines oder beide Geschwister von

---

von 17 Jahren bei Katholiken 44 pCt., bei Israeliten 33 pCt.; im Alter von 18 Jahren bei Katholiken 42 pCt., bei Israeliten 32 pCt.; im Alter von 19 Jahren bei Katholiken 41 pCt., bei Israeliten 29 pCt.; im Alter von 20 Jahren bei Katholiken 40 pCt., bei Israeliten 26 pCt.). Dass aber auch die Männer nicht so bald nach erlangter Reife zur Ehe schreiten sollten, erhellt aus der ferneren Beobachtung, dass von solchen Kindern, deren Väter im 24. Jahre heiratheten, erst 32 pCt. gestorben waren, hingegen von 23 jährigen Vätern 37 pCt., von 20 jährigen schon 42 pCt. und von unter 20 jährigen sogar 44 pCt. Unter den 73000 Familien, die Körösi zum Zwecke seiner Untersuchung ausgewählt hat, fand er im Ganzen 1166 Geburten aus solchen Ehen, bei deren Abschluss die Mutter unter 18, der Vater unter 20 Jahren alt gewesen, und von diesen 1166 Kindern waren im Ganzen 533, also 46 pCt. verstorben. Dagegen gab es in diesen 73000 Familien nur 300 Mütter mit 15 und mehr Kindern.

[1]) Wir wollen hier nur einige Beispiele von der Ausdehnung geben, welche der Kindermord bei gewissen Völkern nimmt. Bei den Paraguay-Indianern zieht man in der Regel nur ein Kind auf, das, welches man für das Beste hält, alle Anderen werden hingeschlachtet. In Australien soll die Hälfte der Kinder, auf Tahiti sogar $^2/_3$ aller Kinder, getödtet worden sein.

[2]) Bei den Todas wird von den Mädchen nur eins am Leben gelassen. Auf Ceylon war 1821 nach einer Zählung in einem Districte die Zahl des weiblichen Geschlechtes in Folge des Kindermordes bis auf die Hälfte des männlichen herabgesunken. Besonders häufig ist der Mädchenmord bei den Polynesiern. Da Krieg, Gottesdienst, Fischfang und Schiffahrt als diejenigen Thätigkeiten angesehen wurden, für die es sich lohnt, Kinder zu erziehen, Mädchen sich dazu aber nicht eignen, wurden sie getödtet. Es kommt dort oft auf 4—5 Männer erst ein Weib. Cook fand 1774 auf den Osterinseln unter 700 Bewohnern sogar nicht mehr als 30 Weiber. Bei den

Zwillingen[1]), schwächliche, verkrüppelte und solche Kinder verfallen, welche auf die Welt kommen, ehe ihr älteres Geschwister entwöhnt ist oder laufen kann[2]). Man sieht, dass der Kindesmord eine ganz rationell geübte Zuchtwahl ist, für die der Mensch ein Beispiel an der Heerdenzucht hatte. Wie weit die Geschicklichkeit des Menschen auf dem Gebiete der künstlichen Zucht bei den Thieren auch auf primitivster Stufe schon gehen kann, beweist die Geschichte des Erzvaters Jacob in der heiligen Schrift. Wir sehen also wieder, wie die Grundlagen der Familie aufs Engste mit dem Leben und Denken der Hirtenvölker verknüpft sind; die Familie war im Grunde nichts, als eine rationelle Kinderzüchtung.

Dass in dem Calcul des Züchters die Zahl der Zuchtmütter eine grosse Rolle spielte, lässt sich denken; je mehr Frauen, desto mehr Aussicht auf reichen Kindersegen. Die Zahl der Frauen war und ist unter polygynen Verhältnissen der sicherste Maassstab des Reichthums, und Häuptlinge, Fürsten, Könige besassen Massenaufgebote von Weibern[3]), während sich der Arme mit wenigen oder nur mit einer Frau bescheiden musste. Polygynie und Monogamie bilden keine qualitativ verschiedenen Formen der Ehe. Sie sind einfach Folge, aber zugleich auch Ursache der verschiedenen wirthschaftlichen Stärke und Kraft. Ueberall, wo immer Polygynie herrscht, tritt daneben auch die Monogamie auf; die Polygynie ist gewissermassen nur facultativ; in Wirklichkeit bleibt sie das Vorrecht der Reichen, während die ärmeren Classen factisch monogam leben. In späteren Entwickelungsstadien wurde dann der Grundsatz dem factischen Verhältnisse entsprechend, umgekehrt so formulirt: die Monogamie ist obligatorisch, die Polygynie ein Vorrecht der Mächtigen und Reichen (Chinesen, Juden). Gerade diese Formulirung zeigt aber, wie die Monogamie

---

Hindu, besonders bei den Kschatrias, wurden vorwiegend Mädchen getödtet, ebenso in China und Japan. Bei den Kirgisen, und selbst bei den russischen Kalmücken gilt dasselbe. Bei Letzteren ist die Zahl des weiblichen Geschlechtes in sechs Jahren (1862—1869) von 53080 auf 51267 gesunken.

[1]) Bei den Malayen, Kaffern, den Australiern in Neuholland u. s. w. wird eines von den Zwillingskindern, bei den Hottentotten werden beide getödtet.

[2]) Bei den Narrinyeri (Australien) wird jedes Kind getödtet, welches geboren wird ehe sein Vergänger fähig ist zu gehen, da die Mutter nicht zwei Kinder auf einmal mit sich tragen kann, ferner werden getödtet alle missbildeten Kinder, eines von Zwillingen, oder alle beide. Auch bei den Spartanern wurden alle schwächlichen Kinder ausgesetzt.

[3]) Der König von Aschanti besitzt 3000, der Machthaber in Wydah zwischen 4000 und 5000, der König von Dahomé 3000 und König Mtesa in Uganda sogar 7000 Weiber.

sich von der Polygynie unterscheidet, und dass es durchaus nicht angeht, beide Formen von Anbeginn als etwas Verschiedenes anzusehen.

Das Bestreben, den Weiberbesitz so weit als möglich zu mehren, bildete innerhalb der Entwickelungsgeschichte der Familie selbst wieder eine Etappe von grösster Bedeutung. Dadurch, dass die Zahl der Mädchen und Weiber in Folge des Kindermordes wesentlich reducirt wurde und bei sinkendem Angebote die Nachfrage immer wuchs, steigerte sich einerseits natürlich der Werth des Weibes, andererseits war der Raub und Diebstahl der Weiber eine für die Dauer wohl unhaltbare Form des Frauenerwerbes. Er zog den ewigen Krieg der beiden Horden nach sich, und es dürfte sich sehr bald die Einsicht eingestellt haben, dass es besser sei, an die Stelle des ewigen Kriegens ein freundlich stilles Uebereinkommen zu setzen; statt dass die Horde A ihre Familienweiber bei der Horde B, und die Horde B aus Revanche ihre Weiber bei A raubte, wurde vereinbart, dass die eine Horde der andern friedlich und gegen Entgelt (Brautpreis) die Weiber überlasse. So wandelte sich, wie schon erwähnt, der Frauenraub in Frauenkauf um[1]).

Allein so einfach gieng die Umwandlung nicht. So lange die Horde A bei der Horde B die Weiber raubte, änderte dies nichts an der alten in der Horde üblichen Gleichheit der Geschlechter; denn deshalb, weil A an B Gewalt verübt, hört B nicht auf, das von seinem Körper geraubte Stück als Rechtens zu ihm gehörig zu betrachten, oder umgekehrt. Anders wird es, wenn A von B ein Weib kauft, also durch einen Vertrag erwirbt. Jetzt ist es nicht mehr A allein, der das Weib als eine res und nicht als ein ebenbürtiges Glied der Gesellschaft betrachtet, sondern auch B muss bereits diese Meinung haben, denn wie kommt denn die Horde B dazu, ihre Weiber, die ja ganz gleichberechtigt waren, auf einmal zu verkaufen? Man sieht also, die Umwandlung des Frauenraubes in Frauenkauf setzt etwas Anderes voraus, eine Verschiebung des Rechtsverhältnisses zwischen Mann und Weib auch innerhalb desselben Kreises; die Unterjochung des Weibes, die Verwandlung desselben aus einem Mitgliede der Gesellschaft in einem Gegenstand des freien Eigenthums.

---

[1]) Vgl. damit die Geschichte des von Sachem, dem Heviter an Dina, Jacobs Tochter begangenen Raubes (Gen. 34): Ursprünglich scheint es, als ob man kämpfen wollte, dann aber wird ein Brautpreis vereinbart, und als die Heviter eingewilligt, sich beschneiden zu lassen, sagen die Juden zu den Hevitern: „dann wollen wir unsere Töchter euch geben, und eure Töchter uns nehmen, und bei euch wohnen und ein Volk sein.“

Dass sich dieser Process vollzogen hat, ist eine Thatsache[1]); wie er sich vollzogen hat, ob auf dem Wege blutiger Kämpfe oder einfacher Ueberlistung, wird wohl nicht so leicht zu sagen sein. Jedenfalls war mit dem Augenblicke, wo in der Horde sich Familiencentren bildeten, nicht nur der Keim der Vorstellung von einer Minderwerthigkeit des Weibes gegeben, das männliche Element war auch thatsächlich das wirthschaftlich stärkere, überlegenere geworden.

Die grösste Schwierigkeit die der vollständigen Durchführung der Männerherrschaft im Wege stand, war das Mutterrecht. Die Bande der mütterlichen Verwandtschaft waren eine, vielleicht die einzige Grenze, welche der väterlichen Gewalt noch gezogen war, denn durch dieselben war das Weib immer noch eng genug mit den Männern ihres Stammes verknüpft, und gewann ein Anspruch auf Schutz, den diese nicht leicht ablehnen konnten. Diese Grenze zu verwischen und die Herrschaft vollwerthig zu machen, gab es nur ein Mittel, der Mutterverwandtschaft etwas ähnliches auf väterlicher Seite gegenüberzustellen. Die Betonung der väterlichen Verwandtschaft scheint uns etwas so Selbstverständliches und Natürliches, weil wir den gleichen physiologischen Antheil von Vater und Mutter am Kinde kennen. Beim Naturmenschen ist dies nicht der Fall; er überschätzt erst den mütterlichen Antheil, und dann den väterlichen. Der Vater konnte nicht einfach den Titel seiner Verwandtschaft mit den Kindern in der Zeugung suchen. Denn wenn auch in der polygynen Familie der Vater bekannt sein kann, so wirkte doch noch die Anschauungsweise der polyandrischen Horde nach, wo man den wirklichen Erzeuger nicht kannte und nach ihm also auch nicht fragte; andererseits war auch in der polygynen Familie bei dem geringen Werthe, der auf eheliche Treue gesetzt wurde, bei der herrschenden gastlichen Prostitution u. s. w., der Erzeuger noch immer nicht mit Bestimmtheit festzustellen. Der Mann berief sich also nicht auf seinen Zeugungsantheil, sondern er suchte bei der Geburt eines Kindes zu beweisen, dass ähnlich, wie zwischen Mutter und Kind, auch zwischen Vater und Kind wechselseitige innige Beziehungen, besonders des leiblichen Befindens, bestehen. Das sogenannte Männerkindsbett, die Çouvade[2]), die sich in allen Welttheilen aber immer in

[1]) Dafür zeugen die zahlreichen Beispiele, wo bei factischem Frauenkauf noch Scheinraub vorkommt; besonders in den Hochzeitsbräuchen lebt diese Thatsache fort. Vergleiche übrigens die interessante Geschichte von der Schwächung Dinas (Gen. 34).

[2]) Vgl. über die Couvade: Tylor, On a method of investigating the development of institutions (Journal of anthropological Institute of Great Britain, Febr. 1889)

Verbindung mit dem aufstrebenden Patriarchat gefunden hat, ist also ein Versuch, zu beweisen, dass auch die Vaterverwandtschaft eine Blutsverwandtschaft sei, und dass die Abkömmlinge desselben Vaters ebenso Blutsverwandte sind, wie die derselben Mutter.

Entsprechend dieser veränderten Anschauung wurden auch die Kinder im Hause allmählich in anderen Traditionen erzogen. Als gleich gelten bei aufrechtem Mutterrechte alle Kinder derselben Mutter, ohne Rücksicht auf den Vater; das Bestreben des Patriarchen war umgekehrt, alle Kinder, die seine Kinder waren, als Gleiche zu erziehen, ohne Rücksicht auf die Mutter; nur in einem Punkte unterschied sich der neue Gleichenkreis von dem Alten, die Mädchen, soweit dieselben überhaupt am Leben blieben, wurden schon als Waare erzogen, das innige Band, das zwischen Bruder und Schwester im Mutterhause sich geschlungen, wurde in der väterlichen Familie zerrissen. In den Gleichenkreis gehörten nur die Brüder, aber diese ohne Rücksicht auf die Mutter: Ja, es wurden so gründlich die Rollen vertauscht, dass bald das Familienweib auch die Kinder, welche der Familienvater mit einer anderen gezeugt hatte, als ihre eigenen Kinder ansah[1]). So wurde allmählich aber sicher der feste Wall der uterinen Zusammengehörigkeit, der dem Patriarchen im Wege stand, abgegraben.

Nicht wenig trug hierzu auch wieder die Lebens- und die Anschauungsweise der Hirten bei. Eine der Hauptstützen des mütterlichen Rechtes war die Erbfolge. Sehr lehrreich ist in dieser Hinsicht, was Büttner von den uns schon als ein äusserst primitives Hirtenvolk bekannten Herero erzählt[2]): „Ein Mann stirbt und hinterlässt eine Wittwe mit unmündigen Kindern. Wer könnte nun das Vieh ferner beaufsichtigen? Sollten die Knechte allein es ferner in Acht nehmen, so wird die Wittwe es kaum verhindern können, dass in kürzester Zeit alles veruntreut ist.

---

p. 256 ff. — Ploss, Das Kind in Sitte und Brauch der Völker, Lpzg. 1884, I. 143 ff. — Wilken, G. A., De Couvade bij de Volken van den indischen Archipel (Bydragen tot de Taal-Landen Volkenkunde van Nederlandsch Indie). — Dargun, Mutterrecht und Vaterrecht S. 18 ff.

[1]) So spricht Sarah zu Abraham: „Lieber lege dich zu meiner Magd; ob ich doch vielleicht aus ihr mich bauen möge“ (Gen. 16, 2). — Ebenso spricht Rahel zu Jacob: „Siehe, da ist meine Magd Bilha, lege dich zu ihr, dass sie auf meinem Schoss gebäre und ich doch durch sie erbauet werde“ (Gen. 30, 3). Rahel und Lea wetteifern dann förmlich mit einander, aus dem Schosse ihre Mägde Bilha und Silpa dem Jacob gebären zu lassen, und die 12 Söhne, die aus diesen Verbindungen stammen, sind vollkommen gleich; nur die einzige Schwester Dina (30, 21) wird kaum erwähnt; dieselbe wird später verschachert.

[2]) Ratzel I, S. 336.

Es würde also auch nach unserm Begriffe ein männlicher Verwandter der Frau oder des Mannes, der mündig ist und Macht genug hat, die Familie zu beschützen, die Vormundschaft übernehmen müssen. Denn das Erbe zu verkaufen und das Eigenthum in Geld zu verwandeln, das sich leicht beaufsichtigen liesse, ist da nicht möglich, wo der Handel mit Vieh keine Sitte ist, ja, wo überhaupt gar nicht so viel Werthobjecte in den Händen des Volkes sind, um eine grössere Herde bezahlen zu können. Auf dem Vormund würde also sehr viel Verantwortung lasten. Nun thut aber der ausgeprägte Egoismus des Herero so viel, wie nichts ohne Gegenleistung, und so wie so sucht jeder von dem Schwachen und Hilflosen unter jedem möglichen Vorwande so viel zu erpressen, wie möglich. Da nun überdies kein Gesetz, noch irgendwelche Obrigkeit den Schwachen vor dem Starken schützt, so würde auch ein solcher Vormund wahrscheinlich in kürzester Zeit die Hinterbliebenen um das Ihrige gebracht haben. Unter diesen Umständen, und bei der dennoch bei alledem nicht geringen Familienpietät, hat sich nun offenbar im Laufe der Zeit das Erbrecht der Herero in folgender Art ausgebildet: Wenn Jemand stirbt und unmündige Erben hinterlässt, so erben die Hinterbliebenen (Frau und Kinder) eigentlich gar nicht, sondern der nächste mächtige Mann in der Freundschaft erbt die ganze Familie. Das Vieh des Verstorbenen wird sein Vieh, die Knechte des Verstorbenen werden seine Knechte; aber auch die Frauen des Verstorbenen werden seine Frauen, und die Kinder des Verstorbenen werden nunmehr seine Kinder". Hier zeigt sich, wie für den Hirten die mütterliche Erbfolge praktisch überhaupt nicht verwendbar war, der Hirte musste bei Zeiten an männliche Erben denken, an Jemanden, der den Hirtenstab, aber auch das Schwert des Vaters nach dessen Tode übernehmen und den grossen Besitz an Herden und Menschen zusammenhalten und führen konnte; er musste sich seinen Erben erziehen, und dies war zumeist der älteste Sohn. Er wird schon bei Lebzeiten der Berather des Vaters, sein Stellvertreter, der Vermittler zwischen diesem und den übrigen Familiengliedern; er ist nächst dem Vater die mächtigste Person im Hause[1]), der zukünftige Patriarch. Ein System der

---

[1]) Bei den Betschuanen heisst der älteste Sohn der Oberfrau „Herr", sein jüngerer Bruder „Diener"; bei den centralen Betschuanen nimmt sogar der Vater den Namen des Sohnes an. Dass der Vater den Namen des ältesten Sohnes annimmt, kommt auch auf dem australischen Contingent und anderwärts vor. Die grosse Rolle, welche der älteste Sohn spielt, steigert sich mitunter (Tahiti, Polynesien) soweit, dass der Sohn über dem Vater steht. — Andererseits findet sich auch wieder

Erbfolge in männlicher Richtung setzt aber in der That ein Verwandtschaftssystem in der gleichen Richtung voraus, und wenn ein solches nicht vorhanden war, so musste und konnte es sich ausbilden nach dem Beispiele und Vorbilde des mütterlichen Verwandtschaftssystemes.

Es soll nicht vergessen werden, dass wir hier bereits die äussersten Consequenzen des fortschreitenden Patriarchates ziehen; die alte Welt des Mutterrechtes war nicht so leicht zu überwinden, sie bewahrt mitunter neben der überlegensten Vatergewalt eine erstaunliche Zähigkeit. Aber endlich brach sie doch zusammen, nur noch Spuren ihres ehemaligen Daseins hinterlassend. Die Vaterverwandtschaft entwickelte sich langsam aber stetig, und drängte das Bewusstsein der uterinen Verwandtschaft immer mehr und in einem Grade zurück, dass schliesslich die letztere geradezu nichts mehr galt und die Rolle der Mutter für die Kinder unterschätzt wurde: sie galt nur noch als der Boden, in welchen der männliche Samen, als der eigentliche Zeugungsfactor, gelegt wird.

So sehen wir, wie die mutterrechtliche Hordenehre und die patriarchale Familie zwei concurrirende Formen wurden, die miteinander einen langwierigen Kampf ums Dasein führten. Nicht überall, aber bei den meisten Völkern, und wie schon oft erwähnt, besonders bei den kriegerischen Viehzüchtern und Hirtenvölkern, siegte endlich das Patriarchat und die Familie. Es war ein Sieg der Gewalt über die ursprüngliche Gleichheit, es war der Sieg des Mannes über das Weib, und gefühlvolle Historiker haben daran die sentimentalsten Bemerkungen geknüpft. Allein es gieng hier wie immer im Menschendasein: der mörderische Kampf schuf Platz für neues Leben, die wilde Grausamkeit zeugte die zärtlichsten Gefühle, und aus den geborstenen Leibern verwesender Formen sprossen die Blüten neuer Cultur auf. Die Familie musste durch Gewalt begründet werden und tausende Jahre durch Gewalt bestehen, ehe sie die Wiege der zartesten und edelsten Empfindungen wurde, die je der Menschenbrust entsprangen und Menschengeist zu hohen Thaten begeisterten. Zunächst war aber die Vaterfamilie geradezu eine der kräftigsten socialen Stützen des Naturmenschen, indem sie eine sichere Quelle für die Erhaltung der Nachkommenschaft bildete. Während auf früheren Entwickelungsstufen das Verhätniss zwischen Mann und Weib in der Regel locker und leicht

---

der Fall, dass nicht der älteste, sondern der jüngste Sohn (Cap York, Neuseeland) und nicht der Sohn der Oberfrau, sondern derjenige einer Nebenfrau (Wanyamwezi) der auserlesene Erbe ist.

trennbar gewesen, während überhaupt eine Macht über die Kinder dem Manne nicht gegeben und damit auch kein Interesse für dieselben vorhanden war, eine Erziehung mangels jeder Zuchtgewalt überhaupt unmöglich war, bekommt nunmehr die Verbindung eine festere Dauer, das Interesse des Vaters für den Nachwuchs erwacht, wenn auch aus brutalen Anlässen und in Formen, die uns abstossen, und diese Vorzüge waren es, welche der Vaterfamilie im Kampf gegen das Mutterrecht den endlichen Sieg verschafften.

Sechstes Capitel.

Die gentile Verfassung.

I.

Versuchen wir es uns nun ein Bild der Gesellschaft zu machen, wie sie nach der Bildung der väterlichen Familie aussah.

Die ursprünglich gleichheitliche Horde ist nunmehr in eine Anzahl kleinerer Kreise zerfallen, deren Mitglieder sich fest um den allmächtigen pater familias ruppiren. Einstweilen gilt noch das mütterliche Verwandtschaftsverhältniss, so dass die vollberechtigten Mitglieder der Gruppe als blutsverwandt, als Stammesgenossen gelten. Da jedoch die Weiber meist aus der Mitte eines und desselben benachbarten Stammes genommen werden, so sind auch wieder die Menschen der nächsten Generation unter einander bluts- und stammesverwandt. Nehmen wir an, in einem Dorfe I wohnt der Stamm A, im Dorfe II der Stamm B; da die Männer A nur Weiber B, und die Männer B nur Weiber A heirathen dürfen, so tritt folgender Fall ein:

Wohnen in I die A und heirathen weibliche B, so sind alle Kinder, also auch die Männer der zweiten Generation nach mutterrechtlichen Anschauungen B; aus demselben Grunde wohnen in II in der zweiten Generation lauter A. In der dritten Generation (wo also die Kinder der B, die sonach A sind, an die Reihe kommen), wohnen in I wieder lauter A und in II lauter B; in der vierten Generation wohnt abermals B in I und A in II.

Dieses ist das Schema, nach welchem sich alle die scheinbar complicirten Erscheinungen der exogamen Verwandtschaftsverhältnisse der Naturvölker erklären und begreifen lassen.

Nennen wir die beiden unter einander in exogamem Frauenverkehr stehenden Dörfer I und II zusammen nach alten ethnologischen Gebrauch den „Stamm“ (Tribus); dieser Stamm zerfällt in zwei Unterabtheilungen, die alten „Horden“ (Phratrien) A und B, die untereinander nicht verwandt sind und sich gegenseitig heirathen können; aber auch jedes Dorf zerfällt seit der Familienehe in A und B, und zwar ist abwechselnd die jüngere, abwechselnd die ältere Generation A oder B in einem jeden Dorfe; diese örtlichen Unterabtheilungen, die ja wieder engere Verwandtschaftsgruppen bilden und thatsächlich in einem innigen geschwisterlichen Verkehr stehen — wir nennen sie „Clans“ — werden wegen des beständigen Verkehrs auch wieder untereinander ein grösseres Gleichheitsgefühl ausbilden und sich enger aneinanderschliessen, als an die ehemaligen Hordengenossen im anderen Dorfe. Die A zerfallen also, jenachdem sie in Ioder II wohnen, in A^{I} und A^{II} und die B in B^{I} und B^{II}; diese Reihen tragen verschiedene Namen. Es ergiebt sich also folgendes Schema und zwar ethnisch:

Stamm S <
- Horde A <
  - Clan A^{I} (ältere Generation)
  - Clan A^{II} (jüngere Generation)
- Horde B <
  - Clan B^{II} (ältere Generation)
  - Clan B^{I} (jüngere Generation)

oder örtlich:

Stamm S <
- Dorf I <
  - Clan A^{I} (ältere Generation)
  - Clan B^{I} (jüngere Generation)
- Dorf II <
  - Clan B^{II} (ältere Generation)
  - Clan A^{II} (jüngere Generation)

Nach mutterrechtlichen Anschauungen kann kein A ein A und kein B ein anderes B zum Zwecke der Familienbildung nehmen; nachdem die Clans aber Altersreihen (Generationen) entsprechen und die Anschauungen der alten Hordenehe noch stärker fortwirken, kann auch nicht jeder beliebige A, ein beliebiges B heiraten; es können die A^{I} nicht mit B^{II} und A^{II} nicht mit B^{II} Ehen eingehen. Die A^{I} müssen B^{II}, die A^{II} wieder B^{I} zu Frauen nehmen.

Setzen wir nun für dieses Schema die Namen ein, wie sie das bekannte Beispiel der exogamen Kamilaroi in Australien zeigt, die beiden Horden sind Opossum (A) und Emu (B), die im Dorfe I wohnenden Opposums (A^{I}) heissen Murri (weiblich Mata), die im Dorfe II wohnenden (A^{II}) Ippai (weiblich Ippata); die in I wohnenden Emus (B) heissen Kubbi (weiblich Kubota) und die in II wohnenden Emus (B^{II}) heissen Kumbo (weiblich Buta). Nach unserem Schema darf also ein Murri nur eine Buta heirathen, ihre Kinder sind Emus, aber solche die im Dorfe I bei ihrem Vater wohnen, also B^{I}, d. h. Kubbi und Kubbota. Ein Kumbo darf eine Mata heirathen, ihre Kinder sind in II wohnende Opposums oder Ippai und Ippata. Ein Ippai darf nur eine Kubbota heirathen, ihre Kinder sind Kumbo und Buta, und endlich ein Kubbi darf nur eine Ippata heirathen, und ihre Kinder sind Murri und Mata. Das entspricht ganz genau dem, was von allen Gewährsmännern[1]) von den Verwandtschaftsorganisationen der Kamilaroi und der Australneger überhaupt gesagt wird. Alle diese scheinbar complicirten und unentwirrbaren Erscheinungen, an deren Erklärung Ethnologen und Sociologen so viele fruchtlose Mühe gewendet haben, erklären sich einfach aus der natürlichen Entstehungsgeschichte der Exogamie. Alles was man als Grund für die Furcht vor der Blutnähe und für das Verbot des Incestes, die ja wieder nur auf die Exogamie zurückgehen, vermuthet hat, ist schon deshalb unhaltbar, weil es bei den Naturvölkern Vorstellungen, Begriffe und Schlüsse voraussetzt, die entweder gar nicht oder doch nur vereinzelt hätten vorkommen können. Am allerwenigsten ist es natürlich möglich, dass die Ehen im Verwandtenkreise (in der Blutnähe) aus Angst vor üblen physiologischen und psychologischen Folgen (der Inzucht) gemieden wurden, da der Naturmensch überhaupt nicht in der Lage ist, seinen Handlungen so fern liegende Motive zu Grunde zu legen, die auf scharfe Beobachtungen hätten zurückgehen müssen, und die obendrein in ihrer Stichhaltigkeit auch heute noch von der Wissenschaft durchaus nicht unangefochten sind[2]). Der Er-

---

[1]) Cunow, Die Verwandtschaftsorganisationen der Australneger. Vgl. auch E. Durkheim, La prohibition de l'inceste (L'Année sociologique. Paris 1898), wo eine weitere reiche Literatur angegeben ist.

[2]) Peschel (Völkerkunde 6. Aufl. Leipzig 1885, S. 332) hält das Problem des Verbotes der Blutnähe überhaupt noch für unlösbar. Wilken (Globus 1891, S. 38) bezweifelt, ob es den Ethnologen gelingen wird, die Frage zu lösen. In Bezug auf einen Punkt aber habe uns die Völkerkunde bereits völlige Sicherheit verschafft, dass nämlich die Verbote ursprünglich nicht das Ziel gehabt hätten, die wirklichen und vermeintlichen schädlichen Folgen von Ehen zwischen Blutsverwandten für die Nachkommenschaft abzuwehren und dass hierin der Ursprung des Verbotes nicht gesucht werden dürfte. Durkheim (a. a. O.) will das Verbot des Incestes auf die Tabugesetze und auf die aus dem Animismus entspringende Scheu vor dem im Blute lebenden Totengeiste zurückzuführen. Die Erklärung aber ist unhaltbar, weil die Tabugesetze allzu localer Natur sind und weil dann, wenn die Erklärung richtig wäre, nicht nur die Ehe zwischen Blutsverwandten, sondern mehr noch der geschlechtliche Verkehr verboten sein müsste, was aber, wie an zahlreichen Beispielen gezeigt wurde, keineswegs der Fall ist. Nach Quatrefages und Ribot (Die Vererbung. Deutsch. Urgsch. Leipzig 1895, S. 343 ff.).

klärungsgrund für solche Verbote muss in den allgemeinen und offen zu Tage tretenden Lebensverhältnissen des Menschen gelegen sein, und als solche haben wir den Frauenraub und später dessen Ersatz, den Frauenkauf und die Folge dieser beiden, die Familienehe kennen gelernt. Das Familienweib war „die Fremde", und da es durch ungezählte Generationen nicht möglich war, sich das Familienweib anderswoher, als aus der Fremde zu verschaffen, so entstand bei den Menschen, welche die Ursache socialer Einrichtungen meist sehr rasch vergessen, die grundsätzliche Meinung, Ehen im Kreise der Blutsverwandten seien überhaupt verboten.

Die Folge der Constituirung der Ehe ist also der vollständige Zerfall der primitiven Horde und die Bildung neuer Gruppen, welche eine grössere Gliederung aufweisen. Die sogenannte gentile Verfassung, die Verfassung des exogamen Stammes, ist unanzweifelbar eine so allgemeine Form der socialen Entwickelung, dass man sagen darf: es giebt kein Volk, das nicht durch diese sociale Form zu höheren geschritten wäre; die Völker aber, bei denen die Gentilverfassung nicht nachweisbar ist, sind auf der Bahn der Entwickelung eben noch nicht so weit gelangt. Die Gentilverfassung ist die Gesellschaftsform, in welcher wir die weitaus meisten Naturvölker fanden und in welcher auch alle nachmaligen Culturvölker (Juden, Griechen, Römer, Germanen, Slaven u. s. w.) an der Schwelle der historischen Zeit auftreten.

Wir haben von Stämmen, Phratrien, Clans gesprochen. Es muss ernstlich bedacht werden, dass dies Bezeichnungen modernsten Datums sind und geschaffen wurden, um ein theoretisches Schema zu ermöglichen, dass sie aber absolut nichts Wesentliches bedeuten und nichts weniger als consequent angewandt werden; Viele kennen die Phratrien nicht und lassen die Stämme einfach in Clans zerfallen, in vielen Fällen werden selbst die Ausdrücke Stamm und Clan mit einander verworfen, so dass man vom Clanhäuptlinge spricht u. dgl.

Der Stamm (tribus) ist in seinem Wesen die Verschmelzung zweier (oder mehrerer) Horden [Phratrien], welche in einzelnen Dörfern ein gewisses Landgebiet bewohnen und unter Aufrechterhaltung des eigenen Blutsverwandtenkreises (in uteriner Richtung) untereinander im Verhält-

---

[1]) Kann als wissenschaftlich unanfechtbare Thatsache bezüglich der Folgen der Inzucht für die Nachkommen heute gelten, dass eine nahe Verwandtschaft zwischen Vater und Mutter an sich nicht schädlich ist, dass sie es aber auf Grund der Gesetze der Vererbung werden kann, und dass dieser Eventualitäten gegenüber, Verwandtschaftsehen vermieden werden.

nisse des Frauentausches stehen. Der Stamm ist sonach nicht mehr ein primäres ethnisches Element, wofür man ihn immer gehalten und wofür er sich selbst hält; er ist bereits ein Verschmelzungsproduct, das allerdings sehr bald durch die unausgesetzte Wechselheirath zu einer neuen Einheit wird und bei seinen Mitgliedern die Entwicklung eines starken Gleichengefühles sowie die Ausbildung objectiver Gleichheit in physiologischer sprachlicher Beziehung, in Hinsicht auf Sitte und Brauch u. s. w. nothwendig macht.

Der Stamm ist in doppelter Weise gegliedert; ethnisch zerfällt er in die beiden Horden (Phratrien), die sich wieder weiter im Clans zerlegen: Räumlich zerfällt der Stamm in eine Anzahl von Dörfern. Eine Anzahl von Famlien wohnt zusammen in einem Dorfe, und dieser örtliche Verband, die Dorfgemeinde bildet die politische Einheit, aus welcher sich alle möglichen späteren Combinationen ergeben. Der Stamm existirt in jedem Dorfe und in allen zusammen, aber eben deshalb verflüchtet er bald zu einem allgemeinen Begriff, welcher sich als mehr oder minder loses Band um die einzeln Dörfer flicht. Das sociale Leben zieht sich aber in das Dorf zurück, sowie es sich heute in den Städten concentrirt. Das Gefühl der Ortsgemeinschaft reisst bald, wie wir gesehen, selbst in die alte Blutsgleichengruppe tiefe Furchen; die Ortsgemeinschaft macht vor Allem die Cooperation nur unter Dorfgenossen und nicht in demselben Masse unter Stammesgenossen im Allgemeinen möglich; besonders die wirthschaftliche Cooperation auf dem Felde und bei der Herde bringt die Dorfgenossen näher, und bald überwuchert der Dorfpatriotismus den Stammespatriotismus. Das Dorf ist die Welt des Naturmenschen, und wo immer wir auf die Gentilverfassung stossen, finden wir auch thatsächlich die Organisation nach Dörfern als die eigentliche politische organisation vor, während das Stammesgefühl ein mehr geistiges als politisches Band um die verschiedenen Dörfer bildet[1]). Auch das Leben

[1]) Einige Beispiele werden dies beleuchten: Die Dinka leben, ohne streng genommen eine politische Einheit zu bilden, unter patriarchalischen Verhältnissen in den Dörfern, die unter Häuptlingen mit ererbter aber mit nur geringer Autorität stehen (Casati a. a. O. I, S. 40, Hartmann a. a. O. II, S. 125). Bei den Wakamba stehen die Dörfer unter der Leitung der Familienältesten, die Karawanen und Heerhaufen unter selbstgesuchten Führern; ein gemeinschaftlicher Häuptling fehlt (Hartmann a. a. O. I, S. 234). Bei den Manganya (Nyassa) giebt es kein Stammesoberhaupt; die Dorfhäuptlinge sind die einzigen Repräsentanten der politischen Organisation, die einzigen Machthaber, auch bei den Kondi ist jeder kleine Dorfhäuptling sein eigener König und ficht seine Streitigkeiten allein aus (Ratzel a. a. O. I, S. 403 und 406). Die Hottentotten bildeten, als die Europäer sie kennen lernten, Krale, das heisst aus einer Anzahl von Familien zusammengesetzte Dorfgemeinden, an deren Spitze ein nach der Erstgeburt

des nomadisirenden Hirten und Jägers spielt sich nicht ewig auf der Wanderschaft ab, und wie transitorisch auch die Siedelungen der nordamerikanischen Prairiestämme und der kriegs- und beutelustigen Söhne der Sahara sein mögen, wie primitiv auch der Kompong des Australneger sein mag, endlich ist er doch im unstäten Leben dieser Menschen, der ruhende Punkt, um den sich der sociale Kristallisationsprocess vollzog[1]). Der

erbliches Oberhaupt stand. Dieses wurde in seiner Aufgabe als Führer und Richter durch die Aeltesten und Angesehensten unterstützt und hatte in Gemeinschaft mit diesen auf Befolgung der alten Sitten und Gebräuche und auf Bestrafung des Unrechtes zu achten. Mehrere Gemeinden erkannten wieder einen gemeinsamen erblichen Herrn, den Konqui an, dem die Führung im Kriege oder auf Wanderungen, die Auswahl der Weide- und Wohnplätze und die Zutheilung derselben an die Gemeinden oblag. Jeder Stamm hat seinen Häuptling, der in männlicher Linie seine Würde erbt. Doch hat er, abgesehen davon, dass er der reichste ist, kaum eine besondere äussere Auszeichnung; seine Hütte ist etwas grösser, bei der Mahlzeit erhält er besondere Stücke u. dgl. Aber sein Einfluss ist meist gering. Er schlichtet Streitigkeiten, bestraft Vergehen, beruft Volksversammlungen, bestimmt bei Wanderungen Weg und Ziel. Ein Rath der Angesehensten unterstützt ihn hiebei. Der Grad seiner Wirksamkeit hängt ganz von dem Gewicht seiner Persönlichkeit, durch energisches Auftreten, kühne, erfolgreiche Jagden u. dgl. ab (Ratzel I, 109f). Bei den Kaffervölkern besitzt jede Familie ihr Oberhaupt, diese unterstehen dem Districtsoberhaupte (Dorfhäuptling?) und diese dem Stammeshäuptlinge (Müller Ethnographie S. 193). Bei den Papuas wohnen mehrere Familien in einem Kompong zusammen, dem zuweilen ein Aeltester ohne jede Autorität vorsteht (Müller das. 135). Rei den Polynesiern und Mikronesiern giebt es kleine Gemeinden, die selbständig und schwach unter eigenen Stammes- oder Dorfhäuptlingen so lange vegetieren, bis sie durch Mächtigwerden eines unter ihnen zusammengeschmiedet oder aber durch Eingriff von aussen zu Vasallen gemacht werden. Diese Dorfgemeinden, deren es z. B. in Palau auf der Hauptinsel Baobeltaob mit 11 unabhängigen Ländern 65 giebt, jede mit Häuptling und Minister, kehren als Grundlage aller staatlichen Ordnung überall wieder; sie setzen sich aus einer Anzahl von Familien zusammen, die sich um ihre Häupter, die Rupak oder Häuptlinge gruppieren, welche die Angehörigen der Familie regieren nnd die Gemeinde nach aussen vertreten. Dasselbe findet sich im Grunde auf allen mikronesischen Inseln. In der ganzen Ruk-Gruppe geht z. B. nirgends ein Machtbereich über die Grenze eines Tribus, Eilan genannt, hinaus und von einer gemeinsamen Obermacht über die Gruppe ist nicht die Rede. Darum spricht man hier von 39 Stämmen und 73 Staaten (Ratzel II, 194f). — Bei den nordamerikanischen Indianern leben meist mehrere Familien in einem Dorfe zusammen unter einem Häuptlinge, der eine blos führende Rolle spielt. Eine Vereinigung mehrerer Dörfer zu einem Stamm findet nur im Kriege statt und selbst dann ist ein solcher Stamm mehr ein Aggregat verschiedenartiger Individuen als ein einheitlicher Organismus (Müller Ethnographie 290).

[1]) Bei den Hottentotten, einem durchaus nomadisirenden Hirtenvolke spielt das Dorf schon als Schutz für die Heerde eine überaus wichtige Rolle. Von den Völkern des oberen Nillandes sagt Ratzel (a. a. O. I, 507f): „Im Allgemeinen bewährt sich die Regel, dass die Hirtenvölker grössere Dörfer haben als die Ackerbauer.

Stamm ist die älteste politische Einheit — denn die Familie, die gleichfalls demotisch und social ein aus Ungleichen zusammengesetztes Gebilde ist, hat immer privatrechtlichen Charakter gehabt — aber der älteste politische Factor ist die Dorfgemeinde und die Dorfherrschaft die älteste Form politischer Herrschaft.

II.

Während die ursprüngliche Horde auf der Gleichheit aller Mitglieder aufbaute und in ihr alles Recht bei der Gesammtheit ruhte, ist mit der Bildung der Familie, das Recht auf eine Anzahl von Personen, auf die Familienhäupter (patres familias, Patrizier, Aeltesten) übergegangen.

Der Besitz haftet, wie wir gesehen, an der Familie, besonders der Grundbesitz. Innerhalb der Familie spielt sich das wirthschaftliche Leben ab, herrscht Gemeinwirthschaft (Hauscommunion), nach aussen hin aber repräsentirt die Familie nur Einer, der pater familias; er ist daher auch der Besitzer. Weit enfernt davon, dass bei den auf dieser frühesten Stufe der Organisation stehenden Stämmen und Dörfern Communismus herrsche, besteht vielmehr das individuelle Eigenthum in aller Form. Das Land gehört einer sehr beschränkten Anzahl von Herren und noch obendrein zu ungleichen Theilen, denn wir haben ja gesehen, dass die einzelnen Familien nach Willkür aneignen konnten, und auch bei späteren Landtheilungen waren die Loose keinesfalls gleich[1]). Der Communismus, als Arbeits- und Genusscommunismus herrscht nur ausserhalb der Familie. Es war die Organisation der Arbeit auf vaterrechtlicher und vaterherrlicher Grundlage.

Der Stamm und das Dorf war nur eine lose Zusammenfassung dieser ganz selbständigen socialen Gruppen, die Versammlung der Familienrepräsentanten beräth und beschliesst über Krieg und Frieden, sie schlichtet Streit und entscheidet, ob Jemand wider Brauch und Recht sich vergangen hat, insofern seine That nicht einfach der Jurisdiction des Familienvaters untersteht, mit einem Worte die ganze ungetheilte gouvernementale Macht des Stammes ist nunmehr in der Gesammtheit der Familienväter, der Aeltesten repräsentirt. Diese Versammlungen spielen bei allen patri-

---

Das Schutzbedürfnis für die beständig dem Raube ausgesetzten Heerden führt jene zusammen, während diese im tiefen Walde oder sonst in einer geschützten Lage ihre Hütte errichten, um welche sich die Aecker gruppieren. Madi, Schuli, Bongo, sowie alle Völkerschaften, die fast ausschliesslich vom Feldbau leben, haben nur kleine Dörfer. Bei den Bongo sah Heuglin keines, das mehr als 30 Hütten besass".

[1]) Kowalewsky, L'évolution de la proprieté pag. 184ff.

archalen Völkern eine grosse Rolle und haben sich auch dann, als die eigentliche Macht von ihnen auf einen Herrscher übergegangen war und die Gesellschaft selbst schon eine fortgeschrittene Organisation eingegangen war, eine Stelle in dieser Organisation erhalten (die Gerusia, der Senat).

In ausserordentlichen Fällen, besonders in Kriegszeiten wurden wohl auch die anderen waffenfähigen und freien Männer des Stammes, die herangewachsenen Söhne der Aeltesten (patres familias) heran und zu Rathe gezogen; die Volksversammlung, die uns in der Geschichte unserer Väter durch das Zusammenschlagen der Schilde und das furchtbare Gebrüll der Bässe so imponirte. Indes werden uns die Volksversammlungen der afrikanischen Kriegsvölker, der Indianer Amerikas und der Maori auf Neuseeland genau mit denselben Zügen geschildert.

Das Schwergewicht der Macht liegt jedoch in der Versammlung der Väter (patres conscripti). Sie bilden entschieden die Minderheit; aber nunmehr begreifen wir, wie es möglich wurde, was früher unmöglich geschienen: die Wenigen beherrschen die Vielen, weil sie die wirthschaftlich Ueberlegeneren sind; die Patrizier werden die herrschende Schichte, weil sie allein die. Besitzenden sind. Und nunmehr wird auch begreiflich, was aus den subjectiven Voraussetzungen der Herrschsucht nicht erklärlich ist: dass eine einzige Person die Herrschaft an sich zu reissen vermag. Der Besitz zerbricht die alte Gleichheit der Horde, Besitz ist Ungleichheit, und was persönliche Kraft und persönliche Vorzüge nie bewirken konnten, ein allen anderen überlegener Besitz, eine besonders reiche Familie konnte es ermöglichen, dass ein Einziger alle anderen seinem Willen beugte. Der glückliche Führer im Kriege allein wird nie der Herrscher; aber der glückliche Feldherr, der zugleich der mächtigste Patrizier, der Besitzer der grössten Familie ist, wird es wagen dürfen, das Recht des Befehles und das jus gladii, das er vor dem Feinde ausgeübt, auch im Frieden weiter zu üben. Es ist kein Zufall, dass die afrikanischen Despoten, wie erwähnt, die Zahl ihrer Heerden und Weiber ins Fabelhafte zu steigern suchen. Die Führer, welche ihre Herrschaft begründen wollten, haben zu allen Zeiten sich auf die Macht des Besitzes gestützt. Die Begründung der Habsburgischen Herrschaft durch die Hausmacht ist ein classisches Schulexempel für den Fall; der 2. December wäre ganz anders ausgefallen, wenn nicht das französische Volk geglaubt hätte, dass Louis Napoleon im Besitze ungezählter Millionen sei. Die verschwenderische Prunkentfaltung, welche immer und überall die Begleiterin der Herrschaft ist, geht auf das Bestreben zurück, dem Volke zu zeigen, wie reich der Herrscher ist. Friedel mit der leeren Tasche wird niemals König oder Kaiser. Ein armer Fürst, ein Bettelfürst, ist stets und überall, selbst dort, wo die Herrschaft des Einzelnen fest gegründet ist, ein Schattenfürst und das Werkzeug Anderer.

Dass sich auch die Alleinherrschaft im Stamme nicht plötzlich bildete, liegt auf der Hand. Nur in ganz ausnahmsweisen Fällen wird Einer thatsächlich so mächtig gewesen sein, die Patrizier seinem Willen zu unterwerfen und ihren Einfluss zu brechen. Im Gegentheil, selbst in dem classischen Lande der Selbstherrlichkeit, in Afrika, finden wir überall die Macht des Häuptlings noch durch die Rechte der Patrizier beschränkt[1]). Er ist mitunter nur gewählt[2]), oft absetzbar[3]), in der Zwischenzeit zwischen der Herrschaft des einen und des anderen Häuptlings tritt eine Art Anarchie ein, und erst in einem vorgeschrittenen Stadium der Entwicklung ist die Häuptlingswürde vom Vater auf den Sohn erblich. Der

[1]) Bei den Wanika (Ostafrika) giebt es Volksversammlungen und einen Rath der Aeltesten; letzterer bildet die eigentliche Regierung, prüft und genehmigt die Beschlüsse der Volksversammlung (Hartmann I, 228). — Bei den Kaffervölkern hat Jedermann in der Versammlung das Recht, seine Ansicht frei zu äussern und selbst Anordnungen und Massregeln des Häuptlings einer Kritik zu unterziehen (Müller, Ethnographie 185). — Bei den Sandehs (Niam-Niam) muss der König in gewissen öffentlichen Dingen den Rath der Versammlung des Volkes einholen (Casati, 10 Jahre in Aequatoria Bamberg 1891, Bd. I, S. 206) Bei den Berberstämmen ist der Häuptling nur das Executivorgan des Dschemas, der Versammlung aller für reif erklärten Männer des Dorfes (Ratzel a. a. O. III, 251f). Bei den Herero ist die Herrschaft des Häuptlings eine blos nominelle, und wenn er den Versuch macht, einmal seine Autorität zur Geltung zu bringen, so ziehen die von der Strafe Bedrohten einfach zu einem anderen Häuptling (Ratzel a. a. O. I, S. 342). — Bei den Dajaks ist die factische Gewalt des Häuptlings sehr unbedeutend, und die Entscheidung über alle wichtigen Geschäfte nnd Unterhandlungen steht der Volksversammlung zu. Bei den Battaks liegt die eigentliche Regierungsgewalt in der Volksversammlung, zu welcher alle Freien Zutritt haben. Bei den Neuseeländern, auf Samoa, Hawai, den Schifferinseln, bei den Fidschi, auf den Salomo-Inseln, Neuhebriden, in Neuguinea, giebt es überall Dorfparlamente, welche die Macht des Häuptlings theilen. Es handelt sich hier um lauter kriegerische Völker.

[2]) Bei den Pueblos steht dem Könige ein Rath zur Seite, beide werden alljährlich vom Volk gewählt. — Auf Samoa, auf den Salomoinseln, bei den Wanyamezi in Afrika, bei den Dajaks, auf Malaka, bei den meisten Australiern u. a. ist die Häuptlingswürde nicht erblich.

[3]) Bei deu Banyai in Centralafrika herrscht zwischen dem Tod des einen und der Neuwahl des anderen Häuptlings eine Zeit der Gesetzlosigkeit (Ratzel a. a. O. I, S. 405). Bei den Polynesiern und Mikronesiern herrscht in dem Interregnum zwischen zwei Fürsten eine gesetzlose Zeit, in welcher alle Disciplin gelockert ist und jedes Laster getrieben und Verbrechen verübt wird.

Stammeshäuptling ist noch mehr eine Fiction, als der Dorfhäuptling. Es ist zunächst überhaupt mehr der Punkt gegeben, wo sich Herrschaft entwickeln kann, als die Herrschaft selbst.

Allein die Herrschsucht des Menschen entdeckt bald das Geheimniss, welches der Macht des Einzelnen über die Anderen zu Grunde liegt; so merkten wir schon, wie die Häuptlinge durch Vergrösserung ihres Reichthums ihre Herrschaft zu befestigen wussten, bis sie die alleinigen Besitzer alles Gutes und aller Habe und damit auch die unbedingten und unbestrittenen Herrscher geworden waren.

Der Besitz war jedoch nur das körperliche Mittel, um zur Herrschaft zu gelangen; dieses Mittel musste auch erkannt und zweckmässig angewendet werden; denn die Herrschaft ist nicht wie etwa die Verwandtschaft etwas hinter dem Lichte des Bewusstseins Gewordenes, das allmählich in die Erkenntniss tritt: Herrschaft ist etwas Gewolltes, und hierin liegt der grosse Fortschritt, den die Gesellschaft mit der herrschaftlichen Organisation genommen hat. Der die Herrschaft an sich reisst muss nicht blos der Stärkste, der beste Führer, der Reichste, der Eitelste sein, er muss auch in jeder Hinsicht der überlegenste Geist, immer für seine Verhältnisse ein Alexander, Caesar oder Napoleon sein. Er muss es auf die Herrschaft anlegen, er muss es verstehen, nicht nur seine Mittel über andere, sondern auch die ganze geistige Atmosphäre, die ihn umgiebt, für sich zu gebrauchen. Die Herrschaft gründet sich auf der Furcht des Anderen, und diese kann selbst einen doppelten Anlass haben; es ist entweder die Furcht vor der materiellen Uebermacht des Anderen, oder es ist die uns schon bekannte Furcht vor dem Unbekannten, Geheimnissvollen, die im Leben des Naturmenschen (und darunter braucht man nicht gerade stets Afrikaner oder Australneger zu verstehen) eine so grosse Rolle spielt. Eben weil es der Herrschaft wesentlich ist, dass sie von einer Minderheit über eine Mehrheit ausgeübt wird, bedarf sie, um aus allen Fährlichkeiten, Schwankungen und Unsicherheiten gerissen zu werden, einer vielbeinigen Stütze, einer um so vielseitigeren Stütze, je geringer die Zahl derjenigen ist, welche herrschen wollen und je grösser die Zahl jener, die beherrscht werden sollen. Und wenn es schliesslich nur ein Einziger ist, welcher die Herrschaft anstrebt, so wird er alle zugänglichen Resourcen für sich in Anspruch nehmen müssen, um Erfolg zu haben. Er darf nicht blos nach materieller Ueberlegenheit streben, er muss sich auch mit jenem Nimbus umgeben, der von dem Geheimnissvollen und Räthselhaften ausgeht; wir sagen, er muss seiner Würde einen moralischen und religiösen Anstrich geben. Und das haben die Herrscher vom einfachen Häuptlinge eines Inseldorfes in der Südsee bis zu den römischen Juliern und den preussischen Hohenzollern stets gethan.

Treten wir also auch dieser Quelle der Herrschaft etwas näher, wenn auch die Geschichte der religiösen Ideen eine Sache für sich und eine Wissenschaft für sich ist. Zwei Wege hatte sich der Mensch von allem Anbeginn gebahnt, um in die fremde Welt der Räthsel eindringen, um transcendieren zu können: Ahnenverehrung und Zauberglaube.

Die Ahnenverehrung ist in ausgeprägter Form erst in der patriarchalischen Familie zu suchen; der Manencultus ist schon an und für sich die religiöse Weihe und der rechtliche Stempel, welcher dem Familienbande aufgedrückt wird; durch den Stammbaum, der (wie im römischen Hause) in der Vorhalle steht, tritt der kleine Kreis von heute mit der langen Vergangenheit in Verbindung, und die lebenden Familienglieder bilden eine Kette, eine Welt, mit den dahingeschiedenen Gliedern, die als Schutzgötter des Hauses, als Laren und Penaten weiterleben. Nicht die Familie wurde unter den Schutz eines Gottes oder der Götter gestellt, sondern die Manen der Familienväter, welche nach dem Glauben der Menschen als Schützer der Familie vor dem üblen Einfluss der bösen Naturgeister fortlebten, wurden zu Göttern erhoben, sie wurden nicht nur die Ahnherrn der menschlichen Gesellschaft, sondern auch die der olympischen und walhallischen Göttergesellschaften. Die Religion, soweit sie sich über den einfachsten Zauberglauben erhebt, ist durchaus socialen Ursprunges und erhielt durch die Entwicklung der Familie erst den mächtigsten Impuls zur Weiterbildung. Die Verbindung der socialen Thatsachen mit den transcendentalen Ideen war keine willkürliche und gesuchte, und wenn uns alle socialen Erscheinungen der älteren Menschengeschichte gewissermassen eingetaucht in Religion erscheinen, so war dies die roheste, die einzig mögliche Form, die socialen Einrichtungen aus der Sphäre des Zufälligen zu erheben und ihnen — was man blos dunkel empfand, ohne es definiren zu können — den Charakter des Nothwendigen und damit auch allgemein Verständlichen zu geben; es war ganz einfach der einzig gangbare Weg der Rechtwerdung.

Dieser Manencultus war eines der stärksten Mittel, das Thatsächliche in Rechtliches zu verwandeln und auch die Herrschaft, die einem reinen Gewaltsverhältnisse entsprungen war, mit der religiösen Sanction zu versehen, überhaupt die durch die Familienbildung thatsächlich eingetretenen oder noch später hinzugetretene sociale Ungleichheit als etwas von Ewigkeit her Feststehendes erscheinen zu lassen.

Die Manenverehrung beruht auf dem Glauben an die Fortexistenz des Menschen nach dem Tode an irgend einem Orte. Mit metaphysischen Untersuchungen über die Unsterblichkeit der Seele hatte dieser Glaube nichts zu thun, und er war auch nicht durch Offenbarung vermittelt; er entsprang ganz einfach aus der Unmöglichkeit und aus der Unfähigkeit des Urmenschen, sich den Tod, das Aufhören des individuellen Daseins, vorzustellen und zu erklären. Dieser mit der ganzen animistischen Weltauffassung verquickte Glaube forderte aber die Manenverehrung keineswegs in jener Allgemeinheit, wie sie sich später herausbildete. Wenn der primitive Mensch selbst an die Beseeltheit aller Menschen — was übrigens nicht der Fall ist, da er den Fremden nicht als Menschen ansah — und an das Weiterleben dieser Seelen ohne Unterschied der Person geglaubt hätte, so ergab sich doch aus dem Umstande, dass die Seelen dahingeschiedener gemeiner Leute gar bald in dem Bewusstsein der Lebenden ihre Individualität verloren, während ganz natürlich die hervorragenderen Persönlichkeiten in Erinnerung blieben, ein factisches Verhältniss, nach welchem blos die gesellschaftlich hervorragenden Persönlichkeiten weiterlebten, während die gemeinen Leute ein für allemal starben. Auf den Tonga-Inseln gehen blos die Seelen der Häuptlinge und der höheren Ständen Angehörigen in das selige Land Bolotu über, während die gemeinen Leute mit dem leiblichen Tode überhaupt zu Grunde gehen. Auf Samoa glaubt man, dass der verstorbene Häuptling im Jenseits wenigstens einen besonderen Platz angewiesen bekomme, und auf Neuseeland werden blos die Häuptlinge mit einem Canoe beigesetzt, womit die Erwartung auf eine dereinstige Rückkehr ins Vaterland auf die Häuptlinge beschränkt wird. „Die Grundzüge der Manenverehrung“ — sagt der gründlichste Kenner dieses Gebietes, Tylor, — „sind nicht schwierig zu verstehen, denn sie nehmen vollständig die gesellschaftlichen Beziehungen der Welt der Lebenden auf. Der todte Vorfahr, jetzt in eine Gottheit übergegangen, fährt einfach fort, seine Familie zu beschützen und Dienst und Gehorsam wie ehedem von ihr zu erhalten; der todte Häuptling wacht noch über seinen Stamm, bewahrt noch seinen Einfluss, indem er den Freunden Hilfe, den Feinden Schaden zufügt, er belohnt noch das Gute und bestraft noch das Böse mit Strenge.“

Das Leben in jener anderen Welt ist also durchaus nur eine Fortsetzung des irdischen Lebens und bleibt folglich auch allen socialen Unterschieden und socialen Rücksichten dieses Lebens treu. Bei den Zulu geniessen die Familienhäupter auch nach dem Tode noch dieselbe besondere Verehrung und Auszeichnung wie bei Lebzeiten. Ein Zulu gibt selbst hiervon die ganz consequente Erklärung: „Zwar verehren sie alle die vielen Amatongo (Manen) ihres Stammes, die um sie ein grosses Gehege zu ihrem Schutze bilden; aber ihr Vater geht vor allen Anderen, wenn sie die Amatongo verehren. Ihr Vater ist ein grosser Schutz für sie, auch wenn er todt ist. Und diejenigen seiner Kinder, die schon erwachsen, kennen ihn gründlich, seine Güte und seine Tapferkeit — sie kennen die Alten, die todt sind, nicht, ebensowenig ihre Ehrennamen und ihre eigentlichen Namen. Aber ihr Vater, den sie kannten, ist das Haupt, mit dem sie in ihrem Gebete anfangen und aufhören, denn ihn kennen sie am besten und seine Liebe zu seinen Kindern; sie erinnern sich seiner Freundlichkeit gegen sie, während er lebte, halten sich daran und sagen: Er wird uns jetzt, da er todt ist, in derselben Weise behandeln. Wir wissen keinen Grund, warum er sich um Andere ausser uns kümmern sollte, er wird sich um uns allein bekümmern.“ Ganz auf diesem Fundamente steht die ausgeprägte Manenverehrung in China noch heute seit vielen tausend Jahren.

Endlich müssen wir noch auf eine Besonderheit der animistischen Welt- und Lebensauffassung aufmerksam machen. Der primitive Mensch sah den Tod blos als eine zeitweilige Trennung des einen Ich von dem anderen (der Seele vom Leibe) an, von welchem es wie bei Schlaf oder Ohnmacht, durch die Wiederkehr des mittlerweile entflohenen, herumvagierenden Ich ein Wiedererwachen geben müsse. Daher verwendeten die meisten Urvölker (man denke nur an die gewaltigen Grabbauten der Aegypter) die grösste Sorgfalt und Mühe darauf, den Leichnam zu conservieren, um eine solche Wiedervereinigung der beiden Ich möglich zu machen. Unter dieser Voraussetzung, wenn der Tod nicht jenen definitiven Abschluss aller Lebensverhältnisse bildet wie in unserer Anschauung, erscheint die Fortsetzung socialer Unterschiede über das Grab hinaus, ganz vernünftig und consequent und andererseits sehen wir hier eine rein materielle Erklärung dafür, warum gleichwohl das Fortleben nach dem Tode blos als Privileg der Häuptlinge und Grossen erscheint. Es verlangte schon die Consequenz, dass man ihre Gebeine (die eine der Beiden zur Wiedervereinigung nöthigen Hälften) mit besonderer Sorgfalt vor Vernichtung schützte und so ihre Wiederbelebung, ihre Auferstehung, jederzeit möglich machte, während diejenigen, deren Leiber der Verwesung überlassen wurden, damit auch dem endgiltigen Tode geweiht waren. Bei vielen Völkern, wie bei den Neuseeländern, den Muruts auf Borneo und Anderen ist es Brauch, dass die Gebeine der Häuptlinge geradezu versteckt oder an unzugänglichen Orten, wie Bergesgipfeln, begraben werden, um sie vor Zerstörung zu bewahren. Die Kaffern überlassen die Knochen der gemeinen Leute einfach den Raubthieren als Aas, während sie die Leichname der Häuptlinge sorgfältig innerhalb ihrer Hürden begraben. Als der Beherrscher von Bogota gestorben war, lenkten eigens hiezu bestellte Diener, die den Ort geheim zu halten verpflichtet waren, einen Fluss aus seinem Laufe ab, gruben in seinem Bette das Grab, senkten den Caziken in dasselbe und liessen den Strom in sein natürliches Bett zurückkehren. Wen erinnert dies nicht an das Begängniss des Gothenkönigs Alarich im Busento?

Dieses übers Grab hinaus geltend gemachte sociale Vorrecht war von Anbeginn keineswegs ausschliessliches Privileg der Häuptlinge; sie mussten dasselbe mit tapferen Kriegern, grossen Zauberern u. s. w. theilen. So werden in Siam die Seelen aller grossen Männer überhaupt unter die Theparak (niederen Götter) versetzt. Auf Neuseeland theilen die todten Helden dasselbe Loos wie die Häuptlinge, ebenso auf den Tonga-Inseln. Bei den Mongolen geniesst nicht blos Dschinghiskhan, sondern auch seine ganze Familie göttliche Verehrung; bei den Chinesen werden auch Helden und Künstler zu entsprechenden Gottheiten, und denselben Zug finden wir im griechischen und germanischen Heroencultus wieder. Nach islamitischem Gesetze gelten Propheten, Märtyrer und Heilige nicht für gestorben, weshalb auch ihr Eigenthum ihnen angehörig verbleibt.

Von dieser Anschauung zu dem Glauben an die Vergötterung der Häuptlinge, der Apotheose derselben, die wohl eine der stärksten Stützen der Herrschergewalt bildete, ist nur ein Schritt.

Auf den Tonga-Inseln geht der Häuptling in einen Zustand aetherischer Göttlichkeit im seligen Land Bolotu über. In Tama (Tasmania) wurden die bejahrten Häuptlinge nach dem Tode zu Gottheiten, die das Wachsthum der Yam- und Fruchtbäume fördern, denen man opfert und zu denen man betet. In Neuseeland werden die Häuptlinge nach ihrem Tode Gottheiten niederer Ordnung, welche die Maori auf ihren Kriegszügen begleiten, führen, ihnen Muth in der Schlacht verleihen, ihre Stämme überwachen und für dieselben bis zu höheren Gottheiten sich verwandeln. Die Sandwich-Insulaner sehen den Geist ihres alten Königes für ihre Schutzgottheit an. Ebenso ansgebreitet wie auf dem mächtigen Archipelag der Südsee und des pacifischen Oceans ist der Glaube an ein göttliches Fortleben des Königs in Afrika. In Uganda wird an das Fortleben Kintas, des Begründers und Erweiterers des Reiches geglaubt, wie man in Deutschland etwa an ein wunderbares Fortleben Kaiser Barbarossas oder Josef II. glaubt. Der oben erwähnte König Lukongh gilt geradeso für unsterblich wie der König von Chazemba. In Sofala (Aethiopien) fährt die Seele des ersten Königs in einen Zauberer, durch den sie dem neuen König Rathschläge ertheilt. Die Sandeh (Niam-Niam) zollen den Gebeinen ihres grossen Königs Ntikima göttliche Verehrung, sein Geist herrscht über dem Reiche, und der jetzige König hält sich nur für den Statthalter Ntikimas. König Adólee von der Negerküste blickt nach dem Geiste seines gestorbenen Vaters aus, der König von Shoa betet vor dem Sarge seines Vaters, in Dahomeh werden die todten Könige Götter, denen blutige Hekatomben dargebracht werden, und im Yorubaland gilt Shango, der Gott des Donners, für einen grausamen und mächtigen König, der in den Himmel erhoben wurde. Auch die Mongolen verehrten ihren Dschinghiskhan als ihre Gottheit, und in Peru wie in Mexico treffen wir auf die Vergötterung der todten Herrscher ebensogut wie in China, wo die systematisch ausgebildete Manenverehrung ein besonders günstiger Boden für eine derartige Anschauung war. Aus der Sage der Culturvölker sind die apotheosirten Gestalten des Romulus, Julius Caesar, Commodus und Domitian, sowie des Gothen Theodorich (Diedrich von Bern) männiglich bekannt.

Welch mächtige Förderung für die Herrschgelüste des Einzelnem in diesem Glauben lag, dürfte der Verstand des Herrschsüchtigen bald erkannt haben. Jedenfalls unterliess es die nimmermüde Phantasie ebensowenig wie die nimmermüde Liebedienerei, auf dem natürlichen Fundamente weiter zu bauen. Mit dem Glauben an ein göttliches Weiterleben der Häuptlinge waren die Voraussetzungen für eine Stammmythologie und Stammgenealogie gegeben, nach welcher der ganze Stamm wie insbesondere die Linie der Häuptlinge als die directe Descendenz eines gemeinsamen göttlichen Stammherrn — der in Wirklichkeit natürlich auf umgekehrtem Wege entstanden — betrachtet wurde. Wie viel Verdienst an diesen Genealogien der naive Dichter, wie viel der berechnende Schranze hat, lässt sich in keinem Falle mehr bestimmen.

III.

War in der animistischen Weltauffassung, welche das durchgehende geistige Medium bildete, in dem sich die Gedanken des Naturmenschen bewegten, eine starke Stütze der Herrschaft für die danach Strebenden gegeben, so lag in ihr auch der Keim zu einer Macht, welche — zum Segen oder Unheil — zu allen Zeiten der ernsteste Rivale der sogenannten „weltlichen“ Herrschaft der Häuptlinge, Könige und Kaiser war, der Macht des Priesterthums.

Der Zauberer war zunächst ein Besessener, der Medicinmann zunächst selbst ein Kranker. Der animistische Zauberglaube, welcher aber in ihren Ursachen unbekannte Erscheinungen des Lebens und der Natur, als die Wirkung von im Geheimen waltenden guten oder bösen Geistern erklärt, konnte consequentermassen die Beseitigung gewisser Erscheinungen wieder nur in der Austreibung und Beschwörung dieser Geister erblicken. Zu dieser Beschwörung mussten aber gerade Jene am geeignetsten erscheinen, welche im höheren Grade Sitz und Werkzeug eines Zauberdämons schienen, die Epileptiker, Hysterischen, Wahnsinnigen u. s. w. So entstand der Glaube an die Zauberkraft extatischer Personen, welche die ersten Priester und die ersten Aerzte waren. Aber nicht die primitive Heilkunde allein verschaffte dem Zauberer sein Ansehen. Es wurden, wie gesagt, alles Unbekannte im Lichte des Zaubers gesehen, und man glaubte daher, alles im Wege des Zaubers erfahren und beseitigen oder herbeiführen zu können. Der Viehzüchter, dem die Gesundheit seiner Heerden schwer am Herzen lag, glaubte mit Hülfe eines tüchtigen Zauberers all die bösen Dämonen bannen zu können, welche das Vieh mit Seuche schlugen. Der Ackerbauer hoffte durch die Macht des Zauberers den heissersehnten Regen für seine Saaten zu erhalten; darum ist für ihn der Wundermann in erster Linie „Regenmacher“ (in Afrika nekuma). Auch wenn ein Verbrechen verübt wurde, dessen Thäter unbekannt ist, oder wenn der Stamm von einer Plage, Noth oder Seuche heimgesucht ist, die als eine Strafe der Dämonen, als „Geissel Gottes“ für ein unbekanntes Verbrechen angesehen wird, erfolgt die Ermittelung des Verbrechers und seiner That nicht durch ein richterliches Collegium, sondern durch Zauber, durch Gottesurtheil; die Versammlung, welcher, wie wir gesehen, die Rechtspflege obliegt, verhängt meist blos die Strafe, das Mittel der Rechtsfindung ist aber der Zauber, und der eigentliche Richter ist der Zauberer.

So war der Priester vor ungezählten Tausenden von Jahren zugleich

Wunderarzt, Thiersegner, Exorcist, Regenmacher, Oberinquisitor, und so ist er es, wenigstens am flachen Lande in fast ungeschwächtem Ansehen auch heute noch geblieben. Noch heute lässt sich im Gebirge der Kranke lieber den Priester als den Arzt holen, noch heute lässt man lieber die Ställe „räuchern“ und segnen, statt sie zu desinficieren, noch heute veranstaltet die katholische Kirche in officieller Form Bittgänge um Regen, und wenn die Inquisition heute abgeschafft ist, so ist es nicht das Verdienst der Priester, und die Rechtsfindung durch Gottesurtheil hat inmitten der modernen Rechtspflege nichts an Kraft verloren.

Wir werfen hier nur einen flüchtigen Blick in eines der ältesten Capitel der menschlichen Geschichte; aber eben weil die Charaktere trotz vieltausendjährigen Alters nichts an Frische und Kraft verloren haben, ist gerade dieses Capitel das am wenigsten dunkle. Wer möchte die Macht und den Einfluss des Priesterthums auf die naiven Gemüther der Menschen in Zweifel ziehen? Wie viele sind ihrer denn heute, welche ganz die Furcht vor dem Unbekannten abgestreift haben, wie viele giebt es selbst heute, die, wenn schon nicht aus Furcht vor Göttern, so doch aus Menschenfurcht, dem priesterlichen Bannstrahl nicht kleinmüthig aus dem Wege gehen, und ihm sich beugen? Gerade hier, wo es sich um die geistigen Grundlagen handelt, zeigt sich, wie schwer der Mensch den Pfad des Fortschrittes berganklimmt, und wie es thatsächlich nur Einzelnen vergönnt ist, vom Gipfel das gelobte Land zu schauen, das wir im Wahnwitz allen öffnen möchten, dieweildie meisten noch gebückt unter der Riesenlast urweltlicher und urwäldlicher Vorurtheile am Fusse des Berges zurückbleiben. Wenn man, ohne sich von Worten wie Monarchismus, Moral, Christenthum blenden zu lassen, die geistige Verfassung eines Tiroler Bergbauern mit einem afrikanischen Neger vergleicht, so wird man kaum einen wesentlichen Unterschied herausfinden. Beide sehen Welt und Leben im Lichte der animistischen Anschauung, auf beide übt der Priester die weitaus grösste Macht aus, die es überhaupt giebt, beide werden vom Priester beherrscht, aber nicht etwa weil er das Beispiel eines wahrhaft frommen Wandels war, nicht weil er als Diener Gottes etwa die Menschenwürde und Menschentugend in sich besonders rein verkörperte, sondern weil er als der Geschäftsvermittler zwischen Gott oder den Göttern und den Menschen gilt, weil er gewissermassen die irdische Zahlstelle für das Jenseits ist, und von seinem Segen oder Fluch Krankheit und Gesundheit, Regen oder Dürre, Leben oder Tod, Seligkeit oder Verdammnis abhing.

Welche Macht in der priesterlichen Function verborgen lag, das zeigt jedes Blatt, jede Zeile der menschlichen Geschichte. Wir haben schon in den ersten Capiteln dieses Buches darauf hingewiesen, dass selbst bei den allerprimitivsten Völkern der Zauberer eine gewisse Rolle spielt. Dieser Zauberer war selbst ein Kranker und sich seiner Macht kaum bewusst, weshalb er auch seine Macht nicht zur Begründung einer Herrschaft planmässig auszunutzen verstand. Aber was Er nicht that, das thaten bald Andere; man suchte diesen werthvollen Wahnsinn (mania) absichtlich herbeizuführen, man lernte die Zauberei, um ihren Einfluss üben zu können, und so begegnen wir denn bald bei den Naturvölkern, und selbst bei solchen, welche kaum Ansätze der politischen Herrschaft besitzen, Priester- (Zauberer) schulen[1]) und einem priesterlichen Stand.

Die Herrschaft, welche der Zauberer und Priester ausübte, war die ernsteste Rivalin der politischen Herrschaft zu allen Zeiten und ist es heute noch. Wir können mehr Beispiele finden, wo die Macht der Priester die politische Macht aufgesogen, die weltliche Herrschaft geradezu erdrückt hat als Beispiele von Fällen, wo die weltliche Herrschaft die geistliche vollständig sich ergeben machte oder dieselbe gar ausrottete. Von der letzteren Art ist mir wenigstens bis heute kein Fall bekannt. In den meisten Fällen konnten die politischen Herrscher sich nur ihrer Macht freuen, indem sie statt mit dem Rivalen zu kämpfen, sich mit ihm verbanden und mit ihm die Herrschaft theilten. Es wiederholt sich hier etwas Aehnliches, wie bei dem Kampf zwischen Hordenehe und Familienehe; zwei sociale Formen ringen gewissermassen miteinander um ausschliessliche Geltung; allein der Kampf ist nicht, wie in dem anderen Falle, bereits ausgetragen, und, wenn wir in Betracht ziehen, wie weit die grösste Mehrheit der Menschen noch davon entfernt ist, die Verbindlichkeit der socialen Formen in ihrer nackten natürlichen Begründung denken zu können, dürfen wir uns nicht darüber hinwegtäuschen, dass der mächtige Vorstoss des Clericalismus, der gerade jetzt die bestehenden politischen Gebilde der Culturwelt aufs Tiefste erschüttert, nicht der letzte sein wird und sein kann.

---

[1]) Vgl. über die Erziehung zum Zauberer bei den Aleuten: Reclus, Primitive Folk S. 70ff.

Zweiter Theil.

Die politische Entwicklung.

Siebentes Capitel.

Der Process der politischen Entwicklung.

I.

Wir haben bisher den Fortschritt des socialen Entwicklungsprocesses lediglich an einer Gruppe studirt, wir haben gewissermassen eine exemplarische Gruppe auf ihrem Wege beobachtet. Allein ein solcher Fortschritt wäre in der Isolirung der Gruppen undenkbar; so wie wir das menschliche Individuum nicht aus der Mitte anderer gleicher Individuen, aus der Gesellschaft herausreissen können, so wie sein ganzes Werden und Wesen mit Millionen Adern und Fasern am Leben des socialen Körpers theilnimmt, so ist auch die absolut vereinzelte Gesellschaftsgruppe kaum denkbar und noch weniger auffindbar. Wir haben gesehen, dass schon der erste durchgreifende Differencirungsprocess, der sich an den primitivsten Gruppen vollzieht und dieselben in organisirte sociale Gruppen umwandelt, dass schon die Bildung der Familie unbedingt die Wechselwirkung zweier Horden erfordert. Dort, wo die Isolirung zwar nicht vollkommen, aber doch immerhin grösser war, als unter normalen Verhältnissen, wo sich die einzelnen Horden nur selten begegneten und keinen Verkehr, wäre es auch nur den Verkehr mit Waffen, pflegen konnten, dort finden wir in der That, dass die Familie in dem Sinne, wie wir sie kennen gelernt haben, nicht besteht. Die sociale Entwicklung setzt Wechselbeziehungen der einzelnen Gruppen voraus, und es ist nun an der Zeit, diese Wechselbeziehungen kennen zu lernen.

Es kann nicht die Aufgabe der Sociologie sein, die Frage der Einheit und Vielfältigkeit der Schöpfung, des Polygenismus oder Monogenismus aufzurollen und zu lösen, oder gar ihre Sätze von der Lösung dieser Fragen abhängig zu machen. Sie hat dies um so weniger von Nöthen, als die ethnische Vielheit im Beginne der zugänglichen Erfahrung bereits eine Thatsache ist. Die Sociologie darf wie jede andere Wissenschaft für sich die Wohlthat in Anspruch nehmen, dass sie ihr Substrat, die menschliche Gesellschaft, wenn auch in ihrer allerprimitivsten Form, als gegeben betrachtet und die Probleme der allgemeinen Schöpfungsgeschichte anderen Wissenschaften überlässt.

Ob die Vielheit der socialen Gruppen originärer oder evolutionärer Natur ist, hat für die Sociologie eine sehr untergeordnete Bedeutung. Auch wenn man annimmt, dass der Act der Menschwerdung sich nur einmal und an einem Orte vollzogen hat, so musste doch, wie bereits früher dargethan wurde (S. 41) die Ungleichheit der äusseren Lebensverhältnisse, die oft in räumlich sehr eng begrenzten Umkreisen die crassesten Gegensätze aufweist, von allem Anbeginne und gleich bei der ersten Ausbreitung des Menschen eine derartige Differencirung in leiblicher und geistiger Beziehung herbeiführen, dass sich sofort die in relativer Isolirtheit lebenden Gruppen als verschiedene Rassen entgegentraten. Ebensowenig aber wie die einheitliche Abstammung des Menschen die uns thatsächlich schon in der Urzeit und vor dem socialen Entwicklungsprocess überall entgegentretende Vielheit und Vielgestaltigkeit ausschliesst, würde die andere Möglichkeit, welche der polygenetische Standpunkt behauptet, die ursprüngliche Vielheit des Menschen nämlich, die einheitliche Entwicklung zu behindern und auszuschliessen vermögen. Die entgegengesetzte Meinung hat ihre Wurzel in der ganz falschen Schätzung des Antheiles, den die Initiative (Erfindung) und die Anpassung an dem socialen Entwicklungsprocess haben.

Jeder sociale Fortschritt ist eine arithmetische Progression mit einer unendlich grossen Grundzahl und einer verschwindend kleinen Differenz; aber es ist doch eine Differenz da, und sie macht den Fortschritt aus, sie ist das Neue. Und woher kam sie? Aus dem luftigen Reich der Ideen oder aus jenen Leibesregionen, wo der Hunger nagt? Die Erkenntnis des Nützlichen und der Wunsch nach dem Besseren sind die elementarsten Formen menschlicher Bethätigung, aber auch bei den höheren Thieren vorhanden. Der Hund, die Katze, sie haben ausgesprochene Vorliebe für eine oder die andere Nahrung, und wenn man ihnen verschiedenes Futter vorsetzt, so wählen sie; sie suchen sich auch das Plätzchen aus, wo sie ruhen; die Wahl setzt die klare oder unklare Vorstellung eines Besseren voraus. Die Vorstellung erzeugt den Wunsch, und der Wunsch treibt Thier und Meschen an, auf Mittel zur Befriedigung des Wunsches zu sinnen. Die Geschichte des individuellen Eigenthums, die wir gegeben, zeigt uns, wie man sich unter socialen Erfindungen nicht etwa sensationelle Gedankengebäude, ähnlich den utopistischen Systemen moderner Socialphilosophen vorstellen darf. Es handelt sich um unendlich kleine Differenzen, die eine ununterbrochene Reihe und Brücke von den elementarsten thierischen Bedürfnissen in die lichte Region der menschlichen Ideen bildet: das Erfinden ist eigentlich immer nur ein Finden nach langem suchenden Umhertappen. Der Einfall, den besiegten Feind nicht zu erschlagen und gleich zu fressen, sondern vorher — das Leben des Besiegten gehörte trotzdem dem Sieger und der Tod war nur gestundet — noch für sich arbeiten zu lassen, hatte nichts mit Edelmuth, nichts mit Hoheit des Herzens oder des Geistes zu thun. Dass der Fidschiinsulaner[1]), welcher sein Weib fressen will, diesem vorher noch befiehlt, das Feuer zu bereiten, in dem sie schmoren soll, ist wahrhaftig kein Beweis grösserer Herzensgüte, und doch verräth es das Aufdämmern eines neuen Lichtes der Erkenntnis, der Idee, dass der Mensch, bevor man ihn tödtet, noch etwas leisten kann, und dass er lebendig vielleicht nützlicher ist als todt. Auf diese Weisheit, dass man die Henne, welche Eier legen soll, nicht erschlagen darf, reducirt sich alle rationelle Wirthschaft der Welt, und der sie zuerst übte, war ein genialerer Nationalökonom als Adam Smith.

Aus der Natur der Thatsachen geht hervor, dass jede sociale Erfindung nicht gerade nur einmal gemacht werden muss; die Initiative zu einem Fortschritt kann in voller Unabhängigkeit an tausend Orten der Erde gleichzeitig oder zu verschiedenen Zeiten ergriffen werden, und sie wird immer ergriffen werden, wo das objective Bedürfnis und die subjective Eignung zum Fortschritte gegeben ist. Gleiche Bedürfnisse können in Peru und in Centralafrika zu verschiedenen Zeiten und ganz unabhängig von einander gleiche Erscheinungen hervorrufen, und es ist einfach eine nicht zu läugnende Thatsache, dass dies zu ungezählten Malen geschehen ist und geschieht.

Die Einheit der socialen Entwicklung ist also von der Frage der polygenetischen oder monophyletischen Schöpfung vollkommen unabhängig.

Ein anderer nicht minder wichtiger Factor der socialen Entwickelung

---

[1]) Letourneau Sociologie p. 153.

ist die Nachahmung. Es giebt Forscher, welche in der „Imitation“ die wichtigste Erscheinung des socialen Lebens und in den „Gesetzen der Nachahmung“ die socialen Gesetze schlechtweg sehen wollen. So durch einen Ritz die sociologischen Probleme zu betrachten, geht nun doch nicht an. Es ist kein Zweifel, dass das psychologische Problem der Sociologie zum guten Theile durch Imitation zu lösen ist. Erziehung, sei sie nun noch so primitiv oder noch so fortgeschritten, beziehe sie sich blos auf Bethätigung der körperlichen Kräfte und Sinne oder auf den Gebrauch der höchsten geistigen Fähigkeiten, Erziehung beruht doch stets zum weitaus überwiegenden Theil auf Nachahmung. Das sociale Band, welches in dem Bewusstsein der Artgleichheit liegt, ist aus Nachahmung gewoben. Gleichmachung (Assimilation) im Wege der Nachahmung und Erziehung ist der einzig mögliche Weg zur Bildung socialer Gleichengruppen. Auch das ist eine nackte Thatsache, die niemand in Zweifel ziehen kann. Die Weltgeschichte, vom ersten bis zum letzten Blatt, kennt keinen einzigen Fall, wo sich die Verschmelzung heterogener Elemente anders als durch gegenseitige Accomodation und Assimilation, durch die Anpassung an die gleichen socialen Formen vollzogen hätte.

Die Nachahmung von Volk zu Volk, von Horde zu Horde ist auch nicht erst auf einer höheren Stufe der Cultur zu suchen; wir treffen sie unter allen Umständen.

Wir haben in den vorhergehenden Capiteln eine gewisse Unterscheidung zwischen pastoraler und agricoler Socialentwicklung gemacht und gesagt, die Ackerbauer haben die Verwandtschaftsgruppe, das Mutterrecht und das Grundeigenthum geschaffen, die Viehzüchter dagegen die Herrschaftsgruppe, das Vaterrecht und das mobile, capitalistische Eigenthum. Das ist natürlich nur theoretisch aufzufassen und nicht etwa so zu verstehen, als ob es irgend ein Volk gäbe, welches rein den pastoralen und ein anderes, welches rein den agricolen Typus ohne Beimischung des anderen repräsentirte. Deswegen ist der Typus nicht weniger eine Thatsache, als etwa das chemische Element, welches ja auch nur höchst selten oder gar nie in voller Reinheit in der Natur vorkommt. Wir werden in der Folge auch noch einen commerciellen und industriellen Typus als Thatsache kennen lernen. In der Wirklichkeit kommen diese socialen Typen natürlich nie rein vor. Es giebt kein mutterrechtliches Volk, bei welchem nicht wenigstens Ansätze der Androkratie und kein Volk mit ausgesprochen patriarchalen Einrichtungen, wo nicht wenigstens Spuren des Mutterrechtes vorhanden wären. Es gibt aber auch keine oder doch nur äusserst wenige rein viehzüchtende und nomadisirende Völker, die nicht wenigstens zeitweise oder theilweise sesshaft wären und vorübergehend und wenigstens nebenher Ackerbau treiben würden. Das Vorkommen verschiedener Züge des agricolen und des pastoralen Typus bei einem und demselben Volke kann also schon originärer Natur sein, d. h. auf Erfindung und Selbstschöpfung zurückgehen, und in diesem Falle hängt von dem Vorwiegen der einen oder der anderen Wirthschaftsform das Vorwiegen einer oder der anderen Gesellschaftsform ab. Allein auch durch directe Nachahmung ist diese Verquickung und Verschmelzung fremder Formen zu erklären, und eine fremde Institution wird um so eher Nachahmung bei einem Volke finden, je überlegener die culturelle Macht des einen Volkes ist, je grösser das Bedürfnis nach der betreffenden socialen Einrichtung ist und je mehr sie dem Charakter des anderen Volkes, seinen Leidenschaften u. s. w. entspricht. Die Berührung mit dem Christenthum hat z. B. allerorten die letzten Spuren des Mutterrechtes ausgetilgt, und das Patriarchat befestigt. Unsere Rechtspflege ist zum grössten Theile der römischen Rechtspflege nachgeahmt. Fälle, wo ein Volk geradezu die Lebensweise eines anderen und damit ganz oder theilweise auch dessen sociale Einrichtungen annimmt, kennt die Geschichte der Naturvölker in reichem Masse, und auch wir werden darauf noch zurückkommen müssen. Auch der Fall ist nicht selten, dass nicht eine directe Uebernahme und Nachahmung einer Form stattfindet, sondern dass eine Form nach dem Exempel einer schon vorhandenen gebildet wird. Das classische Beispiel dieser Art haben wir bereits kennen gelernt in der Bildung der Vaterverwandtschaft nach dem Exempel der Mutterverwandtschaft. Interessant ist, dass in einzelnen Fällen — wo der Kampf zwischen mütterlichen Verwandtengruppen und der väterlichen Familie, nicht mit dem Siege der letzteren, sondern mit dem der ersteren endete — eine Art Mutterfamilie mit gynäkokratischem Charakter[1]) entstand, welche sich in der Ausbildung ihres ganzen Charakters offenkundig an das den betreffenden Völkern bekannte Beispiel der androkratischen Familie anlehnte.

Diese letztere Art von Nachahmung zeigt auch recht deutlich, dass

[1]) Die Gynäkokratie ist also direct eine ausserordentliche Form, die auch nur vereinzelt vorkommt. Mucke meint, diese gynäkokratische „Mutterfamilie“, wo der Mann Sclave und fremd ist, überall dort sehen zu müssen, wo die sogenannte „Dienstehe“ besteht, d. h. wo der Brautpreis statt baar bezahlt zu werden, abgedient wird. Wir müssen uns wieder der Ansicht Starckes anschliessen, nach welcher Dienstehe eine blosse Abart der Kaufehe ist. Thatsächlich findet sie sich auch bei Völkern, z. B. den Juden, wo von Gynäkokratie auch nicht die leiseste Spur vorhanden ist.

zwischen Erfindung und Nachahmung ein wesentlicher Unterschied nicht besteht, dass jede Nachahmung eine mehr oder minder klar bewusste Nacherfindung ist, und dass beide auf dieselbe Wurzel zurückgehen, auf das Bestreben, ein vorhandenes Bedürfnis zu befriedigen. Es ist daher auch falsch, wenn man sagt, die Erfindung sei vorwiegend individuellen, die Nachahmung socialitären Charakters. Jede Erfindung erhält ihre sociale Bedeutung nur dadurch, dass sie von anderen nachgeahmt und dadurch socialisirt wird, und jede Nachahmung muss von Individuen ausgeübt werden.

Wir können uns hier — so verlockend der Anlass wäre — nicht auf eine weitere Erörterung dieser Angelegenheit einlassen; die Aufgabe dieses Bandes ist lediglich, Thatsachen festzustellen, das Gesetzmässige in den social-psychologischen Erscheinungen wird der nächste Band behandeln.

Als eine Thatsache muss aber noch festgestellt werden, dass, wie alle Erfahrung lehrt, sowohl die Initiative als auch die Nachahmungs- und Anpassungsfähigkeit und damit auch der wirthschaftliche, sowie der mit diesem eng verknüpfte sociale Fortschritt bei jedem einzelnen Volke seine gewisse Grenze hat.

Wenn man heutzutage vom Uebergange eines Volkes aus einer Wirthschaftsform zur anderen spricht, so zieht man in der Regel ausschliesslich die äusseren Verhältnisse zu Rathe; wo weite Steppen sich hindehnten, bildeten sich nomadisirende Heerdenzüchter, in unabsehbaren Waldregionen konnte nur der tieferstehende Jäger gedeihen. Das hat auch eine gewisse Selbstverständlichkeit für sich, denn ohne Wasser keine Fischer, ohne Wald keine Jäger, ohne Weide kein Hirt; allein so ganz von aussen vollzogen sich diese hochwichtigen socialen Revolutionen doch nicht; dass sich ein Hirtenvolk unter gewissen äusseren Umständen dem sesshaften Leben des Ackerbauers anpasst, geschieht wohl oft aber nicht immer, wie man ja aus unzähligen Beispielen der neueren und alten Geschichte sehr gut weiss. Während die Juden, Germanen, Magyaren, Türken u. s. w. verhältnismässig leicht ihr Nomadenleben aufgaben, ist es bis heute nicht gelungen, die Zigeuner von den Vortheilen und Segnungen der Sesshaftigkeit zu überzeugen; an äusseren Veranlassungen dazu hat es wahrlich nicht gefehlt, ja selbst am Zwange und an der Noth nicht, und wenn dieses Volk dennoch die bewusste Revolution nicht machte, so kann der Fehler nur in einer inneren Veranlagung der Rasse liegen, die es ihr unmöglich macht, sich veränderten socialen und wirthschaftlichen Verhältnissen anzupassen. Wir haben es hier mit psychologischen und wahrscheinlich auch physiologischen Voraussetzungen zu thun, welche die Unterlage für die einer bestimmten socialen Organisation unerlässlichen socialen Begriffe, vielleicht auch Gefühle bilden. Der Afrikaner hat eine ausgesprochene Neigung, sich einem anderen Willen unterzuordnen, und der in Afrika so oft erscheinende Despotismus entspricht den socialen Gefühlen und Anschauungen des Volkes so vollkommen, wie dem Engländer seine Magna charta. Der Indianer Amerikas besass diesen Geist der socialen Subordination nie, und die Folge war, dass er, obwohl vielleicht viel besser veranlagt als der Neger, doch nie eine sociale Stufe wie dieser erreichte; während die deutsche Regierung mit Aussicht auf guten Erfolg den Versuch unternimmt, die autochthone Bevölkerung Afrikas auf der Stufe einer kleinbäuerlichen Existenz der Cultur zuzuführen und zu erhalten, sind die in vieler Hinsicht edleren Rothhäute heute bis auf einen geringen Rest ausgestorben, und wären es vermuthlich nicht weniger, wenn die civilisirte Menschheit mit ihnen früher etwas weniger barbarisch umgegangen wäre.

Dieser Unterschied der psychologischen Veranlagung für eine bestimmte Culturstufe ist keineswegs originäre Naturveranlagung, sie ist vielmehr das Werk einer langen socialen Erziehung, das Product einer Vererbung durch ungezählte Generationen. Allein einmal festgestellt kann dieser Habitus eine Festigkeit erhalten, dass er weder durch Erziehung, noch durch die Macht der Verhältnisse und die Noth des Lebens mehr geändert werden kann. Ein Volk, das seinen abgeschlossenen Culturtypus trägt, kann mitten in namenlosem Elend weiterleben und mitten im Segen verderben. Die Feuerländer führen ein wahrhaft unglaublich schweres Dasein und könnten ein besseres führen, denn das Land ist zum Anbau keineswegs ungeeignet; allein der Feuerländer wird es nie bebauen. „Wenn wir die trübe Geschichte unserer Rasse in allen Einzelheiten kennten — sagt Bain[1]), — so würden wir zahlreiche Beispiele von Stämmen haben, die untergegangen sind, weil sie unfähig waren, ein sociales System oder die Verpflichtungen, die es auferlegt, zu begreifen." Von den zahlreichen Stämmen der Germanen haben nur einige wenige den letzten Schritt zum Ackerbauer gemacht und sich der Cultur erhalten, während die meisten anderen, darunter sonst hochbegabte wie die Gothen, dem Rückfall in das alte Kriegs- und Wanderleben des Nomadismus zum Opfer gefallen sind und untergiengen.

---

[1]) The Emotion and the Will p. 72.

Der wirthschaftliche Fortschritt ist — davon können wir uns ja auch heute noch überzeugen — keineswegs Etwas, was die Menschen so bereitwillig aufnehmen, und auch die erste wirthschaftliche Revolution vom Fischer- und Jagdleben zum Hirten- und Feldbauerleben vollzog sich sehr ungleichmässig. Viele blieben zurück, und nur wenige schritten voran. Wie wenig hier örtliche Gemeinsamkeit oder Stammverwandtschaft ausschlaggebend waren, zeigt der Vergleich zwischen den viehzüchtenden Hottentotten und ihren nächsten örtlichen und ethnischen Verwandten, den Buschmännern. Nicht weniger Opfer fordern die modernen Umwandlungsprocesse der Productionsweise; ganze Schichtenlagen der Culturmenschheit verfielen dem socialen Elend, der Proletarisirung, weil sie nicht die subjective Fähigkeit hatten, sich neuen socialen Formen anzupassen. Gegenwärtig wird im Osten Asiens um den Leib eines vieltausendköpfigen Culturstaates gewürfelt, dessen Volk die Anpassungsfähigkeit an die Formen der Weltwirthschaft, der sich nichts verschliessen kann, verloren hat; und dasjenige Volk, das das erste Stück Fleisch aus dem Leibe Chinas geschnitten hat, ist räumlich und ethnisch der nächste Verwandte, es ist Japan, das die China mangelnde Anpassungsfähigkeit im höchsten Grade besitzt; während letzteres — wie es scheint — in Agonie liegt macht jenes eine überraschende Carriere in die Reihe moderner Culturstaaten.

Die Nachahmung hat ihre subjectiven Grenzen, und von der Gradverschiedenheit dieser Anpassungsfähigkeit hängt die Verschiedenheit der Rassen nicht minder ab, als von der Manigfaltigkeit der die Menschen umgebenden objectiven Verhältnisse.

II.

Wir haben gesehen, dass die Gesellschaft auf dem Gleichheitsgefühle aufgebaut ist; die Ungleichheit bedeutet den Krieg.

Eine Unterscheidung der Völker in kriegerische und friedliche und Zugrundelegung dieser Unterscheidung für die weitere sociale Entwicklung ist zum mindesten uncorrect. Es gibt allerdings ausgesprochen kriegerische Völker und dementsprechend auch einen kriegerischen Typus in socialer Beziehung (Spencer); aber dieser kriegerische Typus ist einfach der Inbegriff jener socialen Formen, die auf Macht und Gewalt beruhen: die Herrschaft beruht auf Macht und Gewalt, der Krieg appellirt nur an Macht und Gewalt, und der Hirte ist geborener Herr und Krieger, ob er nun mit seiner Karawane nomadisirend dahinzieht, der Schrecken der Nachbarstämme, oder ob er sich auf dem Boden eines unterjochten

Feindes niedergelassen und hier die Herrschaft in aller Form etablirt hat, indem er diesen frohnden lässt und selbst ausschliesslich dem edlen Waffenhandwerk obliegt. Die Ackerbauer sind aber von Haus aus darum nicht minder kriegerisch; es ist ihnen nur nicht so leicht die Möglichkeit und Gelegenheit geboten, die wilde Kampf- und Rauflust, die den Menschen zu einem der grausamsten Thiere stempelt, so austoben und grosswachsen zu lassen, wie den nomadisirenden Hirtenvölkern; diese sind nur offensiver, jene defensiver.

Die Kampflust steckt allen Menschen gleich mächtig in der Brust, und nur der Beruf ist es, der sie sänftigt und beschwichtigt, indem er die Pausen zwischen Krieg und Krieg immer mehr verlängert; aber auszutilgen vermag er sie nicht, nicht im Naturzustande und nicht im gesegneten Zeitalter Elihu Buritts und Berthas v. Suttner. Wenn die Kriegsfurie losgelassen ist und die Kanonen mit ehernen Zungen sprechen, da verschwindet alles, was den socialen Fortschritt von ungezählten Jahrtausenden ausmachte, wie mit einem Schlage in eine Versenkung, da hört Gesetz und Recht auf, Recht und Gesetz zu sein, da schwinden Schranken von Stand und Beruf, da verblassen die ohnedies zarten Bilder von Menschlichkeit und Sitte in der Seele der Kämpfenden, alle Rücksicht schwindet, das Individuum wird nicht mehr gefragt, wie in Urzeiten stürmt Horde auf Horde, Blutbrüderschaft schliesst die Kämpfenden zusammen und ein toller blutgieriger Hass gegen den „Anderen“ den „Fremden“, den Feind; rauben, plündern, schänden, morden, sengen und brennen darfst du im fremden Land, nur nicht auffressen den Feind; das ist aber auch der einzige Unterschied, der den Kampf von heute von dem der Natur- und Urvölker unterscheidet.

Woher rührt diese erschreckende Erscheinung? Daher, dass der Kampf der natürliche Zustand zwischen zwei socialen Gruppen ist, und dass der Mensch sich diesem Naturzustande von Zeit zu Zeit widerstandslos hingiebt, ähnlich wie oft auf den höchsten Culturstufen die ekle, ungeregelte Fresslust oder der ungebändigte Geschlechtstrieb des Naturmenschen mit aller Ursprünglichkeit wieder einmal hervorbricht.

Der Krieg ist das Bleibende in der Flucht der socialen Erscheinungen aller Zeiten und aller Völker, seine Ursachen und seine Wirkungen sind immer dieselben geblieben, kaum geändert in unwesentlichen Formen.

Jeder Krieg ist entweder der wirthschaftliche Concurrenzkampf in seiner nacktesten Form, oder der natürlichste Weg zur Befriedigung des im Menschen schlummernden Hasses gegen den Fremden; meist fallen beide Ursachen in Eine zusammen, und der Concurrent ist als Fremder doppelt gehasst. Dass der Fremde kein Mensch sei, dass man ihn also, wo immer man ihn trifft, berauben und morden dürfe, ist leider nicht blos ein Grundsatz der Naturvölker: man erinnere sich an den Abscheu, mit welchem die Juden in ihrer Heimath den „Fremdling" betrachteten, und wie sie selbst wieder heute noch mitten in den modernen Rechtsstaaten als Fremdlinge gehasst und verachtet sind, auf welche fromme Seelen ein „Schussgeld" aussetzen möchten. Man erinnere sich an den Hochmuth, mit welchem die hochgebildeten Hellenen auf den Fremden als Barbaren, als Halbmenschen herabblickten. Columbus veranstaltete auf den Antillen förmliche Jagden auf die „Wilden", die christlichen Eroberer Amerikas führten daselbst den Krieg gegen hochcivilisirte Völker mit einer bestialischen Grausamkeit und Rücksichtslosigkeit, als ob sie es nicht mit Menschen, sondern mit reissenden Thieren zu thun hätten; die Holländer in Südafrika schiessen die Buschmänner, wo immer sie solche treffen, einfach wie tolle Hunde zusammen, und was die englischen und deutschen Culturträger den afrikanischen „Wilden" gegenüber an unmenschlichen Grausamkeiten leisten, hat die Zeitungen und Parlamente der Heimath mit Entsetzen und lauten Schreien der Entrüstung erfüllt. Indessen vergisst diese öffentliche Meinung, dass die Culturvölker eben dieses, von wildem Rassen- und Fremdenhass durchwühlten Europa bis an die Zähne in Waffen starren und nur des Augenblickes harren, wo die eine Rasse sich auf die andere stürzen kann, um den verhassten Fremdling auszutilgen.

Wenn das auf der höchsten Stufe der menschlichen Cultur möglich ist, darf man sich nicht wundern, wenn sich die ursprünglichen Schwärme, wo immer sie sich treffen, wie zwei Raubthiere aufeinanderstürzen; der unterliegende wird getödtet und dann, wie irgend ein anderes Wild, das auf der Jagd erlegt wurde, aufgefressen; die weite Verbreitung des Cannibalismus ist ein Beweis, dass die Grausamkeit der Kriege an allen Punkten der weiten Erde stets die gleiche war und ist.

Dass der Fremde auch schon auf der Naturstufe fast immer auch als der wirthschaftliche Concurrent auftritt, verschärft nur noch die Lage und bringt den tiefeingewurzelten Hass jeden Augenblick zu neuem Ausbruch. Daher kommt es, dass bei den Naturvölkern oft schon der kleinste Anlass,

---

[1]) Letourneau a. a. O. chap. XII. De l'anthropophagie.

Viehdiebstahl, der Raub eines Weibes, Wilderei (Jagen in vorbehaltenem Gebiete), Einbruch in die Saatfelder u. dgl. den Krieg entfesselt, der nicht selten mit der vollkommenen Vernichtung des einen der beiden Völker endet[1]). Dass bei den civilisirten Völkern die Ursachen der Kriege keine anderen sind, haben ja gerade die letzten Kriege zwischen Japan und China, zwischen Griechenland und der Türkei, zwischen Spanien und Amerika wieder deutlich gezeigt. Immer begegnen wir derselben Thatsache: wirthschaftliche Concurrenz und Rassenhass.

Sowie die Ursachen sind auch die socialen Wirkungen des Krieges immer dieselben geblieben, seit man erkannt hat, dass es besser sei, den unterliegenden Gegner, statt ihn zu verzehren, indirect sich zu Nutze zu machen, indem man ihn für sich arbeiten lässt. Wie sich das im einzelnen Fall abgespielt hat, haben wir ausführlich an dem Beispiele der Begründung der persönlichen Herrschaft des Mannes über das erbeutete Weib gesehen. Ganz nach demselben Muster hat sich auch die politische Herrschaft entwickelt. Ist der Sieg des einen Stammes über den andern ein vollständiger, so dass der unterliegende Theil gebrochen im Widerstande, die Waffen streckt, so sind folgende Fälle möglich.

1. Wegnahme des Landes (Landnahme) durch den Sieger, Ansiedelung des letzteren im Lande des Besiegten, Uebernahme aller Eigenthumsrechte durch den Sieger und vollkommene Knechtung und Versclavung des Besiegten.

2. Belassung des Besiegten auf seinem Lande unter:

a) Statuirung eines politischen Oberhoheitsrechtes und eines Obereigenthumsrechts des siegenden Theiles gegenüber dem Besiegten (Hörigkeit) oder

b) Belassung des Besiegten in seiner Autonomie und in seinen Eigenthumsrechten gegen Leistung einer ständigen Natural- oder Geldabgabe (Tribut) oder endlich

c) gegen Entrichtung einer einmaligen Dienstleistung (Kriegsentschädigung).

Auf einen dieser Fälle läuft ein jeder Krieg hinaus, der mit einem vollkommenen Siege endet, es ist aber klar, dass alle Fälle auf die einfache Formel zurückzuführen sind, dass der Sieger den Besiegten für sich

---

[1]) Ebendaselbst, chap. XI. des moeurs guerrières.

arbeiten lässt. Daran wird auch nichts geändert, ob die Kriegsentschädigung in Naturaldiensten oder in Geld geleistet wird; auch dieses Geld ist Arbeitsproduct. Da aber, den anderen für sich arbeiten lassen, ihn beherrschen heisst, so ist das Resultat des Krieges und natürlich auch das gewollte Resultat, d. h. der Zweck des Krieges, immer und überall die Herrschaft gewesen; auch hieran wird nichts durch die Möglichkeit geändert, dass die Herrschaft in dem einen Falle in aller Form declarirt wird, in dem anderen aber als blosse Hegemonie factisch besteht. Die Hegemonie war immer die Folge glücklicher Kriege, die Hegemonie Athens die Folge des persischen, die Hegemonie Spartas die Folge der peloponesischen Kriege, die Hegemonie Frankreichs die Folge der glücklichen Kriege Ludwigs XIV. und die Hegemonie Deutschlands die Folge des deutschösterreichischen und deutschfranzösischen Krieges.

Auch die politische Herrschaft und die Hegemonie zeigen das Merkmal jeder Herrschaft, sie werden von einer Minderheit über eine Mehrheit ausgeübt.

III.

Der Fall, dass der Sieger sich im Lande des Besiegten ansiedelt, sich selbst zum Herrn des Landes und aller liegenden und fahrenden Habe macht, den unterlegenen Gegner aber unter das Joch der Sclaverei beugt, ist ein Fall, der sich in der modernen und civilisirten Gesellschaft nicht so oft wiederholen kann, weil er unbedingt das Zusammentreffen eines sesshaften und eines umherschweifenden, heimlosen Volkes voraussetzt. Umso häufiger ereignet sich der Fall aber auf der Naturstufe, wo die von uns bereits geschilderte Eigenart des Nomadismus ganze Völkerströme zwingt, ihre Heimath zu verlassen und jene gefürchteten Raubzüge anzutreten, von denen die ältere Geschichte aller Völker mit Schrecken erzählt. Gelingt es einer solchen nomadischen Heerescolonne, in einem fruchtbaren Lande die heimische Bevölkerung aufs Haupt zu schlagen, dann werden Land und Leute in Besitz genommen und der Sieger siedelt sich an, indem er gleichzeitig auf dem Nacken des ursprünglichen Landeigners seine Herrschaft begründet, d. h. das heimische Volk muss als Knecht und Sclave für den fremden Sieger und Herrn arbeiten, während dieser sich blos dem Kriegshandwerke widmet.

Es tritt also eine neue Arbeitstheilung, und zwar auf ethnischer Grundlage ein: das eingewanderte siegreiche Volk wird die Herrenclasse und obliegt ausschliesslich den Geschäften der Landesvertheidigung und Landesverwaltung, die heimische unterlegene Rasse wird zur Knechtsclasse und besorgt die schwere Arbeit, vor allem den Ackerbau und die Pflege der Heerden, welche den Herren gehören[1]).

Wo immer wir an der Schwelle der historischen Zeit zur Cultur aufstrebende Völker begegnen, tritt uns diese Erscheinung entgegen, im alten Aegypten, wo die fremden nomadisirenden Hyksosvölker die Herrschaft über die heimische landbebauende Rasse aufrichteten, bei den ebenso nomadisirenden Aryas, die überall, wohin sie kamen, und wo sie sich niederliessen das Land in Besitz nahmen und die überwundene, ackerbauende turanische oder dravidische Rasse zu einer Knechtsclasse[2]) machten. Wir hören, dass die Juden, die von ihnen zeitweilig oder dauernd unterworfenen Landbauern zu Sclaven machten und von den wandernden Hirtenstämmen der Hellenen, dass sie die ackerbautreibenden „Autochthonen" unterjochten; wir treffen dieselbe Erscheinung auf altitalischem Boden und bei den, den Ackerbau als Knechtsarbeit verachtenden germanischen Heerdennomaden, sie tritt uns in China heute noch grell entgegen, wo die fremde Nomadenrasse über die heimische Bevölkerung herrscht, sie ist in dem classischen Lande der Sclaverei, in Afrika[3]) unter den zu einer

[1]) Golberg, M. L'origine des races et la division des travail (Annales de l'Institut International de Sociologie). Paris 1896. — Ueber die Sclaverei im Allgemeinen, vgl. nachstehende Literatur: H. Wallon, Histoire de l'esclavage dans l'antiquité Paris 1879. — Ebeling, die Sclaverei von den ältesten Zeiten bis auf die Gegenwart. Paderborn 1889. — Villard, Historie de l'esclavage ancien et modern, Paris 1880. — Ingram, History of slavery and freedom, London 1865 (Deutsche Ausg. Dresden 1895). — Lacour L'esclavage africain, Dünkirchen 1890. — Kapp, Geschichte der Sclaverei in den vereinigten Staaten. Hamburg 1861. — Wilson, History of the rise and fall of the slave power in Amerika. Boston 1872. — Cairnes, The slave power, its character, career and probable designe 1862. —

[2]) Müller, Ethnographie S. 460.

[3]) Die Wahuma gelten als eine edlere Classe, als die einheimischen Wallegge; erstere sind die Herren, letztere die Bebauer des Bodens (Casati a. a. O. II, S. 219). — Die Wagasara in Nkole, die später eingedrungenen Eroberer des Landes sind die herrschende Classe, während die Witschuesi, die Urbevölkerung im Lande, wie eine Classe von Dienern lebt und die ländlichen Arbeiten besorgt (Casati II S. 255). — Bei den Gala und Somali wohnen die Achdam als Paria, jenen dienstbar unter anderen Gesetzen; „Achdam" ist der Sammelname für die unterworfenen Völker (Ratzel I, 481). — Bei den Sandeh (Niam-Niam) sind die Sclaven rassisch verschieden von den Freien (Ratzel I, S. 537) bei den zu den Wahumas gehörigen Karagwe gehören die herrschende und die beherrschte Classe zwei verschiedenen Rassen an; die herrschende Classe, ein schöner Menschenschlag, treibt Viehzucht, die beherrschte Classe, die Wanyambo von echtem Negertypus, hässlich und arm, bebaut den Acker (Ratzel I S. 481). Zahlreiche Beispiele für dieselbe Erscheinung bei Golberg, M. L'origine des races. a. a. O.

gewissen socialen Organisation gelangten Negerstämmen geradezu die normale Erscheinung und tritt uns überhaupt immer und überall dort entgegen, wo sich die ursprüngliche Wildheit jenem Zustande nähert, den man die „Barbarei“ nennt.

Die Sclaverei ist eines der Thore, durch welche die Strasse zur Cultur führte: sie ermöglicht erst jene rationelle Wirthschaft, welche eine hinreichende Garantie für das physische Gedeihen des Menschen gewährte; sie ermöglichte erst die aus der Verbindung von Ackerbau und Viehzucht entspringende Production verschiedenartiger Nahrungsmittel, welche die Bedingung einer concentrirteren Ernährung ist, diese unerlässliche Voraussetzung für das physische und geistige Wohlbefinden des Menschen; die Sclaverei machte aber insbesondere auch zum ersten Mal eine Theilung zwischen rein physischer und rein geistiger Arbeit möglich. Denn wäre nicht ein Theil der Menschen in der Lage gewesen, frei von den Mühsalen des Kampfes mit der bittersten Noth feineren Genüssen zu fröhnen und höhere Bedürfnisse zu entdecken, der Geist des Menschen hätte sich nie über die elende Sorge des Tages erhoben, er hätte alle die schöpferischen Ideen nicht geboren und wäre auch auf die märchenhaften Erfindungen nicht verfallen, die in letzter Linie doch stets auf die eine nüchterne Formel zurückgehen, bei möglichst geringer Arbeit sich möglichst grosse Genüsse zu verschaffen.

Wenn wir sagen, dass bis jetzt wenigstens das herrschende Volk und die herrschende Classe immer auch die Trägerin der Cultur gewesen ist (wofür man wahrlich nicht erst Beispiele aus Leben und Geschichte anzuführen braucht), so constatiren wir einfach eine Thatsache, und stellen keineswegs ein Gesetz auf, am allerwenigsten eines, welches sich etwa an die sogenannte Philosophie Nietzsches anlehnen würde; weil etwas war, muss es nicht immer sein, und weil etwas eine nothwendige Durchgangsstation zur Cultur war, braucht es in der Cultur selbst nicht mehr nothwendig zu sein. Es ist nicht hier die Stelle zu untersuchen, inwieweit sich gerade in Bezug auf die vorliegende Frage die Verhältnisse geändert haben, es muss nur einfach festgestellt werden, dass die Arbeitstheilung der einzig mögliche Weg zur Cultur war und dass diese Arbeitstheilung auf Herrschaft begründet und classenmässig sein musste. Denn nie hätte in der gleichberechtigten Horde sich der eine Theil freiwillig dazu bequemt, die harten und ekelhaften Arbeiten zu verrichten, damit der andere Theil auf weichen Pfühlen zu grübeln die Musse fände. Dazu fehlten alle psychologischen Voraussetzungen, vor allem die Ahnung dessen, dass in der eigenen Erniedrigung und in dem übermässigen Luxus des Anderen der Keim einer Erhebung des ganzen Menschengeschlechtes liege; und wenn der einfache Mensch auch diese Ahnung besessen hätte, es ist Millionen gegen Eins zu wetten, dass er gleichwohl das Kreuz nicht auf sich genommen hätte, um für ungeborene, aus grauer Zukunft winkende Gene. rationen den socialen Pariatod zu sterben. Diese Arbeitstheilung konnte nur durch Zwang, durch Herrschaft erfolgen, und da im eigenen Gleichenkreise der Zwang, die Herrschaft des einen Theiles über den andern unmöglich war, musste man den „Fremden" zwingen. Die classenmässige Arbeitstheilung konnte also von Haus aus gar nicht anders als ethnischer Natur sein, als die Unterscheidung von Herrenvölkern und Dienervölkern, und sie war nichts anderes, wie alle Erfahrungen zeigen. Vor allem waren es meist die nomadisirenden Hirtenvölker, welche die sesshaften Ackerbauvölker unterjochten und dieselben für sich arbeiten liessen, während sie selbst den „edleren" Beschäftigungen des Krieges und allenfalls der Jagd, die ihrer Nomadennatur besser entsprachen, oblagen.

Der Nomadismus und die Sesshaftigkeit treten hier also, im Gegensatze zu der landläufigen Anschauung, als Kräfte auf, die allein nicht in der Lage sind, Formen zu schaffen, in welchen die Blüthen der menschlichen Cultur zur Entfaltung treiben konnten. Die Sesshaftigkeit entwickelt die milderen und beständigeren Triebe in der Menschenbrust, aber sie isolirt den Menschen, und Isolirung ist Tod. Der Nomadismus ist der Verkehr κατ' ἐξοχήν und darum wirkt er bei allen seinen Schrecken social fördernd. Er ist ein Theil von jener Kraft, die stets das Böse will, das Gute schafft. Sehr überzeugend weist Ratzel nach, dass der Nomadismus nicht rein zerstörend der sedentären Kultur gegenübertritt.

„In dem kriegerischen Charakter der Nomaden liegt eine grosse staatsbildende Macht, welche klarer als in den von Nomadendynastien und -Armeen beherrschten grossen Staaten Asiens, wie in dem von Türken regierten Persien, dem nacheinander von Mongolen und Mandschu eroberten und kräftigst verwalteten China, den Mongolen- und Radschputenstaaten Indiens, sich am Rande des Sudans aussprach, wo Verschmelzungen der erst feindlichen, dann zu fruchtbarem Zusammenwirken vereinigten Elemente noch nicht so weit fortgeschritten sind. Selten dürfte es sich so klar erweisen, wie hier auf der Grenze nomadisirender und ackerbauender Völker, dass die culturfördernden Anstösse der ersteren, die unzweifelhaft gegeben werden und grosse Wirkungen erreichen, nicht aus friedlicher Culturthätigkeit hervorgehen, sondern vielmehr wesentlich kriegerischer, diesen friedlichen Bestrebungen zuerst entgegenwirkender, ja sie schädigender Natur sind. Ihre Bedeutung liegt in der Tendenz und dem Talente der Nomaden, die im sedentären Zustande lebenden und in diesem Zustande leicht auseinanderfallenden Völker energisch in kräftigen Reichen zusammenzufassen."

Die Sociologie kann daher den Standpunkt gewisser älterer Culturhistoriker und Historiker nicht theilen, welche den Nomadismus als eine tiefere und minderwerthigere und gleichzeitig auch ältere Entwicklungsstufe hinstellten. Beides ist unrichtig. Der Hirtennomadismus kann, wie wir gesehen, unmöglich älter sein als der Landbau; beide dürften ziemlich gleichzeitig aufgetreten sein und schliessen unmittelbar an den Urzustand an. Beide sind aber für die sociale Entwicklung von gleich grosser Bedeutung, indem sie, wie verschiedene Kräfte gemeinsam, eine Wirkung hervorbrachten. Die angebliche Friedlichkeit des ackerbautreibenden Menschen kann gegenüber den wandernden Kriegsvölkern kein Vorzug sein, weil sie unter gesunden Verhältnissen in der That nicht besteht. Nicht kriegerisch waren und sind nur jene Völker, welche entweder ganz isolirt lebten, die Bewohner irgend eines kleinen Eilands oder jene, denen eben die Voraussetzungen zur Annahme einer kriegerischen Organisation fehlten und das sind jene Völker, die sich auch wirthschaftlich nicht organisirten. Von einem Volke aussagen, dass es durchaus friedlich war, heisst ihm nicht Gutes nachrühmen; denn zwei Dinge haben alle menschliche Cultur geschaffen, die Arbeit und der Krieg. Beide sind ein und dasselbe unter der Kategorie des „Kampfes" aufgefasst.

In dem Unterschiede der Klassen zum Zwecke der Arbeitstheilung hat sich der ursprüngliche Kampf der Rassen zum Zwecke der wirtschaftlichen Ausschliessung in seinen charakteristischen Merkmalen erhalten. Nicht überall wurde den Sclaven jene harte Behandlung zu Theil, die man in der Regel für ein Attribut der Sclaverei hält; in Griechenland und Rom war die Misshandlung der Sclaven keineswegs Regel, und die ausgesuchte Rohheit, mit welcher die „civilisirten" Plantagenbesitzer Amerikas noch vor wenigen Decennien ihre schwarzen Sclaven behandelten, ist nicht einmal in der Urheimath, dem classischen Lande der Sclaverei, in Afrika, in der gleichen Allgemeinheit zu finden,[1]) Aber immer und

[1]) Ratzel (a. a. O. I. S. 99) schildert die Behandlung der Sclaven bei den westafrikanischen Negerstämmen im gewöhnlichen Leben als keine auffallend harte; bei den muhamedanischen Nubiern und Arabern ist die Behandlung, bis zur

überall tragen sie gleichwohl die Brandmale der Beherrschten, sie sind Eigenthum, „Sache", als solche rechtlos, zur schweren Arbeit bestimmt, mit einem Worte, willenlose Objecte der Ausbeutung durch die herrschende Classe; jede Classe bildet eine Welt für sich, einen von dem anderen streng geschiedenen Gleichenkreise, mit eigenen Lebensbräuchen und Lebensanschauungen, mit einem eigenen, nie in den des anderen eingreifenden Blutkreis (Ehen zwischen zwei verschiedenen Classen sind ausgeschlossen oder gelten als ehr- und rechtlos) mit gewissen körperlichen (rassischen) Eigenheiten, oft mit verschiedenen Religionen, Sprachen oder Dialecten, Wohnstätten u. s. w. Die verschiedenen, einander ausschliessenden Gleichenkreise, die sonst nebeneinander als national verschieden aufgefasst werden, treten uns hier im Rahmen eines Gemeinwesens in nicht weniger scharfer Abgrenzung und Feindseligkeit als sociale Classen entgegen. In der Kastengliederung der Inder und Aegypter hat sich dieser Charakter in seiner starrsten Einseitigkeit entwickelt.

Es gibt natürlich auch andere Umstände, welche in einzelnen Fällen die Sclaverei zur Folge haben können. Die Schuldknechtschaft war nicht nur den Griechen und Römern bekannt, sondern ist es ebenso allen Naturvölkern, welche überhaupt die Sclaverei kennen. Bei den Indianern ist es häufig, dass Einer seine Freiheit verspielt, auch als Strafe für Verbrechen und Missethaten kann der Verlust der Freiheit, d. h. die Versetzung in eine niedrigere sociale Classe eintreten. Gewöhnlich blieb aber Kriegsgefangenschaft die Quelle der Sclaverei, wie sie es ursprünglich war, während alle anderen Ursachen der Sclaverei diese selbst schon voraussetzen. Nur wo man die Sclaverei kannte, konnte sie als Strafmittel gehandhabt werden.

Ueberhaupt gibt es auch eine Classenbildung durch Nachahmung; wo immer eine durchgreifende Arbeitstheilung im Rahmen einer Gesellschaft eintritt, hat diese sofort das Bestreben, zwei Gruppen zu schaffen, die sich mit der Gegensätzlichkeit und Schärfe verschiedener Rassen entgegentreten; es bildet sich sofort in jedem der beiden gesellschaftlichen Theile ein eigener Blutkreis, eine eigene Lebensweise, eigene Rechtsbegriffe u. s. w. heraus, wie die Geschichte des aus dem geborstenen Leib des alten Kriegeradels überall entstehenden Besitzadels in allen Landen gezeigt hat. Diese Thatsache wirkt einerseits erklärend auf die Entstehung der Rassen

Schwäche mild (ebendaselbst III, S. 153). Beispiele milder Behandlung der Sclaven und Unterthanen siehe bei Roscher (System der Volkswirthschaft I. Bd. § 73 und zugehörigen Noten).

selbst, die einfach aus der Anpassung ursprünglicher Gruppen an bestimmte Orts- und Existenzverhältnisse entstanden sind[1]), und andererseits erklärt sie die oft unüberbrückbaren Klüfte, die zwischen zwei socialen Classen gähnen.

Der Zusammenhang zwischen Rasse und Classe spricht aus jeder Zeile der Weltgeschichte. Wo immer eine neue Theilung der wirthschaftlichen oder socialen Functionen nothwendig wird, ruft sie entweder eine förmliche Spaltung des nationalen Körpers hervor, oder der Träger der betreffenden Function tritt factisch als ein (ethnisch) fremdes Element auf. Das gilt selbst oft für den Priesterstand, wo er eben als ein besonderer Stand (Stamm, Kaste) auftritt; so dürfte bei Indern, Persern, Aegyptern und Israeliten das Priesterthum ursprünglich ein eigenes Volksthum repräsentirt haben[2]). Es fehlt sogar nicht an Spuren, dass der Priester anfangs mehr gefürchtet, als geachtet war und dass er sich seine herrschende Stellung erst kämpfend erworben hat. Bei anderen Classen wissen wir es bestimmt, dass sie bei ihrem ersten Auftreten in der Gesellschaft das Brandmal socialer Minderwerthigkeit an der Stirn tragen. Der Handelsstand ist anfangs immer und überall durch eigene Handelsvölker (Phönicier, Engländer, Juden) repräsentirt; die „fremden Krämer" sind der Gegenstand des Hasses und der Verachtung bei der „heimischen" Bevölkerung, sie sind ganz natürlich rechtlos und geniessen im besten Falle nur einen gewissen Schutz der Obrigkeit, der meist theuer bezahlt werden muss. Die Geschichte des Judenthums im Mittelalter und in der Neuzeit kann förmlich als Schulexempel für den inneren Zusammenhang zwischen Rasse und Classe dienen; lässt sich doch heute noch in der sogenannten antisemitischen Bewegung der Rassenhass vom Classenhass absolut nicht trennen. Den Engländern geht es dort, wo sie als Händler auftreten, nicht viel besser. Wenn aber die Classe der Händler, obgleich

---

[1]) Golberg erklärt die Rasse als unité morphologique, que n'existe que dans les premières phases de l'historie, quelle est l'expression de l'adaption simple du groupe aux conditiones naturelles, qui forment la division du travail resultant des differences climatèriques.

[2]) Nach Renan (Geschichte des Volkes Israel, Deutsch. Berlin 1894), waren die „Leviten" der alten Hebräer, Aegypter, die den Juden in die Wüste gefolgt sind und deren Cultusdienst besorgten. „Während ihres Aufenthaltes in Gosen haben die Israeliten wahrscheinlich solche Priester egyptischer Abstammung besessen, die von jeder Familie für die erwiesenen Dienste ernährt wurden. Das war der sogenannte Stand der levi, ein Wort das inquilinus zu bedeuten scheint, d. h. ein Zugesellter, dem Volksstamme Zugegebener — Ausländer."

verhasst, verachtet, verfolgt und anfangs rechtlos, doch nicht wie der Bauernstand in die Sclaverei sinkt, so liegt der Grund darin, dass diese Classe überall, wo sie auftritt, mit überlegeneren Mitteln der Macht ausgerüstet ist; sie ist geistig und materiell wohlhabender, beutet Herren und Knechte (Adel und Sclaven) in gleichem Maasse aus und macht dieselben, wenn auch nicht immer sofort formell, so doch factisch von sich abhängig, beherrscht sie.

Aehnliches werden wir vom Gewerbestande erfahren; das Gewerbe ist, gleichwie seine höhere Potenz die Industrie, im Anfange immer fremd. Wir werden noch sehen, dass die Entwickelung besonderer gewerblicher Fähigkeiten und Zweige ebenso wie Ackerbau und Viehzucht mehr oder minder an locale und ethnische Gruppen geknüpft ist. Es gibt Völker, welche in einem bestimmten oder in allen Handwerken anderen Völkern überlegen sind, und dann tritt entweder der Fall ein, dass die Erzeugnisse des Gewerbefleisses durch Vermittler von dem Orte ihrer Erzeugung zu dem, wo Bedürfniss nach ihnen besteht, gebracht werden (Handel), oder das fremde Volk kommt als Arbeiter und Handwerker zu dem anderen und nimmt dann dort meist eine ähnliche Stellung ein wie der fremde Händler[1]). Beide schliessen sich meist zu einem Handel und Gewerbe treibenden Gleichenkreise zusammen, der sich als Mittelstand zwischen den kriegerischen Adel und den unfreien Bauer einschiebt, mit der überlegenen Kraft seiner geistigen und wirthschaftlichen Mittel auf beide drückend und zur eigenen Herrschaft strebend[2]).

---

[1]) Livingstone vermuthet, dass die grosse Geschicklichkeit der Banyeti am mittleren Zambesi, welche die besten Eisenarbeiter und Holzschnitzer dieser Region sind, theilweise darauf zurückzuführen sei, dass sie durch das Vorkommen der Tsetsefliege, die ihnen in ihren Wohngebieten die Viehzucht verbietet, darauf hingewiesen werden, die Schmiede, Tischler der Makololo und anderer Nachbarstämme zu werden. Diese fast in ganz Afrika sich in ähnlicher Weise wiederholende Erscheinung kann uns auch über einen scheinbaren Widerspruch aufklären; der Handwerker ist nämlich bald in hohem Ansehen und geniesst fast priesterliches Ansehen (Mikronesier, Polynesier, besonders auf Tongo und Samoa) während er anderwärts als Paria verachtet ist (bei den Beduinen, Tibbus u. s. w.); das hängt davon ab, ob der Handwerker heimischen Ursprungs oder eingewandert ist und einer fremden Rasse angehört. In den slavischen und magyarischen Theilen unserer Monarchie war noch vor fünfzig Jahren das Handwerk durchaus in deutschen Händen, die Industrie Oesterreichs war hier zu Beginn dieses Jahrhunderts durchaus „protestantisch“, d. h. von Deutschen des heutigen Reiches betrieben. Am Balkan ist die Industrie noch fast ausschliesslich von „Fremden“ repräsentirt.

[2]) Vgl. Gumplowicz, L. Der Rassenkampf. Sociologische Untersuchungen. Innsbruck 1883, p. 211 ff.

Dass sich diese aus dem Rassenkampf hervorgegangenen Classenbildungen, diese verticale Gliederung der Gesellschaft an verschiedenen Orten und unter verschiedenen Verhältnissen im Einzelnen auch verschieden entwickelt haben, ist eine Selbstverständlichkeit. Die einzelnen Classen konnten sich durch Auseinanderlegung und fortgesetzte Arbeitstheilung wieder in Unterclassen zerlegen, sie konnten sich entweder durch eine fortgesetzte Vererbung gewisser Fähigkeiten nach einer einzigen bestimmten Richtung hin und durch starre Aufrechterhaltung des Gleichenkreises zu ausgesprochenen Kasten entwickeln[1]) oder ineinander zu einer nationalen und socialen Einheit aufgehen (was noch eingehend zu zeigen sein wird); die Classenbildung konnte sich auch in Folge einer wiederholten Landnahme compliciren, indem nun die früheren Herren selbst in ein Abhängigkeitsverhältniss traten und auf eine niedrigere sociale Stufe herabsanken[2]), ein Fall, der sich besonders in gesegneten Ländern am häufigsten ereignete, wo ganze Völkergeschiebe und Classenrangsordnungen entstanden; — charakteristisch für die Bildung der socialen Classen ist aber immer, dass zwei ethnisch verschiedene Elemente aufeinanderstossen, von denen das eine ruhend (sesshaft, sedentär). das andere frei umherschwärmend (nomadisirend, commerciell) ist und dass das letztere, das andere in dessen eigenem Lande ausbeutet, beherrscht, sei es nun als Erfolg des offenen Krieges und Rassenkampfes, sei es durch den Classenkampf.

Die Gliederung der Gesellschaft in Classen bedeutet also gleichfalls wieder Herrschaft, Herrschaft allerdings nicht mehr wie bei der Familie im privatrechtlichen Sinne, sondern Herrschaft im öffentlich rechtlichen Sinne und in politischer Bedeutung, aber jedenfalls, als was sich Herr-

---

[1]) Ribot, Th. Die Vererbung. Leipzig 1895, S. 349 ff.

[2]) Am besten lässt sich die Arbeitstheilung auf ethnischer Grundlage an den Naturvölkern Indiens ersehen, wo man förmlich noch das Geschiebe erkennen kann, das entstand, indem stets das neuherzukommende überlegenere Volk, das bereits angesessene in die ungünstigere, wirthschaftliche, locale Position und zugleich auf eine tiefere sociale Stufe zurückdrängten. Man unterscheidet fünf Völker, die fünf Classen entsprechen: 1. die Todas als oberste Stufe, Hirten, 2. die Badagas, Ackerbauer, den ersteren tributär, 3. Cotas, Werkleute, 4. Curumbas, offenbar früher Jäger, die jetzt allerlei niedere Arbeiten verrichten und als Tagelöhner, Bettler, Wahrsager und Gaukler, wie unsere Zigeuner herumziehen, und endlich 5. die Irulas, die tiefste Classe, offenbar ein von der Curumbas unterworfenes Volk, das von diesen in die Dschungeln getrieben wurde, wo sie gleich Thieren leben (Reclus a. a. O. Mountaineers of the Neilgheeries).

schaft immer kundgibt: als Ausbeutung einer Mehrzahl durch eine Minderheit[1]).

Eine sociale Klassenbildung und ein, wenn auch zumeist abgeschwächter Grad wirthschaftlicher, socialer und rechtlicher Abhängigkeit (Unfreiheit) tritt auch dann ein, wenn der Sieger den Besiegten in seinem Lande und in seinem Eigenthum belässt und sich begnügt, ein Obereigenthumsrecht darüber zu statuiren und sich gewisse Dienste (Abgaben, Kriegsdienste u. s. w.) zu sichern; dann tritt ein gewisses Verhältniss der politischen Rechtslosigkeit ein, welches bald mit vollkommener persönlicher Freiheit bald mit einem beschränkten Selbstverfügungsrecht (Hörigkeit) verbunden, doch von der Sclaverei wesentlich unterschieden ist. Das Verhältniss des Besiegten zum Sieger kann auch in diesem Falle ein sehr mannigfaltiges sein, jedenfalls besteht aber immer ein dauernder Anspruch des Siegers auf Dienste des Besiegten (Tribut, Steuern, Kriegsdienste) auf Herrschaft begründet, auf der Furcht des Schwächeren vor dem Stärkeren. Es entsteht eine ähnliche ethnische, sociale und wirthschaftliche Abstufung, wie in dem vorherbehandelten Fall, nur haben wir es hier mit einer mehr „horizontalen Gliederung“ zu thun, bei welcher weniger die Classen-, als die Rassenvorstellung ausschlaggebend ist, obwohl es sich in beiden Fällen um dasselbe handelt. Weil aber die Herrschaft auf der Furcht beruht, so ist es begreiflich, wenn die Herrschaft desto unsicherer wird, je grösser die Entfernung zwischen den Wohnsitzen der Besiegten und des Herrenvolkes ist. Diese natürlichen Grenzen der Herrschaft sind je nach der Macht der Herrscher verschieden eng und weit, aber sie existiren überall, auf den einfachen und natürlichen, wie auf den entwickeltsten socialen Stufen. Wo also eine directe Ausübung der Uebermacht schon geographisch nicht leicht möglich ist, begnügt sich der Sieger mit einer theilweisen Landnahme, mit einer regelmässigen Abgabe (Tribut) oder auch nur mit einer einmaligen Kriegsentschädigung.

IV.

Nicht immer endet der Krieg mit der Niederlage des einen Theiles. Es gibt auch unentschiedene Schlachten, zumal wo es sich um Nachbarstämme handelt, weil da meist die beiden Gegner einander gewachsen sind; dann wird beiläufig das eintreten, was immer eintritt, wenn sich zwei gleich starke Kräfte gerade entgegenwirken: der Widerstreit scheint

[1]) Bei den Mandingonegern sollen die Sclaven drei Viertel, bei den Yoruba vier Fünftel der Gesammtbevölkerung ausmachen.

aufgehoben. Wenn die Furcht, welche sich zwei Gegner einjagen, annähernd gleich gross ist, dann wird eben auch der Streit eingestellt, es tritt Waffenfriede ein. Mehr ist bei den Naturvölkern der Friede meistens nicht als Waffenstillstand, der in längeren oder kürzeren Pausen immer wieder von blutigen Fehden abgelöst wird. Allein dieser Waffenstillstand wird desto begehrenswerther, je mehr der Mensch seinen Segen kennen lernt. Nicht allein der Ackerbauer, aber er mehr als jeder Andere, lernt den Werth des Friedens schätzen. Seine Arbeit auf den Feldern lenkt ihn von dem ewigen Verlangen nach der Menschenschlächterei ab und lässt ihm keine Zeit dazu, und gerade die Früchte seines heissen Bemühens, die Kinder seines Schweisses sind es, welche zuerst dem Kriege zum Opfer fallen[1]). Der Gegner merkt es gar bald heraus, dass es den Menschen am meisten schmerzt, wenn man ihn beim Magen packt; der Ackerbau bringt auch die Menschen nicht so häufig in nahe Beziehungen; mit all dem trägt er gewiss bei, die Pausen der Waffenruhe zwischen den Kriegsgängen zu vergrössern und einen freilich auf sehr schwanken Füssen ruhenden Frieden zwischen den Nachbarstämmen herzustellen[2]).

[1]) In Afrika ist es gewöhnlicher Kriegsbrauch, dass der Feind in die Felder einbricht und die Ernte, sowie die Pflanzungen zerstört. Von den Zwergvölkern Afrikas berichtet Casati (I, S. 152) dass sie den Kampf in der Weise führen, dass die Männer in vorgeschobener Position mit den Eigenthümern der Felder kämpfen, während rückwärts die Frauen die Feldfrüchte rauben und sich, noch ehe der Kampf zu Ende ist, auf den Heimweg machen. Auf den Marschall-Inseln besteht der ganze Krieg nur in Felder-Devastation.

[2]) Bezeichnenderweise sind gerade bei den mehr agricolen Polynesiern, Mikronesiern und Malayen, trotzdem die Völker äusserst kriegerisch sind, die Kriege selbst doch meist nur Scheinmanöver, die oft mit dem ersten Gefallenen erledigt sind (Ratzel, a. a. O. II. Bd. S. 206 f., 447 u. a.). Allgemein begegnet uns in der sagenhaften und ältesten Geschichte der Zug, dass zwei Heere, welche es auf eine Hauptschlacht nicht ankommen lassen wollen, Einzelkrieger auslosen, um gewissermaassen in den langen Pausen einer durch gegenseitige Furcht hervorgerufenen Waffenruhe den Kriegszustand zu „markiren“. Kann man z. B. einen Zustand, wie den trojanischen Krieg, überhaupt noch Krieg, geschweige denn einen Belagerungskrieg, nennen? Von einer Cernirung war natürlich keine Rede, aber man bot sich auch keine Hauptschlacht an, weil sich die beiden Gegner ebenbürtig fühlten. Die Griechen begnügten sich vielmehr Jahre hindurch die Gegend von Ilios unsicher zu machen und Raubzüge in die benachbarten Dörfer zu unternehmen, während die Trojaner ihr Glück in vereinzelten, mehr auf listige Ueberrumpelung, als auf Kraft berechneten Ausfällen versuchten, wie denn die primitive Kriegsführung überhaupt mehr mit List, als mit offener Gewalt rechnet. Die langen Zwischenpausen des endlos hin- und herwogenden Krieges wurden durch heroische Einzelraufereien als Kriegszustand gekennzeichnet, glichen aber Friedensepochen, während welcher in beiden Lagern thatsächlich alles friedlich und eben zugieng.

Gleichwohl ist es von hier bis zu einem verabredeten Frieden nur ein Schritt, und wir haben gesehen, dass durch die Umwandlung des Weiberraubes in ein auf Gegenseitigkeit beruhendes freiwilliges Verhältniss meist zwischen den unmittelbaren Nachbaren ein Zustand dauernden Friedens geschaffen wird, der sogar nach kürzester Frist aus den unterschiedenen Theilen ein so vollkommenes Gleichenverhältniss schafft, dass sie sich als ein Stamm, als eine ursprüngliche Einheit fühlen. Der Stamm ist die einfachste Form eines Friedensbündnisses zwischen verschiedenen Elementen.

Auf dieselbe Weise entstanden auch andere Friedensbündnisse. So wie man ursprünglich das Sclavenweib, das man braucht, einfach raubt, so holte sich der Jäger und Hirte, der keine Feldfrucht baut, dieselben aber sehr liebt, einfach bei dem Bruder Ackerbauer, und der Ackerbauer, ein ebensolcher Liebhaber der Fleischspeisen, die er nicht hatte, die er aber stetig begehrte, bei dem nahen Viehzüchter. Da aber der Diebstahl alles dessen, was man gerne hätte, aber nicht hat, den Krieg in Permanenz zur Folge hat, so bildet sich bald ebenso ein einvernehmliches friedliches Austauschverhältniss zwischen zwei verschiedenen Stämmen oder Völkern heraus, wie dies bezüglich der Weiber der Fall war. Der Handel ist einer der wichtigsten Friedensstifter zu allen Zeiten. Der Handel setzt das gute Einvernehmen der beiden handeltreibenden Factoren voraus, und wo es nicht besteht, wird es durch den Handel geschaffen.

Der Einzeltausch von Producten kann nicht als der Vater des Handels, kaum als die psychologische Schule für den Handel angesehen werden. Der Einzeltausch erfolgte gewissermassen von Familie zu Familie. Jedes Haus, jede Familie producirt von Anfang bis weit in die neueste Zeit herein, alle Mittel zur Befriedigung gewöhnlicher Bedürfnisse selbst, Nahrungsmittel, Kleider, das Wohnhaus u. s. w. Der Tausch kann höchstens dazu dienen, die kleinen Unterschiede der einzelnen Hauswirthschaften auszugleichen, er beruht dabei immer mehr auf dem freundlichen Willen und trägt den Charakter eines gegenseitigen Beschenkens an sich; jedenfalls ist dem Einzeltausch, gleichgiltig ob er sich auf den Fidschi-Inseln, oder in einem Dorfe nächst Wien vollzieht, der Gedanke einer Werthbestimmung fremd. Die Producte, welche die Hauswirthschaft liefert, sind nur für den unmittelbaren Bedarf bestimmt und haben für den Besitzer einen Werth nur mit Bezug auf diesen Bedarf. Die Hauswirthschaft erzeugt Güter und nicht Waaren, d. h. auf den früheren Gedanken zurückkehrend, die

Hauswirthschaft arbeitet blos für das Haus und ohne Rücksicht auf den Bedarf anderer Familien, noch weniger anderer Stämme und Völker. Zur Waarenproduction, zur Werthbildung hätte der Tausch von Haus zu Haus nie geführt, hat er nie geführt.

Der Handel bedeutet den Uebergang von der Hauswirthschaft zur Volkswirthschaft. Er weckt Bedürfnisse und befriedigt Bedürfnisse, die weder aus den Lebensverhältnissen des eigenen Dorfes und Stammes hervorgegangen sind, noch, wenn sie einmal geweckt sind, aus den Mitteln der Haus- und Stammeswirthschaft, der Oeconomie (οἶκος) befriedigt werden hönnen. Handel entsteht, wo die Production in Folge localer Umstände an verschiedenen Orten, auch verschieden ausgebildet ist und durch äussere Veranlassungen (Krieg), der eine Menschenkreis den Genuss der Producte des andern kennen lernt und als Bedürfniss empfindet[1]).

Die verschiedene Eigenart des Landes, des Klimas, der natürlichen Quellen der Production eines Gebietes (Metallreichthum, Ackerkrume, Seenähe u. s. w.) haben zu allen Zeiten neben der von uns bereits besprochenen geschlechtlichen (häuslichen) und klassenmässigen Arbeitstheilung eine Art territorialer Arbeitstheilung hervorgerufen. Besonders die auf Stoffverwandlung beruhenden Handwerke entwickelten sich überall zunächst im Zusammenhange mit den Besonderheiten des Ortes[2]), und zwar nimmt das Gewerbe alsbald auch Rücksicht auf die Bedürf-

---

[1]) Der Handel setzt also, wie jede andere sociale Function, den Verkehr voraus, den er dann seinerseits wieder mächtig fördert. Aber wo kein Verkehr, dort auch kein Handel. Die Kunst, Brotfrüchte durch Gährung dauerhaft zu machen, war auf Tahiti und den Marquesas bekannt, auf den Sandwich-Inseln nicht. Sie muss also nach Auswanderung der Kanaken erfunden sein, hat sich aber trotz ihrer Wichtigkeit nicht verbreitet, weil diese Inseln, fast mit den gleichen Producten versehen, keinen Anlass zum Verkehr untereinander hatten. (Peschel, Völkerkunde, S. 371 ff.)

[2]) Im alten Peru wurden Schuhe nur in einer Gegend erzeugt, wo die Blätter einer bestimmten Aloëart vorkamen, aus welchen die Schuhe bereitet wurden, es gab auch eine Gegend, wo ausschliesslich alle Waffen erzeugt wurden. Bei den Fidschi sind die einzelnen Gewerbe mit den Stämmen verbunden. Es gibt eigene Dörfer für Krieger, Fischer, Zimmerleute, Aerzte, Haarkünstler, Töpfer u. s. w. Unter den Dörfern der Motu auf Neuguinea ist gleichfalls jedes mit einem bestimmten Gewerbe verbunden: Kapati ist berühmt durch seine Weiberkleider, Tatana durch Muschelschmuck, Port Moresby durch Töpferwaaren, Hula durch die Cocosfrucht u. s. w. Sehr weit war die Kunstfertigkeit gewisser Indianerstämme gediehen in der Verfertigung von Bogen, Obsidianpfeilen, Harpunen, Tabakspfeifen u. s. w. Von den Kariben des Essequibogebietes berichtet Im Thurn: „Unter diesen Stämmen besteht ein rohes System der Arbeitstheilung: der eine spinnt Baumwolle, der zweite verarbeitet dieselbe zu

nisse anderer, als der Haus- oder allenfalls Stammesgenossen, d. h. es hat die Neigung, sich zur Waarenproduction auszubilden.

Man hat in der Culturgeschichte und Geschichte das Wort Handel immer sehr leicht und rasch ausgesprochen, ohne zu bedenken, wie schwierig es war, dass sich derselbe entwickelte. Dass ein Bedürfniss nach fremden Producten entstand, ist noch das leichter zu begreifende. Das Bedürfniss der Naturvölker, besonders nach Waffen, Schmucktand u. dgl. fliesst so aus der Natur des Menschen und seiner Verhältnisse heraus, und ist andererseits um so viel allgemeiner, als die Mittel zur geeigneten Befriedigung, dass auch nur eine flüchtige Begegnung, wie es ein Raubzug war, hinreichte, um dieses Bedürfniss zu erwecken. Der Raub, die Beute wird auch hier die erste Quelle des Bedürfnisses und der Anlass weiterer Sehnsucht geworden sein. πόλεμος πατὴρ πάντων. Viel schwieriger war es aber auch hier, den Raub in Vertrag umzuwandeln; nicht so einfach ist es, dass auf dem Naturzustande zwei fremde, d. h. einander immer feindliche Stämme in Handelsbeziehungen treten. Der kühne Versuch, dass Jemand einfach zu dem fremden Producenten des begehrenswerthen Gegenstandes hingehe, würde in den meisten Fällen von sehr nachtheiligen Folgen für den Gesundheitszustand des Nachfragenden begleitet sein[1]). Es wurden daher zunächst eigene — gewissermassen in beiden Stämme accreditirte — Vermittler und Unterhändler[2])

Hängematten, der dritte macht Töpferwaaren, der vierte stellt die Reibeisen her, auf denen die Kassawawurzeln zu Brei gerieben werden; kurz, jeder Stamm hat seine eigene Manufactur, deren Erzeugnisse er gegen diejenigen der anderen Stämme austauscht.“ Vgl. über diese territoriale Arbeitstheilung nach Stämmen auch Spencer Principien III. Bd. S. 40, 41; ferner Bücher S. K.: Die Wirthschaft der Naturvölker S. 59 ff. (Stammgewerbe).

[1]) Von den Manyema-Stämmen erzählt Livingstone, dass sie, obwohl untereinander in regen Handelsbeziehungen, gleichwohl unter selbstständigen Häuptlingen vollständig unabhängig von einander leben. Den Handel können sie aber nur auf neutralen Marktplätzen treiben, denn, wenn ein Mann das Gebiet eines fremden Stammes betreten würde, so laufe er Gefahr, erschlagen zu werden. „Er wird — sagt Livingstone — als Manyema von seinen Landsleuten nicht freundlicher betrachtet als ein Büffel, der in eine fremde Heerde hineinkommt, und es ist fast sicher, dass er getödtet werden wird.“ — Bekannt ist der Gebrauch europäischer Händler, an fremden Küsten die Waaren einfach ans Land zu legen und sich zu entfernen, worauf die Eingeborenen kommen, die Waaren zu sich nehmen und dafür das Entgelt hinlegen. Ein persönlicher Verkehr ist ausgeschlossen.

[2]) Bei den Australiern besteht die „Ngia-Ngiamge“; die Nabelschnur eines Kindes wird mit einem Büschel Federn zusammengebunden und unter dem Namen Kaldake dem Vater eines gleichaltrigen Kindes in einem anderen Stamme übergeben. Beide

eingesetzt, oder die beiden Unterhandelnden trafen sich auf neutralem Boden, der keinem der beiden Stämme gehörte, wo sich also ein regelrechter Markt[1]) entwickelte. Es ist Sache der Nationalökonomie, die wirthschaftliche Bedeutung des Marktwesens abzuwägen und zu schildern, wie sich auf ihnen der Tausch sofort in (Zwischen-) Handel umwandelte, wie dadurch die Schaffung eines allgemeinen Tauschmittels (Geldes) nothwendig wurde und die Werthbestimmung, diese erste Voraussetzung einer geordneten Wirthschaft, angebahnt wird.

Die Marktplätze spielten aber auch in der Geschichte der socialen Entwickelung im Allgemeinen als völkerverbindende und völkernähernde Gelegenheiten eine grosse, bisher nicht genügend beachtete Rolle. Sie bahnten durch die an ihren geweihten Orten waltende Treuga Dei den unter primitiven Verhältnissen so unendlich schwierigen Verkehr an, diese erste und unerlässlichste Voraussetzung der Socialisation; das Marktrecht und die den Marktplätzen zugestandene Rechtssicherheit ist die älteste und bis ins europäische Mittelalter hinein einzige Spur eines internationalen Rechtszugeständnisses; die Märkte wurden die Ausgangs- und Knotenpunkte der ersten primitiven Verkehrsadern und Communicationen (Land- und Wasserstrassen), auf welchen später das sociale Leben von einem Stamm zum anderen, von einem Volk zum anderen pulsirte; sie bereiteten die Völker für die Handelsbündnisse vor, welche zu allen Zeiten die Vorläufer politischer Friedensbündnisse waren (Deutscher Zollverein). In Afrika gibt es ganze weite Stammgruppen, welche eine auf einem wohlorganisirten Handelsverkehr basirte Bundes-

---

Kinder stehen von da ab als Ngia-Ngiamge gegenüber, d. h., sie dürfen sich nicht berühren und nicht miteinander sprechen, aber wenn sie erwachsen sind, werden sie die Vermittler des Handels ihrer Stämme, indem Jeder von seinen Leuten die Waaren erhält, die nun durch Vermittlung Dritter ausgetauscht werden. (Ratzel II, S. 81). Auch die Blutsfreunde und Gastfreunde hatten im Alterthum zumeist die Aufgabe, als Unterhändler zu dienen. (Vgl. Bücher D. K. Die Wirthschaft der Naturvölker, S. 27 f.).

[1]) So finden wir solche Märkte für die bereits erwähnten Manyema am oberen und mittleren Congo. Die Stämme der Sandwich-Inseln treffen sich am Wairuku-Flusse zu festgesetzten Zeiten, um ihre Producte zu handeln. Die Fidschi-Insulaner kommen von verschiedenen Inseln auf einem bestimmten Platz zusammen, um untereinander zu handeln. Auch die nord- und südamerikanischen Indianerstämme haben Märkte mit einer Art Gottesfrieden. Ueber die hohe Entwickelung des Marktwesens im alten Mexiko siehe Clavigero (Geschichte von Mexiko, Bd. I. S. 35). Ueber Märkte bei den Urvölkern, vgl. Bücher D. K. (a. a. O. S. 67 ff.) und Spencer (Principien der Sociologie, II. Bd. S. 246).

genossenschaft[1]) bilden und sich nicht selten (wie die Kru, Duana, Kioko u. a.) zu ausgesprochenen Handelsvölkern entwickelt haben. Höchst wahrscheinlich waren aber auch andere friedliche Stammesbündnisse (wie das der Beni-Israel und die griechischen Amphiktyonen) welche angeblich auf der Gemeinsamkeit des Cultes beruhen, ursprünglich nichts als Handelsbündnisse[2]).

Auch ein gemeinsames Angriffs- oder Vertheidigungsinteresse kann Stämme und Völker, welche bisher fremd, wenn nicht feindselig sich gegeneinanderstellten, vorübergehend oder dauernd verbinden. Die Offensivbündnisse sind seltener, dagegen gehören Defensivbündnisse zu den gewöhnlichsten Erscheinungen der socialen und politischen Geschichte. Die gemeinsame Gefahr erzeugt spontan eine Erkenntniss des gemeinsamen Interesses, die sonst so schwer bei Menschen wachgerufen wird,

[1]) Treffend schildert Ratzel (a. a. O. I. 161) diese durch den Handel geschaffene politische Organisation in Afrika; er sagt: „Es gibt zahllose uncodificirte Staatsverträge, welche bestimmt sind, die souveränen Dorffürstenthümer Afrikas nach ihren Interessensphären zu begrenzen. So hat der Handel mit den Küstenplätzen, die Ursache so vieler Streitigkeiten unter den nachdrängenden Stämmen des Innern zu Festsetzungen Anlass gegeben, die jeweilig von einer Gruppe von Stämmen streng befolgt werden. An der Kalabarküste werden nur die grossen Handelsplätze, wie Abo und Wuri, von allen Camerunplätzen aus gemeinschaftlich besucht, während sonst die eine Partei es vermeidet, Ortschaften zu besuchen, an denen die andere bereits Geschäfte hat. Und ebenso ist auch der Handel mit dem Innern geregelt. Als Buchholz den Quaquafluss besuchte (südlich von King Bells und King Aquas Stadt) traf er dort lauter Fischer aus letzterem Orte, keinen von Bells Leuten. Jeder dieser beiden Camerunstämme hat nähmlich seine eigenen „bush countries“, Ortschaften, mit welchen seine Leute Handel treiben, und wo sie durch gegenseitige Verheirathungen Verwandtschaften besitzen.

[2]) Auffällig ist die überall zu Tage tretende Verbindung zwischen religiösen Festen und Märkten. Auch heute noch sind die Märkte stets in Verbindung mit den grossen Feiertagen zu finden (Ostermesse, Pfingstmarkt u. s. w.) und Wallfahrtsorte sind ständige Marktplätze, im Orient so gut wie im Occident. Auch die griechischen nationalen Cultstätten, die ursprünglich keine permanenten Orakel waren, sahen stets religiöse Feste mit Volksbelustigungen, Spielen und Märken vereinigt. Dies führt uns zu der Vermuthung, dass alle jene Stammesbündnisse (wie die Amphyktionien, der Bund der Beni Israel), welche einem gemeinsamen Cultus ihre Entstehung verdanken sollen, ursprünglich Handelsbündnisse waren, was schon deshalb weit wahrscheinlicher ist, weil die gemeinsame Confession unter verschiedenen Stämmen gewiss nichts ursprüngliches ist, und die Religion überhaupt nur die Sanction für irgend ein anderes dahinterstehendes Verhältniss sein kann. Demnach wären die späteren gemeinsamen National- und Cultstätten ursprünglich Märkte, auf welchen die Abschlüsse in der einzigen rechtsverbindlichen Form, unter religiösenCeremonien abgeschlossen wurden. Später wurden die religiösen Ceremonien, die Orakel und die Volksbelustigungen die Hauptsache und die Märkte blosse Begleiterscheinungen.

und unter dem Druck eines übermächtigen Feindes schiessen die altruistischen und socialistischen Gefühle üppig ins Kraut, während der friedliche Besitz mehr den Individualismus und Egoismus fördert. In dieser Hinsicht sind sich abermals der Rassen- und der Klassenkampf vollkommen gleich und das internationale Bündniss des modernen Arbeiterproletariates, sowie überhaupt der internationale Anschluss, den heute alle politischen Klassenparteien suchen, ist nichts anderes als es die Stammesbündnisse waren, welche die griechischen Stämme und Kleinstaaten gegen die Uebermacht der Perser, die germanischen Stämme gegen die Römer, die Indianer (Irokesenbund, Creekbund) gegenüber den Eroberern Amerikas, die Betschuanen, Kaffern und Matabele[1]) gegenüber den Europäern geschlossen haben.

Die aus einem gemeinsamen Angriffs- oder Abwehrbedürfnisse hervorgegangenen Bünde beruhen anfangs, wie die ursprüngliche Horde, auf dem Princip der Gleichheit der einzelnen Theile, eine Gleichheit, welche durch die Führerschaft dort eines Einzelnen, hier eines besonders begabten, tüchtigen und bewährten Stammes scheinbar nicht durchbrochen wird. Diese Gleichheit ist auch am Ausgangspunkte der politischen Entwickelung und an dem Entwickelungsstadium, auf welchem sich unser Jahrhundert befindet, thatsächlich zu merken, sie ist aber in den dazwischenliegenden Stadien nirgends zu finden. Die modernen Staatenbünde (Schweizer Bund,

[1]) In Südafrika kam es wiederholt zu Defensivbündnissen gegen die Europäer. Casalis schrieb: „Seit einigen Jahren scheint es, als ob das Vordringen der Europäer den Eingeborenen die Augen geöffnet hätte. Ihre Aufmerksamkeit richtet sich mehr auf ihre gemeinsamen Interessen; die Häuptlinge werden ihren Unterthanen unentbehrlicher und die Idee einer allgemeinen Verbündung der Stämme, die es mit den Fremden aufnehmen könnte, macht von Tag zu Tag Fortschritte. Ich war eines Tages bei dem Ausmarsch eines Häuptlings zugegen, der infolge unausgesetzter Beraubungen eines Nachbars, nachdem er sie viele Monate ertragen hatte, schliesslich zu den Waffen zu greifen genöthigt war. Er sah voraus, dass die Expedition den vollständigen Ruin seines Feindes zur Folge haben würde, der, obwohl viel schwächer, so starrköpfig war, dass man an seine Unterwerfung nicht denken konnte. „Wie dem auch sein mag, so gehe ich meinem gewissen Unglücke entgegen,“ sagte mir dieser Häuptling, „denn schliesslich ist dieser Eigensinnige, der mich nicht in Ruhe lassen will, doch mein Nachbar und ein Schwarzer wie ich, eine der Stützen des Landes und ein Horn desselben Ochsen. Ick kenne ihn seit langer Zeit und wenn ich ihn erwürge, was unvermeidlich ist, leiden wir alle darunter“ und indem er auf das Fenster unseres Zimmers zeigte, sagte er: „Zerbricht man die Scheiben eines dieser Fenster, so wird die Kälte in das Haus dringen, auch wenn das andere unbeschädigt bleibt“. — Chapman spricht von einem Defensivbund der Griqua, Vasuto, Barolong, Batlapu, Bakuana, Buhurutse, Bamangwato und anderer Stämme gegen die Weissen. — Vgl. auch Müller Ethnographie S. 168 f.

vereinigte Staaten) haben eine politische und culturelle Bildung zur Voraussetzung, welche eine freie Cooperation, die zwischen den Einzelstaaten walten soll, auch innerhalb der einzelnen Theile bei den Bürgern derselben voraussetzt. Wo dies nicht der Fall ist, wo die herrschaftliche Organisation allein und ausschliesslich die Erfüllung der socialen Functionen möglich macht, dort ist auch eine vollkommen auf Freiheit und Gleichheit beruhende Cooporation der Gruppen selbst ausgeschlossen. Deshalb sind auch alle Offensiv- oder Defensiv-Bündnisse der Geschichte entweder mit dem erlöschenden gemeinsamen Interesse auseinandergegangen, oder sie endeten auf dem Umwege der Hegemonie, dort, wo die durch Gewalt und Krieg zusammengeschweissten Völker und Stämme endeten, bei der herrschaftlich organisirten Einheitsgruppe, bei der Herrschaft der ursprünglich blos führenden Gruppe über die anderen. Das Bündniss ist für kluge Politiker, wie es z. B. die alten Römer waren, nur der Umweg, auf welchem man eine Herrschaft erreicht, die man nicht rauben wollte oder konnte. Ganz ohne Kampf spielte sich freilich auch dieser Prozess meist nicht ab. Die letzten Acte des Stückes sind, wie immer, blutig. Der Widerstand, welcher sich unter den Bundesgenossen gegen die erkannten Herrschgelüste geltend macht, führt innerhalb des ursprünglichen Bundes wieder zu zwei Bündnissen (Parteien), derjenigen, welche die Offensive, und derjenigen, welche die Defensive ergreifen, und so ist denn zumeist der Schlussact einer friedlichen und freundschaftlichen Bundescomödie der blutige Kampf zweier Vormächte (Juda und Israel — Sparta und Athen — Preussen und Oesterreich), welche eben mit der Herrschaft der einen Macht endete.

So führen also auch die ursprünglich auf freier Entschliessung und gleichen Rechten basirten Bündnisse von Stämmen und Völkern schliesslich zu einer Zusammenfassung derselben in ein System der Ungleichheit und Abhängigkeit des einen Theiles von dem anderen, sofern sie sich nicht mit dem erlöschenden Interesse an gemeinsamer Operation wieder in ihre gleich unabhängigen Theile auflösen.

Aber auch jene Stammes- und Völkergruppirungen, welche nicht durch die Kriegslist oder die Kriegsfurcht zu Stande gekommen waren, neigten nicht weniger zu einer Ausbildung in herrschaftlicher Richtung. Spencer's Versuch, die socialen Aggregate nach einem kriegerischen und einem „industriellen“ Typus zu classificiren, entspricht absolut nicht den Thatsachen. Das gewerbe- und handeltreibende Volk geht nicht weniger auf Eroberung aus, als die nomadisirenden Hirtenvölker, im Gegentheile, es spiegelt alle Eigenthümlichkeiten des nomadisirenden Hirtentypus nur auf einer höheren Stufe, ausgestattet mit grösseren Fähigkeiten und in vollkommener Weise wieder.

Nach der misoneistischen Grundverfassung des menschlichen Charakters greift ein Volk nur dann zu den viel beschwerlichen Productionsformen der Stofferzeugung und Stoffverwandlung, sowie zu dem mit Gefahren und Risico verbundenen Handel, wenn die Bebauung des Bodens oder die Viehzucht entweder nicht möglich ist, oder nicht zur Ernährung der vorhandenen Menschenmasse ausreicht. Die Bewohner kleiner Inseln oder schmaler Küstenstriche [1]), oder die Bewohner von Ländern, welche Ackerbau und Viehzucht unmöglich machen, wie Centralafrika, wo die Tsetsefliege hausst, stehen einfach vor der Wahl, entweder zu Grunde zu gehen oder auf der niedersten Stufe menschlichen Daseins zu beharren, oder auf neue Mittel der Existenz zu sinnen, dem Schoss der Erde die kostbaren Metalle zu entnehmen und dieselben zu verarbeiten, aus den Muscheln des Strandes schöne Gegenstände zu bereiten, das Holz der waldreichen Berge zu verarbeiten und aus werthloser Thonerde Töpfe, Pfeifen und Götzenbilder zu formen. Auch der einseitige Reichthum eines Landes an einem Product bei Armuth an anderen Producten leitet zum Handel an. Es handelt sich hier fast immer zunächst um Gegenstände (Pelzwerk, Eiderdaunen, Goldstaub, Elfenbein, Bernstein, Straussenfedern, Muscheln), welche für das Volk, des Fundortes wegen des häufigen Vorkommens, keinen oder geringen Werth, für alle anderen aber einen um so grösseren Werth haben.

Da es einen absoluten (auch einen den Dingen immanenten) Werth nicht giebt, der Werth vielmehr immer von mindestens zwei Personen bestimmt wird, der anbietenden und nachfragenden, und ausserdem von örtlichen und zeitlichen Verhältnissen und Bedürfnissen abhängt, ist die Werthermittelung ein Problem sehr complexer Natur und sehr schwieriger Art. Wofür aber die erlauchtesten Geister der civilisirten Menschheit eine exacte Methode zu finden nicht in der Lage waren, das ist selbstverständlich dem ungeschulten Volks- und Naturverstand noch weniger möglich. Auf der primitiven Wirthschaftsstufe ist eine Werthermittelung und Werthbestimmung überhaupt nicht möglich, und dort, wo sie gleichwohl eintritt und eintreten muss, wie bei dem primitiven Handel, ist sie

---

[1]) „Die Unfruchtbarkeit und Enge oder militärische Sicherheit des Landes, die günstige Lage am Meere, die zu Fischerei, Salzgewinnung, mehr noch Schifffahrt lockte und befähigte, das scheinen negativ und positiv die Keime gewesen zu sein, aus welchen die Handelsgrösse der Phönikier, Venetianer, Holländer entstanden ist.“ (Roscher, System der Volkswirthschaft III. S. 10.)

so roh und unsicher als nur möglich. Mit zunehmender socialer und wirthschaftlicher Entwickelung wächst auch die Fähigkeit der empirischen Werthbestimmung, sowie die Kenntniss der in dem Werthbegriffe ja eigentlich schon enthaltenen Relation zwischen Production und Güteraufhäufung einerseits und factischem Bedarf andererseits[1]). Aus der Unkenntnis der wirthschaftlichen Vorgänge, aus der wirthschaftlichen Unreife entspringen die wirthschaftlichen und socialen Krisen, entspringen die Ungleichheiten, Unregelmässigkeiten und Ungerechtigkeiten der Gütervertheilung, die bald dem Einen oder Andern, bald Allen zum Verderben werden, entspringen die schreienden Missverhältnisse zwischen Production und Consumtion, die verhängnissvollen Disproportionen zwischen Population und Existenzmittel, entspringt die Macht der fictiven und die Ohnmacht der factischen Werthe, entspringen die tragischen Contraste zwischen einem antisocialen Luxus auf der einen und einem ebenso antisocialen Pauperismus auf der andern Seite. Und alle diese Erscheinungen, die man gemeinhin einer bestimmten Wirthschaftsform und einer bestimmten Zeit als eigenthümlich zuschreibt, sind umso crasser, je tiefer die

[1]) Es war kein Zufall, dass alle modernen Socialreformer mit einer Kritik des Werthes einsetzten: von der Richtigkeit der Werthbestimmung hängt die Lösung der wirthschaftlichen und der socialen Probleme ab, soweit diese Lösung nämlich individuell uud subjectiv bedingt ist. Intellectuell erfasst ist dass sociale Problem wesentlich Werthproblem und alle socialen Reformideen (Proudhon, Marx, Lassalle) laufen auf eine exacte Werthung hinaus. Die sociale Praxis kennt aber nur eine relativ richtige Werthung welche mit dem allgemeinen culturellen Fortschritt zunimmt. Die Kenntnis des Werthes ist ebenso, wie das Verständniss für das Schöne oder für das sittlich Gute, eine Errungenschaft der Cultur; die wirthschaftliche Unreife ist eben Ursache oder Wirkung allgemeiner cultureller Zurückgebliebenheit. Es ändert an dem Effekte im Wesen nichts, ob die wirthschaftliche Unreife eine einseitige oder allseitige ist. Der Fähigere, d. h. derjenige, welcher relativ besser im Stande ist, den Werth einer Arbeit oder eines Gutes zu schätzen, wird immer der wirthschaftlich Ueberlegenere sein und seine Kenntniss benützen, um den Anderen auszubeuten; ist der Unterschied der Fähigkeiten so gross und crass, wie zwischen modernen Europäern und einem Natursohne Afrikas, dann treten eben jene Fälle von maassloser Ausbeutung ein, an denen leidcr die Geschichte der Culturbringung durch Europäer so reich ist, Fälle, wo dem armen Naturkinde für Gold oder Elfenbein werthloser Tand, rothe Fetzen oder gar das Gift in der Branntweinflasche als Entgelt gereicht wird. Derselbe Händler würde es gar nicht versuchen, z. B. einem Tiroler Bauer in der gleichen Weise zu übervortheilen, weil dieser den Werth besser zu schätzen in der Lage ist; immerhin wird er den Tiroler Bauern noch ungleich mehr ausbeuten und von ihm einen grösseren Zwischengewinn erheben können, als von einem Bewohner der Stadt. Artikel, die in der Stadt nur kurze Zeit mit grossem Profit verkauft werden, können am flachen Lande noch lange zu lächerlich hohen Preisen angebracht werden, weil der wirthschaftlich reifere Städter, rascher den wahren

wirthschaftliche Bildung der Massen steht, je grösser die Unterschiede dieser Bildung sind, und sie verlieren an Schärfe und Härte, je breiteren Boden die wirthschaftliche Bildung gewinnt. Es ist daher ebenso irrig, die antisocialen Wirkungen dessen, was man mit einem sehr verschwommenen Wort „Capitalismus" nennt, einer bestimmten Form zuzuschreiben, als es irrig war von kriegerischen und friedlichen Völker zu sprechen. Jedes Volk, welches vermöge der objectiven (äusseren) und subjectiven (höhere geistige Veranlagung) Voraussetzungen zu einer höheren Wirthschaftsform greift, tritt als eroberndes Volk auf, als ausbeutende Classe, als Herrschaftscandidat, und der Rechtstitel hierzu ist eben nur die überlegenere Bildung, die sich in einer besseren Erkenntnis der Werthe ausdrückt.

Schon die ersten Schritte zu Gewerbe, Industrie und Handel, die meist mit Bergbau und Schifffahrt verbunden sind, setzen einen ungleich höheren Grad von Intelligenz voraus, als selbst die Viehzucht erforderte. Andererseits tragen die Erscheinungsformen dieser neuen Wirthschaft genau die Charakterzüge des alten Hirtennomadismus.

Handel und Industrie wirken wie das Hirtenthum expansiv, und es entstehen in der Heimath der Handelsvölker Zustände, genau wie die, welche wir als die Ursachen des stossweisen Auftretens des Hirtennomadismus gesehen haben. Der Handel theilt in seiner ursprünglichsten Form als Karawanenhandel den nomadisirenden Zug des Hirtenthums, den er nie ganz abgelegt hat (vgl. den modernen Hausierhandel), und die Handelsvölker sind ebenso in ewigem Fluss begriffen, wie die Hirtenvölker. Wie der Nomadismus so entspringt der Wandertrieb des Colonisten den oft unvermittelten und katastrophenartigen Productions- und Populationsschwankungen der Heimath, und wenn der Colonist auch nicht immer mit dem Schwerte in der Faust in fremde Lande zieht, sondern meist blos gerüstet mit der Waffe der höheren Intelligenz und der Klugheit, als scheinbar friedlicher Gewerbs- und Handwerksmann sich bescheiden bei den Fremden niederlässt, bereit, im Anfange eine unbeachtete und untergeordnete Rolle zu spielen, so strebt er doch nicht weniger nach der Herrschaft, und nach einer kurzen Weile ist er um so sicherer das

---

(d. h. den relativ richtigen) Werth eines Gegenstandes schätzen lernt. Ganz in der gleichen Weise verhält es sich mit der Entlohnung der Arbeit und mit der Freiheit der Arbeit, welche in geradem Verhältnisse zu der wachsenden wirthschaftlichen Bildung des Arbeiters stehen. Je mehr der Arbeiter den Werth seiner Arbeit erkennt, desto freier wird er, desto gerechter seine Entlohnung.

herrschende Volk oder die herrschende Classe, wie es der Viehzüchter über den Landbauer geworden.

Es kam aber nicht selten auch der Fall vor, dass ganz ähnlich den verheerenden Stürmen der Nomadenhorden eine Sturzwelle von Colonisten sich über die Welt ergoss, wenn die Productionsverhältnisse weiter Ländereien zu der ins Bedrohliche angewachsenen Bevölkerungsziffer in keinem Verhältnisse mehr standen, wenn durch den Niederbruch einer Jahrhunderte alten Wirthschaftsordnung Hunderttausende an den Bettelstab und ans Hungertuch gebracht waren, und man wird doch nicht behaupten wollen, dass diese mit ungeheurer Vehemenz über andere Länder sich ergiessenden Colonistenschaaren: die das Mittelmeer besiedelnden Phönicier, Spartaner und Helenen, die Eroberer Amerikas und später die europäischen Ansiedler Asiens, Afrikas und Australiens bis herauf zu den in den Besitz von Afrika und China sich theilenden Colonisten Europas, dass sie weniger herrschsüchtig und eroberungslustig aufgetreten als die Nomadenschaaren des Naturzustandes und dass ihre socialen Einrichtungen irgend wie das repräsentiren, was Spencer den „industriellen“ auf freier Solidarität und Vertrag beruhenden Gesellschaftstypus nennt. Im Gegentheil, auch schon im Naturzustande finden wir, dass alle Handelsvölker genau so oder noch mehr als die Hirtennomaden leidenschaftliche Anhänger der Sclavenwirthschaft sind.

Aus alledem geht jedenfalls soviel hervor, dass auch die auf dem wirthschaftlichen Verkehr beruhenden Stammes- und Völkerbündnisse, zur Hegemonie der überlegensten und mächtigsten Gruppe führten. In der That hat sich auch die Centralisation und absolute Herrschaftsorganisation bei allen reinen Handelsvölkern (Phöniciern, Karthagern) genau so, eher noch früher, entwickelt, wie bei anderen Völkern. Es war wohl möglich, dass einzelne Theile eines dauernden Anschlusses nicht fähig waren oder ihm widerstanden, wenn es aber zur Aggregation kam, so geschah es immer wieder nur durch die herrschaftliche Organisation.

Die Herrschaft war das Thor, durch welches Jeder musste, der zu höheren Regionen der socialen Entwickelung aufwärts strebte.

V.

Eine Erscheinung, die zu der zunehmenden Entwickelung der menschlichen Gesellschaft und dem Fortschritte der menschlichen Cultur überhaupt offenbar in geradem Verhältnisse steht, ist das Wachsthum der Gleichenkreise, innerhalb welcher sich das gesellschaftliche Leben in intensiveren Graden abspielt. An welchem Punkte der Menschheitsgeschichte wir immer stehen bleiben, wir finden, dass eine Vielheit kleiner Stämme und Völkerschaften verschwunden ist, um einer Minderzahl grösserer Völkerschaften und Nationen Platz zu machen. Ob gleichzeitig die Menschenmasse gestiegen oder gefallen ist, und ob überhaupt die Menschenmasse des Erdballs ab- oder zugenommen hat, sind Fragen, welche die Sociologie gar nicht berühren, da sich dieselbe nicht mit der Menschheit, sondern mit der Gesellschaft befasst. Wenn ich aber nach der Grösse einer Gesellschaft, mit Bezug auf die Bevölkerungsziffer frage, so kann ich immer nur eine ganz bestimmte Gesellschaft vor Augen haben.

Ueberhaupt besteht das Wachsthum selbstverständlich nicht allein in dem rein äusserlichen Anwachsen der Menschenmasse, sondern in der Ausdehnung des Gleichenkreises. Dass aber dieser Gleichenkreis wieder nicht — sozusagen durch Autogenese — aus sich heraus durch Anschwellung und Auseinanderlegung der eigenen Masse wächst, darf heute als unbestrittene Thatsache angesehen werden[1]). Die naive Ansicht, als ob durch das Anwachsen der Familie allmählich Dorfbevölkerungen, Stämme, Völkerschaften und Nationen entstehen würden, ist längst von allen Thatsachen widerlegt. Wir haben gesehen, dass die Familie keineswegs aus der Abschliessung des sexuellen Paares und seiner Sprösslinge zu einem Gleichenkreise entstand, sondern, dass schon die Familie eine Gruppe von ethnisch verschiedenen Elementen repräsentirt. Wir haben gesehen, dass die politisch einfachste Gruppe, der Stamm, sich nie aus der Horde heraus (etwa wie die Biologen sagen würden, durch Zelltheilung) entwickeln würde, sondern dass er die Zusammenfassung von mindestens zwei Horden zur Vorraussetzung hat. Wir haben endlich in dem vorangegangenen Capitel gezeigt, wie durch den Verkehr in Krieg und Frieden überhaupt eine Zusammenfassung verschiedener Gruppen bald in verticaler Richtung (Schichten und Classengliederung), bald in horizontaler Richtung (Verschiedenheit der Rassen), zumeist aber nach beiden Richtungen gleichzeitig entsteht. Nehmen wir nun den allergewöhnlichsten Fall, der sich überall und jederzeit wiederholt, wo ein sociales Wachsthum und eine sociale Entwickelung stattfand: Zwei Schwärme (Horden) traten, nachdem sie längere Zeit in fruchtlosem Hader gelegen, zu ein-

---

[1]) Spencer, „Principien der Sociologie“. Deutsche Ausg. Stuttgart 1887 II. Bd., III. Cap. „Sociales Wachsthum“. — Worms, R. „Organisme et Societé“. Paris 1896. Chap XI. „fonctions de reproduction“. — Giddings, F. H. The Elements of Sociology. New-York 1898, chep. III. „How aggregations of people are formed“.

ander in das Verhältniss des wechselseitigen Frauenaustausches; gleichzeitig unterwarfen sie einen anderen Stamm; dann haben wir ein Herrschaftsgebilde höchst einfacher Art, einfacher als alle jene, die uns in vorhistorischer Zeit mit historischen Namen entgegen treten, und dennoch hat hier bereits eine Mischung von drei bis vier mehr oder minder verschiedenen Rassen zu einer Einheit stattgefunden.

Die berühmten zwölf Stämme der Juden repräsentiren keineswegs eine ethnische Einheit, die Gruppe Josefel (Ephraim und Manasse) wurde immer als eine selbstständige Gruppe betrachtet, die sich, wie auch schon der Name besagt[1]), erst später zu den 10 Stämmen Jacobels oder Israels gesellte. Die 10 Stämme sind aber wieder nur der letzte Niederschlag viel zahlreicherer Beduinen-Gruppen, welche, früher in einem losen Verkehr stehend, als Nomaden umherzogen, und von denen noch die Namen vorhanden sind (Raguel, Irhamel, Ismael, Bethuel, Adatel u. s. w.). Diese semitischen Nomadenstämme waren auf ihren Zügen untereinander ethnische Verbindungen eingegangen, sie hatten während der Hyksosstürme in Aegypten, trotz aller scheinbaren Abschliessung, sich mit ägyptischem Blut gekreuzt (Hethiter, Leviten und die Beni-Josef), sie hatten bei ihrer Ankunft in Kanaan die wieder von ihnen und unter einander verschiedenen Völker der Edomiter, Moabiter, Amalekiter, Midianiter, Heviter u. s. w. unterjocht und in sich aufgenommen. Der israelitische Stamm, wie er uns zum ersten Male auf dem für die Juden später historisch gewordenen Boden entgegentritt, ist aber bereits aus dem Zusammenfluss zahlreicher ethnischer Gruppen auf dem Wege entstanden und angewachsen, wie wir es oben geschildert haben, durch Unterjochung oder Friedensbündnisse.

Und was sich hier unter den semitischen Beduinenstämmen vollzog, vollzog sich überall, und vollzieht sich unter gegebenen Verhältnissen noch heute; man braucht nur an die Geschichte der zahllosen hellenischen Stämme zu denken, wie sie uns noch bei Homer mit ihren Dorfhäuptlingen entgegentraten, man braucht blos die Geschichte der Bevölkerung Italiens[2]) nachzulesen, man darf sich blos an die Geschichte der eigenen germanischen Vorfahren erinnern, und man wird immer dieselbe Thatsache bestätigt finden, dass zwei Rassen, die sich heute noch feindlich mit unersättlichem Hass gegenüber stehen, morgen eine einheitliche Nation

[1]) Nach Renan, Geschichte des Volkes Israel (deutsch von Schaelsky, Berlin 1894, I. Bd. p. 125) bedeutet Josef soviel wie „Zusatz und Zufügung Gleichgearteter"; über die ethnische Verschiedenheit zwischen Jacobel und Josefel vgl. Renan ebend. S. 149 f.

[2]) Mommsen, Römische Geschichte. Berlin 1888, I. Bd. Cap. III.

werden, dass zwei Classen, die durch Jahrhunderte gegen einander zum Vernichtungskampf führten, schliesslich einen Volkskörper und eine Volksseele bilden, und dass nicht selten später das Einheits- und Gleichheitsbewusstsein gerade dort am stärksten ist, wo ursprünglich die grösste Vielheit und Verschiedenheit herrschte. Es giebt keine grössere Nation, die nicht nachweisbar aus einem Völkergemisch hervorgegangen wäre: die Engländer aus Briten, Angelsachsen, Normanen und Romanen, die Franzosen aus Celten, Romanen und Germanen, die Italiener aus Romanen und Germanen, die Spanier aus Iberern, Karthagern, Romanen, Germanen und Arabern, die Russen aus Slaven, Finnen, Lappen u. s. w. Dabei ist zu beachten, dass das, was wir Germanen, Romanen oder Slaven nennen, selbst wieder höchst zusammengesetzte Rassen waren und sind. Um zu zeigen, dass sich dieser Process des Wachsthums in der Völkerbildung immer gleich geblieben ist, ohne Rücksicht auf Ort, Zeit und umgebende Cultur, möge noch eine flüchtige Analyse der ethnischen Elemente des so rassenstolzen Magyarenthums als Gegenstück zur Entwickelung der jüdischen Rasse angeführt werden.

Zur Zeit der römischen Provinzen Pannonien und Dakien wohnten auf ungarischen Boden neben dem uns unbekannten autochsthonem Elemente Römer, Slaven, Germanen und Bulgaren. Ueber sie stürmen in den nächsten Jahrhunderten die Kriegsschaaren der nomadisirenden Hunnen und Avaren hin, welche keineswegs ganz verschwanden und zum Theil sesshaft wurden [1]), so dass vor der Ankunft der gleichfalls nomadisirenden Magyaren an den Ufern der mittleren Donau und Theiss bereits sechs von einander scharf geschiedene Völkerschaften sassen, welche der Mehrzahl nach selbst wieder höchst zusammengesetzter Natur waren. Auf diese vielgestaltige, mosaikartige ethnische Grundlage setzte sich nun im X. Jahrhundert das magyarische Volk; es war ebenso wie die in Kanaan einrückenden semitischen Nomaden weit davon entfernt, eine reine Rasse zu sein. Die Magyaren zerfielen damals noch in sieben oder acht deutlich von einander unterschiedene Stämme, hatten vor ihrem Einbruch in Ungarn durch Jahrhunderte mitten unter Chazaren, Pettchenegen, Kumanen gewohnt und über slavische Landbauer, die sie als Sclaven hielten, geherrscht. Alle diese Völker (Bulgaren, Chazaren, Pettchenegen, Kumanen, Tartaren, Türken und Slaven) stürzten auch den Magyaren in das Donau-Theiss-Tiefland nach, und aus diesem mit den bereits sesshaften Deutschen,

[1]) Vgl. hierzu und zu dem folgenden: Hunfalvy Paul, Die Ungarn oder Magyaren. Wien und Teschen 1881.

Slaven, Rumänen, Hunnen, Bulgaren und Avaren, und den gerade hier zahlreich eingewanderten Juden bunt zusammengerührtem Brei bildete sich, und bildet sich zum Theile heute noch vor unseren Augen die magyarische Nation, eine der eigenthümlischsten der civilisirten Welt. Wie durch diese Volkscomposition die Nation anwächst, geht aus der Thatsache hervor, dass in den Ländern, die heute das Königreich Ungarn mit Kroatien und Slavonien ausmachen, nach der Volkszählung von 1850 auf je 1000 Personen der Gesammtbevölkerung etwa 380 Magyaren kamen, während bei der Volkszählung von 1890 auf 1000 Einwohner bereits 425 Magyaren kommen, was in vierzig Jahren eine von dem natürlichen Bevölkerungs-Wachsthum unabhängige relativen Zunahme von 45 von 1000 Einwohnern beträgt.

Das Beispiel der Juden und Magyaren ist zwar besonders lehrreich, aber wo immer wir in der Geschichte der Nationen nachblättern, finden wir genau dieselben Vorgänge wieder. Das Wachsthum der Einheitsgesellschaft erfolgt durch Composition und nicht durch Generation. Das Mittel zur äusserlichen Zusammenfassung ist — gleichgiltig ob sie im Krieg oder Frieden geboren wird — die Herrschaft; das Mittel der inneren Zusammenfassung — wieder gleichgiltig, ob sie im Krieg oder Frieden erfolgt — die Assimilation, die Gleichmachung durch gegenseitige Anpassung und Nachahmung. Man sollte eigentlich richtiger sagen: der Zweck der Zusammenfassung ist Herrschaft (direct und indirect), der Effect Assimilation, d. h. relative Freiheit, Gleichheit, Brüderlichkeit.

Wenn zwei ethnische Gruppen und — was principiell dasselbe ist — zwei sociale Classen zu einer äusserlichen Einheit zusammengefasst werden, zeigt sich zunächst nicht die geringste Absicht, einander näher zu treten — der furchtbare Classen- und Rassenhass tritt eher erst recht in seiner ganzen Nacktheit hervor, alle Verschiedenheiten der Lebensführung, der Sprache, der religiösen Anschauungen und der socialen Einrichtungen werden eher greller betont, damit sich der eine Theil — gleichgiltig ob Beherrschter oder Herrschender — nur ja von dem verhassten Anderen abhebe. Man kennt die Sprache des anderen Theiles nicht oder will sie nicht kennen, oder wenn es blos ein anderer Dialect ist, verhöhnt man ihn, die Speisen, die der Andere bereitet und berührt, gelten als unrein und ekelhaft, seine Lebensgewohnheiten als lächerlich, seine religiösen Anschauungen als irrig, seine Götter als falsch und ohnmächtig, eine Blutvermischung mit ihm gilt, wenn nicht als sündhaft, so doch als bemakelnd, und der Bastard ist rechtlos und verachteter als der Knechtgeborene. Es bedarf doch keiner Beispiele hierfür, man müsste sonst all die traurigen und hässlichen Begleiterscheinungen des die Weltgeschichte erfüllenden Nationalitäten- und Classenkampfes schildern. Man braucht ja auch nur die Bibel aufzuschlagen und nachzulesen, wie die Juden die Aegypter, und später die Kanaaniter behandelt haben, man braucht sich blos zu erinnern, wie sich die vornehmen Hellenen ängstlich hüteten, auch nur mit dem Gewande an einen Barbaren zu streifen, wie die Patrizier die Plebs behandelten, man braucht nur an die Geschichte moderner Occupationen (Italien, Elsass, Bosnien u. s. w.) zu denken, man braucht nur in ein Land wie Böhmen zu gehen, wo zwei Völker wohl schon seit mehr als einem Jahrtausend neben einander leben, ohne dass sich der alte Rassenhass abgeschwächt hätte. Immer findet man das Bestreben, sich gegenseitig zu meiden, immer hassen und verachten sich beide Theile gegenseitig, betrachten sich gegenseitig als minderwerthig, immer gilt dies in gleichem Masse für den Classenkampf, wie für den Rassenkampf, und heute wie zu Zeiten Meier Helmbrechts, wird der Emporkömmling von den Untengebliebenen ebenso verachtet, wie der Herabkömmling von den Obengebliebenen; auch die Furcht vor Mésalliancen ist zu allen Zeiten und in allen Zonen der Welt die gleiche.

Und gleichwohl vollzieht sich in den allermeisten Fällen unvermerkt und ungewollt die Vermischung und die Gleichmachung mit Allgewalt. Man nennt den Prozess den nationalen, confessionellen, politischen, wirthschaftlichen Ausgleich, je nachdem es sich um die Unificirung der Gesellschaft in Bezug auf Sprache, Religion, Recht oder Besitzformen handelt, der Prozess ist jedoch immer derselbe, es ist der soziale Ausgleich.

Der sprachliche Ausgleich ist das erste Erforderniss des socialen Vermischungsprocesses; denn Gesellschaft bedeutet, wie gleich zu Anfang unserer Ausführungen erwähnt wurde, Verkehr; der Verkehr ist aber ausgeschlossen zwischen Menschen, welche einander nicht verstehen oder nicht verstehen wollen. Ob das Idiom des herrschenden oder des beherrschten Volkes die gemeinsame, die Nationalsprache, die Staatssprache wird, ist gleichgiltig; gewöhnlich ist das Erstere der Fall, es tritt aber auch wohl nicht selten das Gegentheil ein, dass das erobernde Volk die Sprache des Besiegten annimmt[1]): Jedenfalls blieb dieser Process auch

[1]) „So haben, um nur einige Fälle zu citiren, die erobernden Warägen die Sprache des unterjochten russischen Volkes, die erobernden germanischen Longobarden die des unterjochten italienischen Volkes, die erobernden Normannen zuerst die

auf die obsiegende Sprache nicht ohne Einfluss, in den meisten uns bekannten Fällen endete der sprachliche Ausgleich mit der Neugeburt einer Sprache, oder eines Dialectes. So hat sich die lateinische Sprache unter dem Einfluss der Germanen, Celten, Mauren u. s. w. zu ganz verschiedenen Sprachen in italienisch, rumänisch, französisch, spanisch, portugiesisch ausgebildet. Auch das Englische, auch das Russische sind ähnliche Kreuzungsproducte.

Aehnliches gilt von dem Ausgleich der religiösen Unterschiede. Die Religion richtet besonders auf den unteren Stufen der Cultur kaum niedrigere Scheidewände zwischen Menschen und Menschen auf, als die Sprache. Das ganze Leben ist, wie wir gezeigt haben, eingetaucht in religiöse Formen, das Recht konnte sich bis heute nicht ganz seines religiösen Charakters entledigen (confessionelle Eide und Gelöbnisse, Weihen und Krönungen etc.), jedes Stück Sitte und Brauchthum ist ein Stück religiösen Ritus; die religiösen Verrichtungen, die religiösen Speiseordnungen (theils totemistischen, theils sanitätspolizeilichen Ursprunges), bilden oft unüberwindliche Hindernisse für einen mehr als rein oberflächlichen Verkehr zweier Gruppen, und das Aufgeben gerade dieser Eigenthümlichkeiten ist wohl schwieriger, als das Aufgeben selbst der Muttersprache. Gleichwohl vollzieht sich auch dieser Prozess in der Regel so, dass die Religionen der beiden Völker sich vereinigen. Auch die jüdische Religion

Sprache der unterjochten Franzosen, sodann die der unterjochten Angelsachsen angenommen. Dieser Vorgang ist auch sonst am leichtesten zu erklären. Denn erstens ist es begreiflich, dass die Minorität die Sprache der Majorität annimmt, im Besonderen, da die Organisation der Herrschaft es mit sich bringt, dass die einzelnen Familien aus der herrschenden Classe im täglichen Leben räumlich weit von einander entfernt in stetem Contact und in der Umgebung ihrer anderssprachigen Untergebenen sich befinden, und dass sie auf diese Weise in ihrer angestammten Sprache wenig, in derjenigen ihrer Untergebenen viel verkehren. So geräth langsam die angestammte Sprache der herrschenden Minorität ausser Uebung und in Vergessenheit, und die Sprache der beherrschten Majorität siegt ob. Und noch ein zweiter Grund trägt dazu bei. Die Herrschenden kennen nur ein Interesse — das der Erhaltung ihrer Herrschaft. Dieses geht ihnen über Alles. Dass sie praktische, geistig überlegene Leute sind, das bewiesen sie durch die That. Sie kennen in der Politik keine Sentimentalität, die überlassen sie den Beherrschten und haben an derselben ihre Freude. Sprache ist ihnen nur ein Mittel der Verständigung — sie erlernen leicht die Sprache des unterjochten Volkes, und ihrer geistigen Ueberlegenheit kommt es auf die Formen des Ausdrucks, in denen sie sich offenbart, nicht an. Die praktischen Interessen, also des täglichen Lebens und das Interesse der Herrsehaft einerseits, eine überlegene Nonchalance, die das Gefühlsmoment der Anhänglichkeit an die angestammte Sprache überwindet — führen zur Annahme der Sprache der beherrschten Minorität". (Gumplowicz, Racenkampf S. 226 f.)

hat in der Zeit, wo die Juden mit dem herrschenden Hikfos in Aegypten sassen, trotz der scheinbaren Abschliessung, ägyptische Elemente aufgenommen; der römische Olymp glich einem grossen Hotel, in welchem die Götter aller Völker Unterkunft fanden, und auch das siegreiche Christenthum hat Elemente anderer Religionen, besonders der germanischen, massenhaft in sich aufgenommen.

Eines der grössten Hindernisse einer Verschmelzung zweier Gruppen zu einer Einheit bildet der Umstand, dass beide Theile einen eigenen Blutkreis bilden, und dass Mischehen verboten sind oder als unehrenhaft gelten. Dieses Hinderniss ist im socialen Kampf nicht um ein Haar geringer als im nationalen oder confessionellen Kampf; man kann in jeder modernen Gesellschaft recht deutlich noch vier grosse classenmässige Blutkreise (adelige, städtisch-bürgerliche, bäuerliche, proletarische) unterscheiden, zwischen denen eine eheliche Berührung als etwas Absonderliches, Auffälliges erscheint. In Ländern, wo Menschen verschiedener Nationen und Confessionen wohnen, kann man auch noch national und confessionell scharf abgegrenzte Blutkreise unterscheiden u. s. w. Nichts ist der Assimilation verschiedener Elemente hinderlicher, als diese Sucht der einzelnen Gleichenkreise sich durch Eheverbote auszusperren; gleichwohl muss auch diese Bastion genommen werden, wo immer an die Bildung eines wirklich einheitlichen Volkskörpers gedacht werden soll, und sie wird auch, wenngleich mit den schwersten Opfern genommen. Das Connubium ist zu allen Zeiten das stärkste Mittel des socialen, nationalen und religiösen Ausgleichs, gewissermassen die Grundveste der Assimilation geworden.

Am schwierigsten und auch stets am unvollständigsten ist der wirthschaftliche Ausgleich. Die Verschiedenheit der Wirthschafts-, Besitz- und Arbeitsformen bildet, wie wir gesehen, den Ausgangspunkt der socialen Gliederung, sie ist der Eckstein der herrschaftlich organisirten Gesellschaft und auf einer gewissen culturellen Stufe, die einzig denkbare Form möglicher Cooperation. Es ist eine nicht erst zu entdeckende Thatsache, dass das Herrschaftsverhältniss nicht auf einem einseitigen Interesse beruhe, und dass die klassen- und rassenmässig aufgetheilte Arbeit deshalb, weil sie von dem einen Theil erzwungen wird, nichtsdestoweniger eine sociale, d. h. der Gesammtheit zu Gute kommende, sein könne. Die Früchte einer höheren Wirthschaftsform kommen, wenn auch in ungleichen Antheilen, doch stets allen Theilen zu statten. Die Hirten, Landbauer und die etwa aus einem dritten Stamme kommenden Handwerker, bilden eine Einheit, die gerade durch ihre innere Verschiedenheit einen Reichthum der Production ermöglicht, der allen Klassen eine ungleich höhere Lebenshaltung ermöglicht, als sie in der wirthschaftlichen Isolirtheit führen könnten. Dazu kommt, dass die Herrschaft, obwohl immer ein Ausbeutungsverhältniss, doch nicht immer ein unvernünftiges Ausbeutungsverhältniss sein muss, dass es vielmehr das ureigenste Interesse der Herrschenden ist, die Arbeit des Beherrschten auch zu erhalten und zu schützen. Diese Umwandlung der Herrschaft in ein Schutzverhältniss war die mächtigste Stütze der ersteren, sie war der Grund, dass in kriegerischen Zeiten und Ländern Production und Arbeit sich geradenwegs ihrer Freiheit begaben, um dafür des Schutzes der Starken theilhaft zu zu werden [1]). Trotzalledem oder ebendeshalb kann aber die wirthschaftliche Ungleichheit in ihrer ursprünglichen crassen Form nicht der dauernde Zustand der Gesellschaft sein. In demselben Maasse als die geistige Entwickelung der Person, an Stelle der klassen- und kastenmässigen Arbeitstheilung, die persönliche Arbeitstheilung, als mehr im Interesse der Gesammtheit gelegen erscheinen lässt, in demselben Maasse, als die Erkenntniss von dem höheren wirthschaftlichen Effect der freien Arbeit [2]) auch bei den herrschenden Klassen Platz greift, in demselben

---

[1]) Schon Aristoteles (Pol. I, 2) erkennt, dass es Fälle geben kann, wo Herr und Knecht, durch ein wirkliches Bedürfnis zusammengeführt werden, wo Jener ausübende Hände für seinen Kopf, dieser einen leitenden Kopf für seine Hände braucht. Im Mittelalter unterwarf sich mancher freie bäuerliche Besitz der Unterthänigkeit und gieng das gewerbetreibende Bürgerthum in den Städten freiwillig zu mächtigen „Herren" oft ein Schutzverhältniss ein, um ungestört seiner wirthschaftlichen Arbeit obliegen zu können. Beispiele freiwilliger Sklaven vgl. Roscher I, § 67.

[2]) Schon das classische Alterthum hatte den Werth der freien gegenüber der unfreien Arbeit erkannt (Varro, de re rust. I, 17. — Plinius H. N. XVIII, 7. — Columella, De re rust I, 7). Thatsächlich hatten auch die Griechen schon zu Beginn der historischen Zeit neben den Sklaven freie Arbeiter, θῆτες oder ἔριθοι. Ebenso verwendete man überall, wo noch durchaus Sklaverei bestand, für bessere, schwierigere Arbeiten Freie. So wurden im XI. Jahrhundert in Frankreich für die gewöhnlichen Feldarbeiten hörige, für die Urbarung freie Arbeiter verwendet. In Brasilien wurden als Zuckersieder, Destillateurs, Fuhrleute u. s. w. gewöhnlich nur Freie verwendet. In Westindien rechnete man, dass ein Negersklave nur ein Drittel soviel arbeitete, wie ein englischer Arbeiter in seiner Heimath und an dem Nachmittage, welcher den Negern wöchentlich einmal für ihre Geschäfte freigelassen wurde, arbeiteten sie ebensoviel, wie sonst an einem vollen Tage. Ein englischer Mäher besorgte eine 2 bis 3 Mal so grosse Fläche in der gleichen Zeit, wie ein russischer Arbeiter. Nach Jakob (Ueber die Arbeit freier und leibeigener Bauern 1815 S. 71ff.) hat die Verwandlung der Leibeigenen zu Erpächtern dem Grafen B. 100000 Thlr. gekostet, aber auch binnen 24 Jahren den Ertrag der Güter von 3000 auf 27000 Thlr. gesteigert.

Maasse wächst auch bei den Arbeitenden selbst die Erkenntniss von dem Werthe der persönlichen Arbeit und der Anspruch auf eine gerechtere Participation an den Früchten dieser persönlichen Arbeit. Wenn auch der wirthschaftliche Ausgleich nicht eine wirthschaftliche Gleichheit, wie sie in den Utopien moderner und alter Socialphilosophen gefordert und geträumt wird, bedeuten kann, so gipfelt er doch in dem Streben nach einer gerechten Entlohnung jeglicher Arbeit, d. h. einer Entlohnung, welche dem nach Zeit, Ort und Umständen verschiedenen socialen Werth einer Arbeit so weit als möglich Rechnung trägt, wodurch es dem Producenten auch möglich wird, in einem der Bedeutung seiner Arbeit entsprechenden Maasse an der Herrschaft theilzunehmen, in den Gleichenkreis der „Freien". d. i. der Herrschenden zu treten. Im Allgemeinen vollzieht sich mit zunehmender Cultur auch eine Umwandlung der unfreien (Sclaven- und Leibeigenen-) Arbeit in freie Arbeit; der freie Arbeiter aber beansprucht nicht blos „bürgerliche Rechte", sondern auch in wachsendem Maasse immer grössere Antheile von dem Gesammtergebnisse der volkswirthschaftlichen Production; die Acte der Fürsorge für den Fall der Arbeitsunfähigkeit und Arbeitslosigkeit, die ehedem eine von Person zu Person erwiesene Gnade waren, nehmen einen rechtlichen Charakter an, welcher der socialen Bedeutung der Arbeit entspricht, und zugleich dem Einzelnen ein verstärktes persönliches Bewusstsein und Unabhängigkeitsgefühl verleiht; die Mittel zu einer mindestens auf geistigem Gebiete möglichst gleichen Ausrüstung im wirthschaftlichen Kampfe dringen in immer breitere Schichten (Volksbildung), die Lebenshaltung des Einzelnen wird besser und der Kreis derjenigen, die mehr als zur physischen Erhaltung des Lebens nothwendig ist, einnehmen und verbrauchen schwillt an [1]), der Luxus, der in barbarischen Zeiten nicht weniger besteht, aber nur sinnlosere Formen hat, strebt nach vernünftigeren Formen und wird einerseits ein volkswirthschaftlicher Regulator, andererseits die nährende

[1]) Es kann nicht unsere Aufgabe sein, hier Beweise für die zunehmende Verbesserung der Volksernährung zu führen. Jedenfalls ist die bekannte von Lassalle mit dem Schein der Wissenschaftlichkeit vertretene Ansicht, dass sich bei allen Fortschritten der Cultur an dem Elend der arbeitenden Classe nichts ändere und dieselben sich immer am Rande der äussersten Existenzmöglichkeit bewegen nach mehrfacher Richtung falsch und den Thatsachen widersprechend. Dass der Abstand zwischen Besitzenden und Besitzlosen, Herrschenden und Beherrschten, Ausbeutern und Ausgebeuteten immer derselbe ist, bedarf ja nicht erst eines Beweises, ebensowenig wie die Thatsache, dass die Kluft zwischen Gut und Böse, trotz allem Wandel der moralischen Ansichten immer die gleiche bleibt. Das ist einfach eine Tautologie. Es kommt aber alles darauf an, wie gross der Kreis derer ist, welche Besitzer, frei und un-

Brust für Künste und Wissenschaften. Die Kluft zwischen Besitzlosen und Besitzenden schliesst sich nicht und kann sich nicht schliessen, weil dies einfach eine contradictio in adjecto wäre, aber die Zahl der Besitzenden, derer, die an den Genüssen des Lebens theilnehmen, nimmt zu. Dadurch wird thatsächlich der Gleichenkreis ein grösserer, wenn auch innerhalb dieses Kreises der wirthschaftliche Ausgleich eine gewissermaassen assymptotische Bahn geht. Allein eine freie, solidarische Cooperation in dem Gefühle innerer Zusammengehörigkeit und Interessengemeinschaft ist unmöglich, wo die wirthschaftlichen Gegensätze zu grell auf einander stossen. Wo sich solche Gegensätze nachher bilden, wo die wirthschaftliche Kluft zwischen den Klassen sich erweitert, wo der Luxus auf der einen Seite unvernünftig steigt, die Lebenshaltung auf der anderen Seite sinkt, der herrschenden Klasse der Sinn für den socialen Werth der Arbeit verloren geht, da kann selbst eine bereits errungene Assimilation wieder in Gefahr kommen, verloren zu gehen, und der Kampf um die Zulassung zum Gleichenkreise, der Kampf um Sein oder Nichtsein der freien, solidarischen Gesellschaft beginnt aufs Neue.

Wie sich aus dem Gesagten erkennen lässt, hat die Assimilation, die sociale Verschmelzung, und damit auch das Wachsthum der Gesellschaften, Grenzen. Das nächste Hinderniss liegt in demselben Factor, der allein das Wachsthum ermöglicht: die Gesellschaft (ein Volk, eine Nation) kann nur wachsen durch Zusammenfassung verschiedener Elemente in herrschaftlichen Gebilden; allein die Herrschaft ist nur das Durchgangsstadium, das Resultat des Entwickelungsprocesses ist das Werden einer neuen Gruppe, in welcher die ursprünglich verschiedenen Elemente wieder alle gleich und solidarisch sind, wie in der Horde nur aus der Tiefe eines dumpfen, instinctmässigen Herdenlebens in die Höhe zweckbewusster, solidarischer Cooperatian gehoben. Es ist klar, dass, wenn in einem Kreise thatsächlich vollkommene Assimilation eingetreten ist, in diesem Kreise wenigstens keine Herrschaft mehr möglich ist; der Classenkampf wird unter der Formel der politischen Gleichberechtigung geführt und zielt factisch dahin, dass die kämpfende Klasse, vermöge

ausgebeutet sind, und es ist vor Allem nicht gleichgiltig, ob Jemand gerade nur so viel hat, um seinen Hunger vielleicht auf die unnatürlichste, nothdürftigste und dabei ekelhafteste Art zu stillen, oder ob er dies in rationeller Weise und in ausreichendem Masse thun kann. Lassalle widerspricht sich auch selbst, denn wenn wenn er Recht hätte, gäbe es überkaupt kein Emporkommen der arbeitenden Classe. Dass die Arbeiter thatsächlich mit Erfolg den Kampf um die sociale Gleichheit führen, beweist, dass sie heute wirthschaftlich höher stehen, als ehedem.

ihrer wirthschaftlichen Bedeutung und ihrer socialen Unentbehrlichkeit in die Reihe der herrschenden Klassen aufgenommen werde, dass sie mit die Functionen des Herrschers ausüben könne, nähmlich, andere arbeiten zu lassen (Steuern zu erheben) und Befehle zu ertheilen (Gesetze zu geben). Beendet wäre dieser Kampf nur, wenn nach dem Ideale der Anarchisten eine vollständige Solidarität, aufgebaut auf allseitiger wirthschaftlicher Cooperation (Proudhon) möglich wäre, wodurch allerdings die Herrschaft ganz von selbst entfiele, weil alle nur slaves of their own wants von der tiefen Erkenntniss durchdrungen wären, dass ihre eigenen Bedürfnisse nur durch die Arbeit Aller befriedigt werden können, und weil mit dieser allseitigen Solidarität das Object und das Motiv der Herrschaft verschwinden würde. Selbstverständlich wird diese intensive Solidarität in jener die ganze Menschheit umfassenden Ausdehnung ein frommer Wunsch für alle Zeiten bleiben. Denn Solidarität setzt eine gewisse objective Gleichheit und zwar in physiologischer, psychischer, intellectueller und wirthschaftlicher Beziehung voraus; Solidarität ist daher (und auch da nur annähernd) in kleinen Kreisen denkbar, klein wie es die Horde war, klein, wie es die ideal freie Republik Rousseaus sein sollte, klein, wie es die Schweizer Kantone — wohl die fortgeschrittenste Form freier, auf Solidarität beruhender Gemeinwesen — sind. Die Herrschaft beruht auf der Ungleichheit, sie ist das einzige Mittel, um ungleiche Elemente zur Cooperation zu bringen. So wie sie aber auf diese Weise der Weg zur Solidarität, zur Bildung neuer grösserer Gleichenkreise wird, so ist sie doch auch wieder eben darum das grösste Hinderniss der vollständigen Assimilation; es ist das eigenste Interesse der Herrschenden, die Bildung intensiver Gleichenkreise so weit als möglich zu verhindern. Das divide et impera war seit jeher und überall das A und O der Politik aller herrschenden Völker und Parteien. Die Schürung des wirthschaftlichen, nationalen und confessionellen Kampfes ist das Lebenselement, die Solidarität der Tod jeder Herrschaft.

Eine andere Grenze ist der vollkommenen gegenseitigen Solidarität in dem Grad des Interesses gesteckt, welches beide Theile an der Cooperation haben. Es gibt keine erzwungene Solidarität und keine erzwungene Assimilation. Ein Volk, das sich nicht assimiliren kann oder will, hat kein Interesse an der solidarischen Arbeit, sei es, dass es wirthschaftlich und culturell zu selbstständig wäre, sei es, dass es zu tief stände. Ein Volk, das sich anpasst, hat auch einen egoistischen Grund hierfür, so dass der Anpassungsprocess zwar äusserlich erzwungen, innerlich aber immer freiwillig ist. Dieses Interesse hat aber seine Grenzen; ein Volk und eine Klasse entwächst dem Schutzbedürfnisse, das Interesse an der Nationalwirthschaft wird durch das Interesse einer Sonderwirthschaft aufgewogen oder der eine Theil ist nicht im Stande, mit dem anderen wirthschaftlich gleichen Schritt zu halten.

Die Geschichte ist reich genug an Beispielen, wo sociale Gruppen durch die Herrschaft zusammengefasst wurden, welche absolut kein Interesse und gar keine Möglichkeit der socialen Cooperation hatten; diese Reiche brachen dann (wie die Weltreiche Alexanders oder Napoleons) nach kurzem Bestande wieder zusammen; aber auch solche, die (wie das gewaltige Römerreich der Kaiser, das Frankenreich der Karolinger, die spanisch-österreichische Macht der Habsburger) sich vielleicht Jahrhunderte mit dem Schein eines gegenseitigen gemeinsamen Interesses erhielten, zerfielen schliesslich aus Mangel an innerer Affinität doch wieder in die natürlichen Theile, die untereinander bereits engere Gleichenkreise gebildet, d. h. innerhalb deren Grenzen die gegenseitige Anpassung vollkommener vorgeschritten war, als im Verhältnisse zum anderen Theile. Immerhin war die Zusammenfassung von vollkommen heterogenen und für die Dauer nicht zu vereinigenden Völkertheilen unter einer mehr oder minder flüchtigen Herrschaft nie ganz erfolglos; wenn wir die Bruchstücke solcher gigantischer Weltreiche betrachten, so finden wir, dass gleichwohl, wenn auch in weit engeren Grenzen als die der ehemaligen Herrschaft waren, neue Gebilde höherer Ordnung entstanden; so fand durch die merovingische und karolingische Herrschaft eine Zusammenfassung der zahllosen kleinen, seit der Völkerwanderung Mitteleuropa durchschwärmenden Stämme und Völkerschaften zu zwei grossen nationalen Gruppen statt, die, wie lose sie auch immer Anfangs waren, doch für die Geschichte einen definitiven Charakter annahmen. Aehnliches ereignete sich auf dem Balkan, wo bei der geringen Affinität der zahllosen, das Land bevölkernden Rassen die Bildung einer einheitlichen Gesellschaft trotz römisch-byzantinischer und türkischer Herrschaft, unmöglich war, wo aber gleichwohl bei der Zertrümmerung dieser Herrschaften eine Reihe compakterer Nationen, als sie früher bestanden, herausfielen, in deren Bereich nun die Bildung einer intensiveren Solidarität, zunächst wieder auf herrschaftlicher Grundlage um so rascher fortschreitet.

VI.

Es wäre noch die Frage zu untersuchen, ob ein Volk seine sociale Qualification, die Fähigkeit, ein sociales Gebilde zu schaffen und zu erhalten aus sich heraus, durch eine Verschlechterung der Rasse verlieren kann oder nicht. Es giebt unzweifelhaft historische Staaten, welche mehr dem inneren Verfalle, als dem Ansturm eines übermächtigen Gegners erlegen sind. Die meisten staatenbildenden orientalischen Völker endeten in einem physischen und geistigen Verfall, der sie unfähig zu weiterer Socialisation machte; Spanien ist sozusagen vor unseren Augen durch eine Verschlechterung der Rasse vom Range eines ersten Culturstaates zu dem wahrhaftigen Cadaver einer Gesellschaft herabgesunken. Besonders unter den Naturvölkern giebt es nicht wenige, die in Berührung mit der Cultur jäh in sich zusammenbrechen, und (wie die meisten amerikanischen Indianerstämme, die Tasmanier, die Maori u. a.) ohne eigentlich je unterjocht oder geknechtet worden zu sein, einfach von der Bildfläche verschwinden.

Wir verstehen unter Rasse weiter nichts als einen gewissen Typus, der einem Volke zukommt, einen Typus, der durch eine bestimmte Anzahl und Anordnung vom Eigenschaften physiologischer und dementsprechend auch psychologischer Natur gebildet wird, die sich bei den Mitgliedern einer bestimmten Gruppe relativ häufiger finden als bei den Mitgliedern einer anderen Gruppe. Es können z. B. in einer Gruppe Anlagen grosser Kraft und Sinnesschärfe, in einer anderen schwächliche Körperconstitution, Neigung zu gewissen Krankheiten u. dergl. überwiegen; man spricht dann von einer gesunden oder schlechten Rasse, ohne dass dies die Bedeutung hätte, dass alle Mitglieder der Gruppe gesund oder hinfällig sein müssen. Der Begriff Rasse unterscheidet sich eben dadurch von dem naturwissenschaftlichen Begriff der Art. Die Eigenthümlichkeiten der Art müssen sich bei jedem Individium, das zu der betreffenden Art gehört, finden, die Eigenthümlichkeiten der Rasse keineswegs. Da der Rassentypus nichts einer Gruppe immanentes ist, sondern, wie schon erwähnt, in der Zahl und Anordnung gewisser Einzelzüge besteht, kann er sich auch ändern, die Rasse kann durch Auswahl verbessert werden, was jeder Züchter weiss, sie kann sich aber eben desshalb auch verschlechtern: es kann durch fortgesetzte Zuchtwahl aus einer gesunden Rasse eine kranke werden, welche selbstverständlich nicht mehr in demselben Masse wie früher die physische und psychische Kraft hat, den Stürmen des socialen Kampfes Stand zu halten.

Streng genommen bewährt sich auch hier auf rein biologischem und anthropologischem Gebiete die Erfahrung, die wir auf ethnographischem Wege gemacht haben: es giebt nirgends reine Rassen. In jeder Gruppe sind auch zu mindesten zwei verschiedene Rassen (Typen) von Haus aus vertreten, eine gesunde und eine schlechte, die untereinander in einem gewissen Streite liegen; je nachdem die eine oder die andere obsiegt, je nachdem die eine oder die andere die Mehrheit der Individuen umfasst, spricht man von einer Besserung oder Verschlechterung der Rasse:

Eine Rassenverschlechterung findet durch alle jene Umstände statt, welche eine Behinderung der natürlichen Auslese zu Gunsten der gesündesten, besten und fähigsten Individuen bedeuten[1]). Hierher gehört u. a.:

1. Die Abnahme aller infectiösen Krankheiten im Gefolge der zunehmenden Prophylaxis, wodurch schwächere oder weniger widerstandsfähige Individuen erhalten werden, ebenso die mit zunehmendem Erfolge fortschreitende Bekämpfung anderer Krankheiten, wie der Tuberkulose, die sonst nur schwächliche Personen angreifen, die aber gleichwohl sehr zur Fortpflanzung der Art und zwar ihres eigenen phthysischen Typus neigen; ferner jede Verbesserung der allgemeinen Hygiene, jede Erfindung auf dem Gebiete der künstlichen Ernährung, welche bestimmt ist schwächliche, sonst dem Untergang geweihte Individuen zu erhalten, jede Erfindung zum Schutze gegen Wetter und Kälte, die sonst selectiv zu Ungunsten der Schwächeren wirken; jede Erfindung zur Erhaltung unentwickelter, scheinbar lebensunfähiger Kinder u. s. w. Alles dies trägt in einem gewissen Grade dazu bei, ungesunde Individuen zu schützen und zu erhalten, dieselben der Fortpflanzung ihrer Art zuzuführen, diese Art in die Majorität gegenüber den Gesunden zu setzen, und so die Rasse zu verschlechtern.

2. Mit zunehmenden materiellen Mitteln, wachsendem Luxus dauerndem Frieden u. s. w. ist in der Regel eine Verschlechterung der Rasse verbunden. Die geistigen Anlagen werden einseitig bethätigt, die körperlichen Uebungen vernachlässigt, die Verweichlichung nimmt zu, die sexuellen Ausschreitungen, die Trunksucht auch die Fresslust steigern sich bis zur Perversität und führen nicht nur direkt zu acuten Erkrankungen, sondern haben auch die Vererbung eines zu geistigen Störungen neigenden, lasterhaften oder geradezu verbrecherischen Typus zur Folge.

---

[1]) Vgl. John B. Haycraft, Natürliche Auslese und Rassenverbesserung. Leipzig 1895.

3. Abgesehen davon, dass die geistig Bestgebildeten eine geringere Fortpflanzung aufweisen, findet eine Verschlechterung der Rasse durch künstliche Zuchtwahl, auch noch durch den Krieg statt, dem gerade die leistungsfähigsten und gesündesten Individuen zum Opfer fallen und zumeist in einer Lebensepoche, ehe sie ihre Art fortpflanzen konnten, während die zum Kriegsdienst untauglichen Individuen, die schwächlichen, krüppelhaften und kranken Menschen verschont und der Fortpflanzung leider erhalten bleiben. Oft findet auch durch eine verblendete Politik, durch schlechte Gesetze und dergl. eine geradezu schonungslose künstliche Zuchtwahl zu Ungunsten der Besten statt: in Spanien wurden erst die edlen Mauren, dann die hochgebildeten Juden ausgetrieben, und als dies geschehen war, wurden die besten, fähigstsn und edelsten Individuen theils am Scheiterhaufen, theils in den Folterkammern der Inquisition, theils durch freiwilliges und unfreiwilliges Exil zu Hunderttausenden dem Volke entzogen. Weniger systematisch und weniger grausam, aber doch nicht ohne Erfolg arbeitete die Gegenreformation in Oesterreich, und man kann die durch sie bewirkte Rassenverschlechterung sehr deutlich beobachten, wenn man den österreichischen Aelpler mit seinem nächsten Orts- und Stammesnachbar, dem Schweizer, in körperlicher und geistiger Beziehung vergleicht.

Es gibt also eine Rassenverschlechterung, welche auf menschliche Rohheit und Unbildung zurückgeht, es lässt sich aber nicht leugnen, dass auch die fortschreitende Cultur, gerade das, was wir als den Triumph der Menschheit, als den Segen der Civilisation hinstellen und mit Recht preisen, eine Verschlechterung der Rasse nothwendig im Gefolge führt. Für den ersten Blick mag in dieser Erkenntniss etwas unendlich Betrübendes und Niederschlagendes liegen. Allein es ist überall im Treiben der Welt gleich, dass der Weg zur Vollkommenheit durch das Thor des Todes führt? Jedes Volk, das eine gewisse culturelle und sociale Vollendung erreicht hat, hat mit dem Blüthenseim der Cultur auch die Keime des körperlichen, sittlichen und geistigen Verfalles eingesogen; der nächste gesunde Barbar wird ihm den Todesstoss geben. Aber er hat nicht umsonst gearbeitet, denn die Früchte seiner socialen und culturellen Arbeit bleiben dem Leben erhalten, wenn sie auch erst ferne und fremde Geschlechter nähren und zu noch Vollendeterem befähigen. So ist das göttliche Thier, Mensch genannt, gemein und egoistisch und kurzsichtig in seinen Absichten, in seinem Wirken erhaben und unendlich und stets nur auf das Wohl des Allgemeinen und der Zukunft gerichtet.

Achtes Capitel.

Die Formen der politischen Entwicklung.

I.

In den unmittelbar vorangehenden Abschnitten wurden die thatsächlichen Vorgänge geschildert, die den politischen Entwickelungsprocess im Allgemeinen ausmachen, oder wenn man mir gestattet, im Gleichniss zu sprechen, die Thatsachen der Zeugung, der Geburt, der Erziehung, des Wachsthums und des Todes politischer Gebilde. Es erübrigt noch zu zeigen, wie sich das sociale Leben innerhalb dieser Gruppen gebildet und entwickelt, welche Formen es angenommen hat.

Eine sociale Formenlehre freilich in dem Sinne, dass alle empirisch beschriebenen Gesellschaftsformen classifizirt und der historischen Entwickelung zu Grunde gelegt werde, ist unthunlich, und alle Versuche, eine solche empirische Formenlehre herzustellen, sind kläglich gescheitert.

Es ist ganz unmöglich, auch nur zwei bestimmte Gesellschaften mit einander zu vergleichen und in Bezug auf ihre Form unter einer gemeinsamen Kathegorie zu vereinigen. Jede sociale Form ist der andern unähnlich, weil, wie wir gesehen haben, diese Form die Folge ganz besonderer, von der Eigenart des Ortes und der diesen Ort bewohnenden Menschen bestimmten Lebensbedürfnisse und -Verhältnisse ist: wirthschaftliche Arbeitstheilung auf ethnischer Grundlage ist das Agens der socialen Entwickelung. Die socialen Formen sind also so verschieden, wie die Punkte der Erde, auf denen sie sich gebildet, und die Menschengruppen, die sie gebildet haben, und es scheitern alle Versuche, in dieser Vielgestaltigkeit formelle Classificationen durchzuführen.

Prof. Letourneau hat eine solche Classification der socialen Formen nach topographischen und ethnischen Gesichtspunkten durchzuführen, und den Typus einer melanesichen, ostafrikanischen, mittelafrikanischen, altegyptischen, ost- und westamerikanischen, centralamerikanischen, polynesischen, malayo- und indochinesischen, mongolisch-tibetanischen, japanischen, chinesischen Gesellschaft und einer Gesellschaft der weissen Rassen zu beschreiben versucht. Wenn man nur auf die letzte Gruppe blickt, so erkennt man sofort, dass in ihr allein so ziemlich alle Stadien der socialen Formenentwickelung von der nomadisirenden Horde bis zu den bisher erreichten höchsten socialen Entwickelungsformen überhaupt zu finden sind. Aber auch in den anderen Gruppen, die Letourneau schildert, ist es nicht anders. Es gibt kein Volk der Erde, das heute noch dort sässe, wo es ehemals sass, und kaum einen Punkt der Erde, der nicht mehrere Epochen und Formen socialer Entwickelung durchgelebt hätte. Besonders wo es sich um alte Culturstätten handelt, ist es ganz unmöglich und unstatthaft, einen bestimmten Typus der Gesellschaft construiren zu wollen, z. B. einen italischen, einen französischen, wie es wohl geschah.

Die grösste und, wie mir scheint, auf lange hinaus, wenn nicht für immer unüberwindliche Schwierigkeit einer Classification der socialen Formen liegt aber in dem Mangel praeciser Vorstellungen von solchen Formen und der dazu gehörigen Worte. Alle die üblichen und im gewöhnlichen Verkehr, in der Politik und selbst in der Wissenschaft gebrauchten Worte sind vollkommen flüssig, unbestimmt und meist rein willkürlich angewendet. Was ist z. B. ein Clan, ein Stamm? Die verschiedensten Erforscher der menschlichen Urgeschichte wenden die Worte ganz willkürlich an, und einer bezeichnet etwas als Clan, was der andere Stamm nennt und umgekehrt. Was ist Rasse, was Volk, und was ist Nation? Wir haben gesehen, dass Rassenreinheit schon in dem einfachsten Stamme nicht mehr vorhanden ist, dass es demnach Rassen, im Sinne reiner Rassen überhaupt nicht gibt, sondern nur Rassen, im Sinne eines biologischen Typus. Mit dieser Auffassung der Rasse ist aber für die sociale Formenlehre durchaus nichts anzufangen. Was macht sodann das Wesen eines Volkes aus, was das Wesen einer Nationalität, und wodurch unterscheiden sie sich von einander? Sind die Deutschen ein Volk oder eine Nation? Gibt es eine Oesterreichische oder Schweizer Nationalität, oder blos ein Oesterreichisches und Schweizer Volk? Gehören die deutschen Oesterreicher oder Schweizer zum deutschen Volke oder zur deutschen Nation[1])? Gibt es also vielleicht eine deutsche oder eine germanische Rasse, oder wie man oft hört, gar eine arische Rasse? Ist also die Rasse etwas, was nur den allerkleinsten Gruppen oder den allergrössten Gruppen anhaftet? Oder giebt es etwa überhaupt nichts anderes, als rein politische Unterscheidungen? Was ist dann der Staat, wo beginnt er, was macht ihn zum Staate? Die Ausdehnung? Es ist aber doch Monaco ebensogut ein Staat, wie Russland und Sibirien zusammengenommen? Die Dauer (Spencer)? Was ist denn Dauer? Ruhe der Grenzen? Dann giebt es überhaupt keinen Staat, weil nichts ruht. Gumplowicz hat den Staat die herrschaftliche Organisation der Gesellschaft genannt, eine Definition, die wir allenfalls acceptiren, dann aber ist wieder Alles, was über die amorphe Urform hinausreicht, Staat, d. h., das Wort bezeichnet alle wenigstens bisher empirisch beobachteten Formen der organisirten Gesellschaft, weil wir aus der Erfahrung eine andere Form der Organisation, als die herrschaftliche, nicht kennen. Die Frage würde kaum geklärter werden, wenn wir alle Definitionen der anerkanntesten Staatsrechtslehrer hier citiren würden.

Scheinbar etwas mehr bezeichnen die verschiedenenen im Sprachgebrauche des Volkes wie der Staatswissenschaft üblichen Worte, wie Monarchie, absolute und constitutionelle Monarchie, Wahlmonarchie, Erbmonarchie, Republik, demokratische, aristokratische, oligarchische Republik, Dictatur und Cäsarismus, und wie die Dinge alle heissen mögen. Wenn man aber bedenkt, was alles in die beiden Gedankensäcke Republik und Monarchie hineinpasst, wenn man bedenkt, dass das alte auf der Herrschaft einiger weniger Familien beruhende römische Gemeinwesen, ebensogut wie ein Schweizer Canton oder ein amerikanischer Unionstaat Republik genannt werden kann, dass China ebenso gut wie Deutschland eine Monarchie und Oesterreich ebenso gut wie England eine constitutionelle Monarchie ist u. s. w., dann wird man jede Hoffnung aufgeben, solche

[1]) Man hat gesagt, die Nationalität sei durch die Einheit und Gemeinsamkeit der culturellen und politischen Entwickelung bedingt. Das ist fürs Erste nicht ein und dasselbe. Die culturelle Entwickelung kennt keine politische Grenze. Die politische Entwicklung kann bei der grössten culturellen Verschiedenheit die gleiche sein, wie zwischen Huzulen und Deutschböhmen; ferner kann die gemeinsame politische Entwickelung eine verschiedene Dauer haben. Die Tschechen und Deutschösterreicher haben unstreitig schon länger eine gemeinsame politische Entwickelung als die Tschechen und Polen! Was soll die Wissenschaft also mit solchen Worten und Definitionen machen? Oder soll die Wissenschaft warten, bis diese Begriffe und Worte endlich festgestellt sind? Wir fürchten, sie müsste dann lange warten.

Begriffe und solche Worte für die Wissenschaft verwenden zu wollen. Wenn wir trotzdem im Folgenden diese Worte dann und wann zur Anwendung bringen sollten, so wird es nicht geschehen, um damit einen bestimmten genau umgrenzten und beschriebenen Typus zu bezeichnen, sondern lediglich aus der Nothwendigkeit, unsere Ausführungen an bekannte, wenn auch noch so vage Volksvorstellungen und Ausdrücke des Sprachgebrauches anlehnen zu müssen. Den Werth von Kategorien haben sie keineswegs.

Wenn wir streng bei dem Thatsächlichen bleiben, können wir nur zwei grosse Gruppen gesellschaftlicher Gebilde unterscheiden, diese allerdings mit aller wünschenswerthen Schärfe: die unorganische, auf der vollkommsten Parität aller Mitglieder und der Simultanität aller Funktionen beruhende Urgesellschaft, und die auf herrschaftlicher Grundlage organisirte Gesellschaft — die Horde und den Staat. Ein Drittes kennt die Erfahrung vor der Hand nicht; eine nicht herrschaftlich, sondern rein solidarisch organisirte Gesellschaft, welche die Freiheit und Gleichheit der Horde mit der Differencirung des Staates vereinen würde, kennt wenigstens die Erfahrung nicht, und über ihre Möglichkeit oder Unmöglichkeit auf speculativem Wege zu entscheiden, widerstreitet dem Geiste unserer Wissenschaft. Unstreitig existiren thatsächliche Anzeichen in der Entwicklung der menschlichen Gesellschaft, welche eine gewisse Tendenz verrathen, an die Stelle der herrschaftlich organisirten Gesellschaft, eine freie Vereinigung, an Stelle des status den contractus, an Stelle der zwangsweisen Arbeitstheilung, die solidarische und freie Cooperation treten zu lassen. Allein es sind eben nur Anzeichen, deren Deutung discutabel ist, Anzeichen, die trügen können, Keime, die ebenso gut verkümmern, als sich entwickeln können. Die thatsächlichen Beobachtungen, die man bis jetzt z. B. an den Cooperativgenossenschaften gemacht hat, reichen nicht einmal aus, um zu sagen, ob auch nur auf wirthschaftlichen Boden und in engst umgrenzten Kreisen die vollkommen herrschaftslose Cooperation möglich ist oder nicht. Da wir uns aber in diesem Bande wenigstens ausschliesslich mit Thatsachen zu befassen gedenken, kommen für uns diese ganzen, hochwichtigen und complexen socialen Probleme gar nicht in Betracht.

Thatsächlich gibt es nur zwei Formen der Gesellschaft, die Horde und den Staat. Die Formen der Urgesellschaft haben wir eingehend im ersten Theile dieser Schrift besprochen.

Der Staat beruht, wie wir gesehen, im Wesentlichen auf der

Herrschaft. Die Herrschaft muss jedoch von Jemanden ausgeübt werden; sie wird entweder von einer oder mehreren Classen (Rassen) ausgeübt über einzelne oder mehrere Classen (Rassen). Diese Herrschaft kann aber nach der Ausdehnung verschieden sein; sie ist bald eine vollständige bis zur äussersten wirthschaftlichen Ausbeutung der beherrschten Classe und zur vollkommenen Absorbtion ihrer persönlichen Freiheit gehende, wie es in den meisten Staatengebilden des Alterthums und bei den meisten Naturvölkern der Fall ist, oder die herrschende Classe ist gezwungen, ihre Macht mit einer anderen Classe oder auch mit mehreren zu theilen, ja selbst der bisher beherrschten Classe Rechte zu ertheilen, d. h. sie zur Theilnahme an der Herrschaft zuzulassen. Diese Theilnahme mehrerer, ja aller Classen, geht mitunter sehr weit, wenn sie gleich nie, auch selbst in den modernsten Staatengebilden nicht bis zu einer factischen Gleichberechtigung zu dem Aufhören der Classenherrschaft selbst durchgeführt ist. Andererseits kann die Herrschaft entweder von der herrschenden Classe als solcher direct und unmittelbar ausgeübt werden, oder — und auch das ist wieder das Zeichen einer fortgeschrittenen Entwicklung — die herrschende Classe schafft sich Organe der Macht, legislative, administrative, executive Institutionen, regierende und controllirende Organe. Die mannigfaltigen Verhältnisse, die verschiedenen Grade der socialen Entwicklung, die vielfältigsten Combinationen, welche zwischen den kämpfenden Classen denkbar sind, schaffen eben jene unermessliche Vielheit von Formen, welche uns die Ethnographie und Geschichte zeigt. Die Formen selbst beschreiben kann, wie wir eben dargethan, nicht die Aufgabe der Sociologie bilden. Dagegen lässt sich dasjenige wissenschaftlich, d. h. unter allgemein giltigen Gesichtspunkten erfassen, was diesen Formen zu Grunde liegt. Das mögliche Verhältniss der Classen zu einander, und die Organe der Herrschaft. Herrschende und beherrschte Classen giebt es überall, wo eine organisirte Gesellschaft besteht, und diese herrschenden Classen haben auch Mittel zur Ausübung ihrer Macht, und diese sollen der Gegenstand unserer Betrachtung sein.

II.

Die herrschende Classe ist, wie gezeigt wurde, entweder dasjenige Volk, das im Feldkriege siegreich geblieben und sich selbst zum Herrn des Landes, die bisherigen Bewohner und deren Gut sich aber unterthänig gemacht hat, oder es ist umgekehrt die besitzende Classe, die sich durch die Schwere ihres wirthschaftlichen Uebergewichtes den politischen Einfluss erzwungen, der vordem nur dem Kriegs- und Grundadel zustand. Die erstere Form der Classenherrschaft ist mehr originärer Natur und entspricht demnach primitiveren Verhältnissen, die zweite Form ist evolutionärer Natur und gehört den vorgerückten Stadien der gesellschaftlichen Entwicklung an. Classische Beispiele für das Verhältniss dieser beiden Classen sind die Ablösung der Patrizier durch die Optimaten, des mittelalterlichen Feudalsadels durch den Geldadel, die Bourgeoisie u. s. w. Neben diesen Beiden giebt es noch eine dritte Art herrschender Classen, die ihren Einfluss aber nicht auf kriegerische Erfolge und nicht auf die wirthschaftliche Uebermacht, sondern lediglich auf die geistige Ueberlegenheit stützt; es ist die priesterliche Classe, an deren Stelle bei fortschreitender Entwicklung die geistigen Berufe überhaupt treten; das Ausnahmswahlrecht, welches z. B. bei uns den graduirten Doctoren gewährt ist, die Virilstimmen, welche die Rectoren der Universitäten in den Vertretungskörpern gewisser Länder besitzen, weisen eng auf die Zusammengehörigkeit des Intelligenzstandes mit dem Priesterstande.

Auf eine dieser drei Kathegorien (Kriegsadel, Geldadel und Intelligenzadel) lässt sich jede herrschende Classe, die bisher in der Geschichte aufgetaucht ist, zurückführen.

Der Kriegsadel ist die alte Classe der Eroberer; die ethnische Grundlage tritt hier am schärfsten hervor und hat sich bei ihr, im sogenannten „Geburtsadel", in Folge der consequenten Absperrung von anderen Blutkreisen auch am reinsten erhalten. Ebenso unverkenntlich ist ein gewisser socialer Character der ganzen Classe aufgeprägt, ob wir einen Wüstenscheich der Sahara, oder das Mitglied irgend einer hochadeligen Familie von heute vor Augen haben, der in einem Garderegiment dient. Anfangs waren sie Hirten oder besser Heerdenbesitzer; dann, als sie auf dem Besitze anderer unterworfener Völker festen Fuss gefasst hatten, wurden sie Grundbesitzer, die einzigen Grundbesitzer; der Bauer wurde ihr Sclave, der ihnen das Feld bestellen und das Vieh weiden musste; der „Hirtenadel" wurde zum „Grund adel". Heute hat er sich auch Fabriken gebaut, erzeugt Kattun, braut Schnaps, besitzt Bergwerke und speculiert mit Actien. Aber er ist dabei immer derselbe geblieben. Er hat seinen Nomadencharakter nie ganz abgelegt. Wie er in der Steppe umherzog, so ist er noch heute: ein vornehmer Herr, mit ritterlichen Manieren bei aller Rücksichtslosigkeit, ein Mann, der dem Feinde mit einer gewissen Art das Leben und des Eigenthum nimmt, der es aber auch versteht, grossmüthig und freigebig zu sein, eitel im Uebermaass, gleichgültig ob auf Siegestrophäen oder Orden, von starkem

Selbstgefühl und ausgeprägtester Empfindlichkeit für seine Reputation, ein geborener Haudegen oder ein geborener Diplomat, Freund der Frauen und Gönner der Künste, allzeit ein geschworener Feind der „gemeinen“ Arbeit, der die Sorge um die Heerden ebenso wie später um den Acker und wie heute um die Brauereien, Fabriken und Schächte „seinen Leuten“ überlässt, von ihrem Ertrag aber die Mittel bezieht, um sorglos seinem eigentlichen Beruf, dem Kriegshandwerk, der Regierungskunst und den noblen Passionen (Jagd, Spiel, Sport) obliegen zu können; das ist das gemeinsame Charakterbild jeder kriegerischen Aristokratie, in welchem Land und zu welcher Zeit sie immer auftreten mag. In dieser Beziehung ist — wie gesagt — der französische oder ungarische Herzog oder Graf einem semitischen Scheich in der Wüste Sahara zum Verwechseln gleich, und jedenfalls ähnlicher als dem französischen oder ungarischen Bauernkind, dessen Ahnen und Vorahnen durch Jahrhunderte auf den Gütern des gnädigen Herrn gearbeitet oder als einfache Pächter gesessen. So wenig Inhalt hat der ethnische Rassenbegriff und so durchgreifend ist die berufsclassenmässige Gliederung der Menschheit.

Wir haben dieses Bild nicht etwa entworfen, um irgendwen zu persifliren oder herabzusetzen. Wenn der aristokratische Typus heute vielfach lächerlich und unerträglich erscheint, so ist er es eben nur im Zusammenhalte mit den fortgeschrittenen socialen und culturellen Formen; er repräsentirt dagegen die relativ höchst erreichbare Vollkommenheit der menschlichen Art in jenen Zeiten und unter jenen Verhältnissen, unter welchen er nicht nur die allein herrschende, sondern auch die zur Besorgung der wichtigsten socialen Aufgaben allein fähige Classe war. Er hat der Gesellschaft, die er begründete, den Stempel seines Geistes verliehen, wie es jede herrschende Classe auch nach ihm gethan hat. Da die Gesellschaft ja immer nur die herrschende Classe (oder die Legierung der zur Herrschaft vereinigten Classen) ist, die unfreien, fremden, ausgebeuteten Elemente aber nicht eigentlich zur Gesellschaft zu dem Gleichenkreise gehören, ist gemeines Recht immer das, was der herrschenden Classe (den herrschenden Classen) recht scheint, d. h., was das von der herrschenden Classe erkannte sociale Bedürfniss ausmacht. Die Verfassung der Gesellschaft, ihre wirthschaftliche Organisation, ihre Begriffe von Eigenthum und Ehe, Ehre und Klugheit u. s. w. sind immer die der jeweilig herrschenden Classe.

Das kriegerische Volk überträgt, wenn es die herrschende Classe wird, das auf die Gemeinschaft, was sein sociales Wesen ausmacht: die kriegerische Organisation[1]). Da ursprünglich die Gesammtheit der freien Männer das Heer ausmacht, erscheint es als etwas ganz selbstverständliches, wenn bei den kriegerischen Völkern die politische Gliederung des Staates nichts anderes als die Projection der Heeresgliederung ist. Jedes Dorf ist mit seinem Häuptling nicht nur eine politische Gruppe, sondern gleichzeitig eine taktische Einheit; der Führer im Kriege wird gleichzeitig zum Organe der Regierung — wie noch eingehender erörtert werden soll — die Versammlung der Krieger ist zugleich die berathende und beschliessende Versammlung in allen öffentlichen Angelegenheiten. Von den Chibchas wird erzählt, dass beim Allarm jeder Cazika und jeder Stamm mit seinen besonderen Zeichen aus den Zelten herbeikam, und dass die Mäntel von verschiedener Form und Farbe waren, wodurch sich die einzelnen Stämme, ähnlich wie unsere Regimenter, nach den Epouletten unterschieden. Das altrömische Heer war in Tribus, Curien und Familien eingetheilt wie das germanische in Familien und Sippschaften u. s. w. Später als die einfach freien und halbfreien Classen zur Kriegsleistung herangezogen wurden, musste dieser auch ein entsprechender Antheil an den politischen Rechten gewährt werden; so war die ganze politische Rechtsanschauung von der kriegerischen Organisation durchtränkt, dass der Grundsatz lautete: der politische Einfluss richtet sich nach der Kriegsleistung und die Wehrpflicht nach den wirthschaftlichen Verhältnissen. Diese wirthschaftlichen Verhältnisse auf dem Grundbesitz beruhend, waren aber, wie wir gesehen, selbst wieder nur die Folge der Landtheilung nach der Eroberung.

Da aber, wenigstens in jener Zeit, die Classengliederung noch auf ethnischer Grundlage aufbaute, so bedeutete die Heranziehung der verschiedenen Völker die Heranziehung der verschiedenen Waffen; die verschiedenen Waffengattungen waren daher von verschiedenem socialen Werthe; auf dieser Grundlage baute sich die altrömische Gesellschaftsordnung nicht weniger als die Schlachtordnung auf. Diese Analogie liesse sich durch alle Zeiten und Völker verfolgen, sie liesse sich mit besonderem Erfolge an der so viel gerühmten socialen Gliederung der altamerikanischen Culturstaaten (Peru) an den grossen Militärdespotien Afrikas (Dahomey), wie nicht minder an den mittelalterlichen Feudalstaaten Europas nachweisen. Wir müssen uns hier wie anderwärts versagen uns in solche Details einzulassen und damit begnügen, an wenigen

[1]) Vgl. Spencer: Die Principien der Sociologie III. Bd., XII. Cap. Kriegswesen.

Beispielen exemplificirt zu haben, wie die herrschende Kriegerklasse ihre Organisation auf die von ihr beherrschte Gesellschaft überträgt.

Ebenso aus den Anschauungen der herrschenden Classe fliesst die wirthschaftliche Organisation. Die productive Arbeit ist das Werk der Unfreien, und unfrei wie der Arbeiter ist daher die Arbeit selbst. Die Arbeitstheilung und Production fliesst nicht aus der freien Wahl und der individuellen Befähigung des Arbeiters, sondern sie ist durch reglementirende Bestimmung der Gesellschaft geordnet, an Familien oder Classen gebunden, durch Concessionen, Privilegien oder durch gesetzlich Schranken in bestimmte Bahnen gelenkt.

Wie die socialen Einrichtungen der ursprünglichen Gesellschaft die Formen des Besitzes, der Ehe u. s. w., die ja noch bis an die Grenzen der Neuzeit fortwirkten, aus dem kriegerischen Charakter der herrschenden Classe hervorgegangen, wurde im ersten Theile dieses Buches ausführlich gezeigt.

III.

Ueber die priesterliche Classe[1]) bedarf es nicht vieler Worte. Die Priester bildeten den ersten Berufstand, welcher vielleicht am geringsten mit ethnischen Unterschieden etwas zu thun hat, obgleich wir in früheren Capiteln zeigen konnten, dass auch diese Classe mitunter nachweisbar auf ein eigenes Volkselement zurückzugehen scheint. Auch die Priesterclasse repräsentirt einen durch die Jahrhunderte und Jahrtausende sich merkwürdig gleich bleibenden Typus; wenn wir in den ersten Priestern ausgesprochen geisteskranke Personen gesehen, wie es die Medicinmänner, Zauberdoctoren und Regenmacher der Naturvölker sind, und die lange Reihe pathologischer Erscheinungen verfolgen, die uns in den Sehern und Sybillen und Orakelpriesterinnen des Alterthums, in den hysterischen Nonnen und visionären Mönchen des Mittelalters, in den Asketen und Geisslerschaaren entgegentritt, wenn wir weiter sehen, dass selbst noch die Begründer des letzten grossen christlichen Ordens, nämlich des Jesuitenordens, durchaus Personen von phsychopathologischer Veranlagung waren, und wenn man endlich die lange Reihe katholischer Heiliger sieht, welche ein Leben voll Halucinationen, Visionen, epileptischer Anfälle verbrachten, so kann in diesem Zusammentreffen unmöglich ein Zufall erblickt werden, sondern es muss angenommen werden, dass eine gewisse extatische Natur, die mit dem Zauberglauben, welcher jeder Religion zu Grunde liegt, vortrefflich harmonirt, eine besonders günstige Voraussetzung

---

[1]) J. Lippert, Allgemeine Geschichte des Priesterthums. Berlin 1883, 2 vol.

für die priesterlichen Functionen sei. Wie aber immer mitten aus der Nacht der Geisteskrankheit das Genie aufblitzt, zeigen sich auch unter den Priestern aller Zeiten und aller Völker auf dem nächtigen Himmel der religiösen Manie blitzende Sterne der höchsten geistigen Vollkommenheit, und bis in die allermodernsten Zeit herein ist das Priesterthum der Grosssiegelbewahrer menschlichen Wissens und geistigen Fortschritts gewesen. Die Geschichte des Priesterthums ist zu einer Hälfte eine Geschichte krankhafter geistiger Verirrungen, zur anderen Hälfte die Geschichte der Wissenschaft und nicht zuletzt auch eine Geschichte raffinirten Betruges. Denn dass neben den wirklichen „Besessenen“, welche ehrlich glaubten den im Verborgenen waltenden Geistern näher zu stehen und Werkzeuge überirdischer Mächte zu sein, auch ganz gesunde und normale Köpfe auftauchen, welche mit Berechnung den Zauberglauben des Volkes fructificiren, ist abermals eine Thatsache, die für alle Zeiten und für alle Völker nachgewiesen ist. Nicht dass es schon in den frühesten Zeiten und auf der tiefsten Stufen, wie bei den hyperboräischen Völkern Personen gab, welche die kluge Berechnung auf die geistige Unmündigkeit der Menge anstellten, darf uns Wunder nehmen, sondern wunderbar wäre es, wenn der geistige Besitz und die geistige Ueberlegenheit nicht ebenso zur Ausbeutung des andern verlockt hätte, wie der materielle Besitz und die wirthschaftliche Ueberlegenheit.

Auch die priesterliche Classe hat dort, wo sie zur Herrschaft kam oder wenigstens an der Herrschaft theilnahm, ihre eigene Organisation soviel als möglich der Gesellschaft aufzudrücken versucht, ihr Recht zum alleinigen Recht der Gesellschaft zu machen sich bestrebt, ihre Anschauungen von Eigenthum, Ehe, Sitte u. s. w. zur Herrschaft zu bringen gesucht, wie dies in dem Bestreben einer jeden herrschenden Classe gelegen ist. Man braucht gar nicht so weit zurückzugehen, nicht auf die halb theokratischen Gemeinwesen der Maori und Japaner, nicht auf die vorwiegend theokratischen Institutionen der alten Juden, nicht auf die Tempelorganisation der Aegypter, Assyrer und Peruaner; man braucht sich nur der Thatsache zu erinnern, wie die hierarchische Organisation der zur Herrschaft gelangten christlichen Kirche den gesammten Körper der europäischen Gesellschaften durchsetzte, wie sie das Vorbild für die politische und administrative Organisation der Länder abgab, wie sich das Jus canonicum an die Stelle der tief in die Volksseele eingegrabenen Begriffe des germanischen Rechtes zu setzen wusste, wie in England z. B. die alte Kirchspieleintheilung noch immer den modernsten socialpolitischen

Institutionen zu Grunde liegt und man braucht last not least den gewaltigen Kampf zu sehen, den die priesterlichen und kirchlichen Anschauungen von Staat, Recht, Ehe, Eigenthum u. s. w. heute mit den modernen Begriffen von diesen Institutionen führen, und man wird erkennen, wie gründlich das Priesterthum selbst unter den fortgeschrittensten Ver-hältnissen seine socialen Ideen der öffentlichen Meinung einzuverleiben gewusst hat.

Die dritte Form der herrschenden Classen lässt sich nicht wie wie die eben geschilderten in so einfachen Zügen charakterisiren. Sie kann als Classe nicht auf das hohe Alter des Kriegsadels oder des Priesterthums zurückblicken. Als einfache Krämer und Handelsnomaden, die als geduldete Fremdlinge ins Land kamen, oder als ehrsame Handwerker, die demüthig um den gnädigen Schutz der Adelsclasse bettelten, hatten die Vorfahren des städtischen Patrizierthums, der stolzen Geldbarone und der millionenreichen Grossindustriellen von heute begonnen. Die Umwandlung der alten Hauswirthschaft in eine Volkswirthschaft und Weltwirthschaft, die Eröffnung des Weltverkehrs durch die grossen Entdeckungen des fünfzehnten und sechzehnten Jahrhunderts, der immense technische Fortschritt, die Umwandlung der alten Productionsformen in Massenbetrieb, Grossbetrieb und Maschinenbetrieb, der alten Naturalwirthschaft in eine Geldwirthschaft, alle diese, etwa im fünfzehnten oder sechzehnten Jahrhundert als Folge des culturellen Fortschritts und der gesteigerten Bedürfnisse sich vollziehenden Revolutionen haben den producirenden Classen der Städte die wichtigste sociale Function zugewiesen, und eine Bedeutung verschafft, welche nothgedrungen zur politischen Herrschaft dieser Classe führen musste und geführt hat. Diese producirende Classe umfasst jedoch eine grosse Zahl grundverschiedener Faktoren, sie umfasst das Geld besitzende und unternehmende Bürgerthum, ebenso wie den kleinen heute noch wie vor fünfhundert Jahren arbeitenden Handwerker, den alten nur mühselig aus der Grundunterthänigkeit befreiten Bauer wie den industriellen Arbeiter.

Jeder dieser Gruppen hat ihre eigene sociale Physiognomie, und es ist keineswegs die Gesammtheit der produzirenden Classen, welche dermalen zur Herrschaft gelangt ist; es ist vorerst nur das Handel und Industrietreibende Bürgerthum, die kapitalbesitzende Bourgoisie, welche in den Vollbesitz der Herrschaft gelangt ist und eine Art Geldadel bildet. Sie hat sich aller Orten rasch bemüht, das, was wir im ersten Theile über die Assimilation sagten, zu bestätigen: sie begnügt sich nicht mit dem Kriegsadel in einer Kammer die Gesetze des Landes zu beschliessen, sie will mit ihm einen Gleichenkreis bilden und ihm zum Verwechseln ähnlich sein, setzt alles daran, sich mit dem Adel zu verschwägern, sie geizt nach adeligen Titeln und Orden, und bemüht sich, die Alluren und Laster des Geburtsadels anzunehmen, ohne dessen durch eine vieltausendjährige Selektion erworbene Vorzüge sich aneignen zu können. Auch hier hat der Beruf und die Classe den Menschen ein Merkmal aufgedrückt, welches stärker ist, als alle Unterschiede der Rasse, der Nation, der Zeit und des Ortes. Vor der sogenannten Neuzeit gab es wenig, was der Herrschaft unserer modernen Bourgoisie zu vergleichen ist, es wäre denn das römische Geldbürgerthum, und bezeichnender Weise zeigt gerade dieses mit seinem wahnsinnigen Luxus und seinen übermüthigen Emporkömmlingsmaniren eine erschreckende Aehnlichkeit mit dem herrschenden Theil der modernen Bürgerklasse; und dass auch die Sucht, dem alten Kriegsadel in lächerlichen Aeusserlichkeiten ähnlich zu werden, in dieser Classe international ist, das beweist der heilige Ernst, mit dem sich ein millionenreich gewordener Yankee irgend einen exotischen Orden als sichtbare Legitimation seiner Vornehmheit an die Brust heftet.

Der gesellschaftlichen Organisation hat das Bürgerthum, als es zur Herrschaft kam, die Dienste erwiesen, die in seinem Wesen begründet waren. Auch die Bourgoisie hat, wie der Kriegsadel und Priesterthum seine Rechtsanschauungen zum Gemeinrecht zu machen gesucht, es ist gross geworden als Revolutionär, es hat die Fesseln der wirthschaftlichen Unfreiheit gesprengt, welche der Umwandlung der Haus- und Familienwirthschaft, in eine Volkswirthschaft im Wege standen und das Prinzip der freien Initiative, der es seine Grösse verdankt, des freien Wettbewerbes und der individuellen Verantwortlichkeit auf allen Gebieten des gesellschaftlichen Lebens zum herrschenden Prinzip gemacht. Das Bürgerthum hat den Grundbesitz von der Gebundenheit befreit, die Ehe von jenem Zwang und von jenem herrschaftlichen Charakter, der ihr aus der menschlichen Urzeit überkommen war, es hat die persönliche Unfreiheit wenigstens formell gesetzlich abgeschafft, freilich ohne den Anlass der Unfreiheit, die Ausbeutung des Einen durch den Andern zu beseitigen.

Und so hat denn auch mit dem Sieg der bürgerlichen Classe, mit der Herrschaft der liberalen Ideen, mit der Dekretirung der Menschenrechte und mit der sogenannten Demokratie die Geschichte des herrschaftlich organisirten Staates, die Zeit der herrschenden Classen noch lange nicht geendet. Mächtiger, als je hallt am Ende des neunzehnten

Jahrhunderts die herzzerreissende Klage über Ausbeutung der grossen Massen durch eine kleine herrschende Classe, lauter und ungestümer ertönen die Schlachtrufe des Classenkampfes in der alten Wildheit wie am Urbeginne der Geschichte der menschlichen Gesellschaft. International wie alle herrschenden Classen tritt das Proletariat aller Länder in eine Schlachtkolonne, nicht um der Herrschaft ein Ende zu machen, sondern um im Classenkampf eine neue Classenherrschaft zu gründen, die Herrschaft der arbeitenden Classe. Sie hat schon ihre Thesen über die Organisation der neuen Gesellschaft an die Thore der neuen Zeit geschlagen, es sind neue Ideen über wirthschaftliche Organisation, über Eigenthum, Ehe u. s. w., es sind die Ideen der arbeitenden Classe, wie sie durch die sociale Entwicklung in ihnen gross gezogen wurden, es ist das Bild der Gesellschaft, wie es den Arbeitern recht scheint, und werden sie Sieger im Classenkampfe bleiben, so werden sie, wie alle ihre Vorgänger, ihr Recht eben zum gemeinen Rechte machen.

Wir haben im Vorstehenden in knappen Umrissen das Charakterbild der herrschenden Classen gezeichnet, und es ergibt sich, dass bei aller Mannigfaltigkeit der Erscheinungsform dennoch eine gewisse Einheit der Entwicklung, dabei aber auch eine unverkennbare Individualisirung der einzelnen Kategorien vorhanden ist.

Entsprechend den drei verschiedenen Arten bisher bekannter herrschender Classen könnte man einen militärisch-agrarischen, einen industriell-bürgerlichen und einen theokratischen Staatstypus unterscheiden, je nachdem der Einfluss der einen oder der anderen Classe vorwiegt. Allerdings muss man sich vor Augen halten, dass eine solche Unterscheidung höchstens eine scholastische Bedeutung hat, denn in Wirklichkeit giebt es kein Staatswesen, in welchem ein einziger Stand im unbestrittenen Besitz der Herrschaft wäre. Auch unter den einfachsten Verhältnissen, wo der fremde Eroberer dem heimischen Bauer das Joch der Sclaverei auferlegt, muss der Herrscher seine Macht mit dem Priester theilen, weil er seine Herrschaft nur mit dessen Hilfe aufrecht erhalten kann; so finden wir bei den Maori neben der socialen Organisation, welche auf den Kriegsadel zurückgeht, eine parallele Organisation auf priesterlicher Grundlage, und neben dem Kriegshäuptling (dem Nangatira toa) den priesterlichen Arikihäuptling (rex sacrificulus) als vollständig gleichberechtigten Factor. Eine ähnliche Doppelherrschaft findet sich fast im ganzen polynesischen, mikronesischen und melanesischen Archipelag, und unter den sehr primitiven Verhältnissen der malayischen Welt.

Und wie die vorwiegend aristokratische Organisation Perus einen stark hierrarchischen Einschlag hatte, so ist die scheinbar rein theokratische Verfassung anderer Staaten, wie z. B. die altjüdische bei näherem Zusehen doch auch nichts anderes als ein Compromiss zwischen Krieger und Priesterstand gewesen. In neuerer Zeit haben sich Adel und Priesterthum meist verbündet, um gemeinsam dem Ansturm der Bürgerclasse zu widerstehen, und es ist ihren gemeinsamen Bestrebungen vielfach gelungen, einen vollständigen Sieg der neuen Classe zu vereiteln. Aber selbst dort, wo die Herrschaft der beiden ersteren Classen vollständig niedergerungen ist, und die Herrschaft der industriell bürgerlichen Classe scheinbar allein massgebend ist, kann man doch auch von einem reinen Classenstaate nicht sprechen, weil die sociale Vergangenheit zu tief dem Charakter der Gesellschaft eingegraben ist, und weil die Herrschaft der Bürgerclasse, wenn auch nicht von dem besiegten Adel und Priesterthum, so doch umsomehr von dem emporkommenden neuen vierten Stande angefochten, und zu Concessionen gezwungen wird.

In dieser Beziehung ist die Wahlrechtsverfassung der verschiedenen Länder ein sprechendes Zeugniss von dem Wechsel der herrschenden Classen, oder besser gesagt, von dem Zuwachs, den die herrschende Classe durch neue Elemente aus den bisher beherrschten Classen bekommt. In den Ländern nämlich, wo noch ein Curienwahlrecht besteht, wie in Oesterreich oder England, sieht man deutlich, wie stets neue Kreise an die Herrschaft, an den Tisch der Gesetzgebung gelangten. Zur Curie des Ritterstandes und des geistlichen Standes kam die Curie des städtischen Bürgerthums, später die der bäuerlichen Landgemeinden, und neuestens bei uns in Oesterreich eine Curie der arbeitenden Bevölkerungen.

IV.

Die herrschende Classe übt die Herrschaft anfangs direct aus, d. h. jedes Mitglied ist in seinem Kreise, in seiner Familie unbedingter Herr, Ausbeuter der Arbeitskraft der ihm eigenen Leute, oberster Richter, oberster Verwalter. Die gemeinsamen Angelegenheiten, Krieg und Fehde, werden, wie gezeigt in der Versammlung der Freien beschlossen. Die ganze Organisation lässt zunächst nur eine Spitze, in dem Häuptling, dem Fürsten oder König erkennen. Sein Einfluss reicht, wie gezeigt wurde, über das Recht der Führung im Kriege ursprünglich nicht weit hinaus. Im Frieden geniesst er eine mehr auf Entgegenkommen oder auf Achtung vor der persönlichen Tüchtigkeit beruhende Stellung. Er ist höchstens der Repräsentant der herrschenden Classe.

Allein diese Achtungsrolle verwandelt sich bald in eine Sonderstellung und in einen Einfluss, der den Herrscher nicht mehr als ein blosses Werkzeug der herrschenden Classe, sondern als ein selbständiges und selbstmächtiges Organ erscheinen lässt, in dem sich die gesammte Kraftfülle der Gesellschaft vereinigt. Der Herrscher erhebt sich über die herrschende Classe, wie diese selbst sich über die beherrschte Classe erhob.

Dieses sociale Uebergewicht kann nur erreicht werden durch wirthschaftliche Uebermacht, wie wir schon gesagt haben; der Häuptling, der Fürst, der König kann seine Herrschaft über seinen Stamm, über sein Volk und über die Rivalen nicht anders begründen, als indem er sich zum reichsten Besitzer, vielleicht zum einzigen Besitzer macht. Das gilt für alle Stufen der persönlichen Herrschaft, vom einfachen Dorfhäuptling bis zum Kaiser eines mächtigen Weltreiches.

Der Häuptling und König tritt uns zunächst überall, wo seine Macht im Aufstieg begriffen ist, als der eigentliche und einzige Besitzer von Grund und Boden entgegen [1]), der seinen Unterthanen das Land zum Fruchtgenusse nur leiht und verkauft, oder sich für die Benutzung desselben Naturaldienste oder Abgaben vom Ertrage leisten lässt. Dieses Recht fiel dem Herrscher in den meisten Fällen mühelos in den Schooss.

Wir haben gesehen (S. 131), dass, was man gewöhnlich den primitiven Communismus an Grund und Boden nennt, eigentlich in dem durch räumliche Verhältnisse nicht beschränktem Rechte des Einzelnen, des Familienbesitzers lag, Grund zu occupiren. Mit der zunehmenden Dichtigkeit der Bevölkerung fand dieses Recht seine natürlichen Grenzen, und an Stelle der freien Aneignung, trat die Auftheilung nach Loosen, welche keineswegs gleich gross sein müssten [2]). Auch wenn im Kriege Land erobert worden war, folgte der Landnahme die Landtheilung. Diese Theilung erfolgte ein für allemal, oder sie wiederholte sich, so oft die Wirthschaftsverhältnisse dies nöthig machten, und erhielt dadurch

[1]) Der König gilt als der ausschliessliche Besitzer von Grund und Boden; bei den Kaffern, Zulu, am Congo, in Abessynien, auf Hawai, Tonga, den Fidschi- und Palau-Inseln, bei einigen malayschen Stämmen, auf den Sandwich-Inseln in Siam, Birma, China u. s. w.

[2]) Erschöpfend ist diese Landtheilung behandelt in der schon mehrfach citirten Monographie v. M. Kowalewsky L'evolution de la proprieté collective a la proprieté individuelle, deren thatsächlichen Inhalt wir im Grossen und Ganzen acceptiren, wenn wir auch den socialpolitischen Nutzanwendungen auf die Gegenwart nicht zustimmen können.

oft einen periodischen Charakter. Die Landtheilung nahm der Häuptling oder König vor. Es lag darin — besonders, wo sich die Theilung wiederholte — nicht nur eine neue Quelle der Macht für den Herrscher, an dessen Gunst es lag, dem Einem oder dem Anderen ein besseres Grundstück oder ein grösseres Loos zu geben, diesen oder jenen seine Gnade oder Ungnade fühlen zu lassen, der König oder Häuptling erschien dadurch auch gewissermassen von selbst als der Eigner, als der Besitzer des Grundes und Bodens. Der Collectivbegriff wird, wie wir schon gesehen, nicht abstract gedacht, sondern körperlich in der Person des Oberhauptes: der Häuptling, der Fürst ist der Stamm, das Volk, folglich ist, was allen gehört, eigentlich der Besitz des Fürsten. Das ist nicht blos der Gedankengang des afrikanischen Negers. Noch im vorigen Jahrhundert konnte der Collectivbesitz nicht anders als in der Form des Königsbesitzes gedacht werden, als die Strassen und Posten, welche Privatunternehmungen waren im Gemeininteresse vereinheitlicht werden mussten, wurden sie nicht Staatsstrassen oder Staatsposten, sondern Kaiserstrassen, königliche Posten. Und heute noch spricht man von Seiner Majestät Armee und Marine. Die Vorstellung hat also nichts absonderliches, dass der König der Herr des Landes sei. Dazu kommt, dass er das Land vertheilt. Wer sollte nicht Besitzer desjenigen sein, was er nach Gutdünken zu vertheilen das Recht hat? So wurde der König eigentlich von selbst der Herr alles Grundes und Bodens, den er verschenken, vertauschen und verkaufen konnte, während ihn alle Anderen von ihm nur zu Lehen hatten[1]), zwar als Bebauer auf den Huben sassen, aber kein Recht an dem Grund selbst hatten, ihn nicht verkaufen, nicht verpfänden, nicht nach Willkür belasten oder gar theilen konnten.

Das Grundlehenwesen, dessen natürliche Wurzeln in dieser ursprünglichen Landtheilung ruhen, hat im Laufe der Jahrtausende in den verschiedensten Zonen die mannigfaltigsten Formen angenommen, es trägt oft schon auf einfachster Stufe, wie in Neu-Caledonien, deutliche Spuren jenes ausgebildeten Besitz- und Macht-„Systems“, als welches es uns im europäischen Mittelalter oder in den altamerikanischen Culturstaaten erscheint, und zeigt auch wieder in den ausgebildetsten Formen Anklänge an die alte Landtheilung, oft sogar mit periodischer Wiederkehr; es war allerdings ursprünglich auch nicht auf der persönlichen Unfreiheit des Einzelbesitzers aufgebaut, da ja dieser nicht der ursprüngliche Bauer, sondern

[1]) Ganz dieselbe Anschauung, nur von der theokratischen Seite betrachtet, ist die bekannte Auffassung der Juden.

ein Mitglied der herrschenden Classe oder des herrschenden Volks war; auch der Lehenswirthschaft des Mittelalters ist der freie Bauer keineswegs fremd; allerdings sehen wir überall früher oder später diese freien Bauern auf dieselbe Stufe herabsinken, auf welche einst das unterjochte Bauernvolk von den erobernden Nomaden gedrückt wurde, ruere in servitium. Jedenfalls liegt aber dem Lehenwesen, trotz dieser und anderer Mannigfaltigkeiten stets der eine Gedanke zu Grunde, dass der Fürst, der König, der Herr und eigentliche Besitzer von Grund und Boden der Obereigenthümer ist.

In dieser Anschauung, die ein allgemeines Entwicklungsstadium bezeichnet, lag eines der schwerwiegendsten Machtmittel für den Herrscher, und wo derselbe dieses Machtmittel voll ausnützen, d. h. die Fiction thatsächlich aufrecht erhalten konnte, er sei der alleinige Herr von Grund und Boden, dort hat sich auch, wie besonders in den afrikanischen Despotien, die persönliche Herrschaft des Königs am stärksten befestigt.

Die wirthschaftliche Bedeutung lag aber schon bei verhältnismässig einfachen Zuständen lange nicht mehr ausschliesslich bei dem Grundbesitze. Es giebt noch andere und viel kräftiger fliessende Quellen des Reichthums und der Macht. Wir haben schon dessen erwähnt, dass die Fürsten und Könige die grössten Heerden besitzen; aus dem innigen Zusammenhang zwischen Heerdenzucht und Familienhaltung geht schon hervor, dass die Häuptlinge und Fürsten auch die grössten Familien haben, was ja aufs Innigste mit dem Reichthum zusammenhängt. Es ist eine altbekannte Erscheinung, dass bei den allermeisten Völkern, wo potentiell die Polygamie herrscht, de facto meist nur der Häuptling mehrere Frauen hat. Je mächtiger der Fürst oder König, desto mehr Frauen muss er haben, desto grösser muss sein Harem sein; das hielt Salomo und Darius nicht anders, als die grossen und kleinen afrikanischen Despoten, welche mit ihren zahlreichen, fettgemästeten Frauen[1]) Staat machen und als der türkische Sultan. Ja mit der Durchbildung des patriarchalischen Gedanken, der consequenten Aus-

[1]) In Akem hat der Häuptling das Recht, jedes Mannes Tochter ohne die sonst übliche Bezahlung zu verlangen, bei den Ovambo zahlt der Häuptling nichts für die Frau, die er durch seine Ehe ehrt. Bei den Dahomey gelten alle Mädchen als dem König angeheirathet; der ein Weib heirathen will, bedarf hierzu der königlichen Bewilligung (Eheconsens), der Kaufpreis fliesst in den königlichen Schatz. Eines ähnlichen Eheconsenses bedarf es bei den Kaffern, bei den Gala, bei den Aino u. a. Völkern.

bildung der Anschauung, dass der Fürst und König, der Vater des Landes und aller Unterthanen sei, wurden oft alle Frauen sein eigen, er brauchte für keine einen Kaufpreis zu zahlen, dagegen floss der Kaufpreis, den andere für ein Weib zahlten, in den königlichen Schatz, er wurde der Universalerbe u. s. w. [1]).

Ausser seinem Rechte an Grund und Boden beansprucht der Fürst Antheile von jeder Production [2]), Erstlinge der Ernte, Theile der Jagdbeute und des Fischfanges, Producte des Erwerbsfleisses. Bald wird er unbedingter Obereigenthümer auch aller mobilen Güter [3]) seiner Unterthanen, bald monopolisirt er gewisse Artikel der Production [4]) (Regalien). Dadurch gleichen die Hoflager der barbarischen Fürstenhöfe Afrikas und Asiens oft grossen Waarenlagern, in denen der König als Grosskrämer steht. Und in der That treten uns diese Fürsten und Könige als die Grosshändler [5]) ihres Landes entgegen; sie haben allen Handel monopolisirt, sie sind die Beherrscher der Märkte und sie müssen dies nicht blos im egoistischen Interesse thun, sie haben hierzu auch im Interesse ihrer Völker bei der grossen diplomatischen Bedeutung der Märkte und Handelsverbindungen alle Veranlassung.

Hand in Hand mit diesem Anwachsen des wirthschaftlichen Einflusses

---

[1]) So in Dahomey, bei den Kaffervölkern u. s. w.

[2]) Bei den Abarambo gehören dem Könige von der Jagdbeute gewisse Theile der erlegten Thiere und gewisse Thiere überhaupt (Casati I. S, 138), bei den Sandeh (Niam-Niam) bekommt der Bjän die Hälfte der Jagdbeute (Hartmann II. 170). — Bei den Jagd- und Ackerbauvölkern des innern Westafrika erhält der Häuptling Bier und Palmwein, Elephantenzähne und Leopardenfelle, sowie das rechte Hintertheil jedes Stückes Wild (Ratzel I 605). Der König der Marutse bezieht Naturalabgaben an Vieh, Fleisch, Fellen, Kähnen, Waffen, selbst Musikinstrumenten (Ratzel I. S. 373). Anf den Salomo-Inseln haben die Unterthanen bei Todesstrafe dem Häuptling einen Theil vom Ertrage der Ernte, des Fischsfangs, der Jagdbeute abzuliefern (Ratzel II. 282).

[3]) Bei den Marutse und Mambundu sind alle werthvollen Mobilien Krongut (Grund und Boden hat keinen Werth). Was kreucht und fleucht ist Eigenthum des Herrschers (Holub). Bei den Zulu ist der Häuptling unbedingter Herr über Hab und Gut des Einzelnen (Ratzel I. S. 260).

[4]) So haben die afrikanischen Fürsten (der Niam-Niam, Mamhettu, Marutse, Wanyoro u. a.) das Elfenbein monopolisiert und grosse Schätze von diesem kostbaren Materiale aufgestapelt, die ihnen oft zum Verderben wurden, weil sie die Habsucht der Europäer reizten.

[5]) Die Häuptlinge treten als Grosshändler uns entgegen bei den Zulu, Marutse, Gala, Khonds, auf Tonga u. s. w. Auf den Sandwich-Inseln wird der Marktpreis von dem Häuptlinge bestimmt; auf Kadajans setzen die Häuptlinge den Preis auf den Reis fest u. s. w.

der Fürsten geht der sociale; er ist nicht blos der „Herzog“ im Kriege, er wird auch der Richter im Frieden[1]); zunächst in allen Fällen, die nicht der Rechtsprechung der Versammlung vorbehalten sind, dann als derjenige, der das Urtheil fällt in der Versammlung und schliesslich ohne die Versammlung.

Wenn der Einfluss des Mannes, der oberster Führer im Kriege, oberster Richter im Frieden, oberster Besitzer oder Gründer und Herr der Märkte und Strassen ist, überhaupt noch einer Stärkung bedarf, so ist es nur durch die Vereinigung aller dieser Functionen mit der höchsten, mit der von dem Nimbus des überirdischen umgebenen Function des Priesters möglich. Der Häuptling, der Fürst, der König, trachtet also auch die Geheimnisse des Medicinmannes, Zauberers und Regenmachers zu entdecken, er wird selbst ein Wunderpriester[2]) und trachtet endlich

[1]) In Afrika ist das emporkommende Häuptlingsthum überall mit der Ausübung der richterlichen Functionen verbunden, bei den Mambettu (Casati I. 155), Sandeh (ebend. I. 203), bei den Kaffervölkern (Müller 193 f.), Zulus (Ratzel I. 264 f.), Betschuanen (ebend. I. 306), Marutse (ebend. I. 374).

[2]) Stanley erzählt, dass der König Lukongh in Afrika für einen grossen Zauberer, Wettermacher und Medicinmann gehalten wird. In dem gleichen Rufe steht nach Holub der König Sepopo im Reiche der Marutse und Mambunda. In Loango glaubt das Volk, der König könne Regen spenden, so oft er dazu Lust habe; auch Casati erzählt von den Negerstämmen des aequatorialen Afrika, dass die Häuptlinge oder Könige entweder selbst in hohem Ansehen als Wettermacher und Regenzertheiler (nekûma) stehen, oder wo dies nicht der Fall ist, wenigstens das ausschliessliche Vorrecht geniessen, den berufsmässigen „nekûma“ gewissermassen eine Concession zu geben, also so zu sagen „die Päpste der priesterlichen Ordnung sind“. Huitzlipochtli der Begründer des mexikanischen Reiches, und Salomo standen im Rufe, grosse Zauberer gewesen zu sein. Von dem bekannten Barbarenkönig Pyrrhus von Epirus glaubte man, er habe in seiner grossen Fusszehe eine wunderbare Heilkraft besessen. Wie weit verbreitet und tief im Volksgeist wurzelnd der Glaube an eine besondere Heilkraft des Königs war, geht aus dem Umstand hervor, dass sich dieser Glaube trotz Christenthum und Wissenschaft bis hart an unsere Tage fortgeschleppt hat. Nach der jüngeren Edda heilte König Olaf durch Händeauflegen Kranke; Franz I. soll in seiner spanischen Gefangenschaft durch Berührung mit den Händen Kröpfe geheilt haben, und bei der Krönung des letzten Bourbonen Karl X. fand eine Massenheilung von Kropfkranken statt. Skakespeare lässt einen Arzt von dem schottischen Könige Duncan sagen:

— Ein Haufen Unglückseliger
Harrt Heilung; ihrer Krankheit weicht
Die Kunst; doch wenn er (der König) sie berührt —
Solch Heilthum gab der Himmel seiner Hand —
Alsbald genesen sie. — — — —
Ein Wunderwerk, das ich den guten König

auch die oberpriesterlichn Würde in seiner Person mit den übrigen Functionen zu vereinigen. Auch hier zeigt sich wieder, wie wunderbar ähnliche Formen ein gleiches sociales Streben und Bedürfniss zu allen Zeiten und an allen Orten zur Folge hat, und wie der moderne Herrscher über ein civilisirtes Volk zur Festigung seiner Macht genau dieselben Mittel anwendet (Cäsaropapismus, Papstkönigsthum, geistliche Oberherrschaft des Kaisers, Gottesgnadenthum) wie sein Berufsgenosse im dunkelsten Afrika, im alten Mexico oder Reiche Israel.

Die unverrückbare Stabilität erhielt das Herrscherthum des Einzelnen aber erst durch die Erblichkeit der Macht. Die Erblichkeit der Herrschaft bedeutete ursprünglich nichts als die Erhaltung der Macht in einer Familie. Die Erhaltung gewisser persönlicher Vorzüge, kriegerischer Tugenden, Herrscher-Gaben, eines grossen Reichthums in der einen Familie liess die Wahl des neuen Herrschers aus dem engsten Verwandtenkreise des vorhergegangenen am nächstliegendsten und vortheilhaftesten erscheinen. Der Ahnencultus und primitive Gottesglaube beförderte, wie in früheren Capiteln gezeigt wurde. die Erblichkeit der Königswürde in einer bestimmten Familie. Das war aber auch zunächst die Form, in welcher zunächst die dynastische Thronfolge überall auftrat. Das Recht der herrschenden Classe, sich ihren Herrscher selbst zu kiesen, war nicht so leicht durch eine festgelegte Thronfolge und Erbsuccession zu ersetzen. In der Regel blieb die Wahl neben der Erblichkeit in Kraft, wie in Abessynien, auf Java und Samoa, wo die Königswürde nur in der Familie erblich ist, aus welcher die herrschende Classe sich eine bestimmte Person wählt. In Arragonien bestand das erbliche Wahlkönigthum bis ans Ende des XII. Jahrhunderts, in Deutschland noch tiefer herein in die Neuzeit. Da es aber nur die Familie und nicht die Person war und im

---

Seit meinem Aufenthalt in England oft
Ausüben sah. Wie er zum Himmel fleht
Weiss er am besten. Seltsam Heimgesuchte
Voll Schwulst und Schwären, kläglich anzusehn,
Wo alle Heilkunst scheitert, stellt er her,
Umhängend ihrem Hals ein Goldgepräge
Mit heiligem Gebet und, wie man sagt,
Vererbt er auf den königlichen Stamm
Die Wundersegnung. Zu so seltner Kraft
Gesellt er himmlichen Prophetengeist,
Und manches Heil, umschwebend seinen Thron,
Spricht, er sei hochbegnadigt. —

(Macbeth IV. 3.)

Grunde auch heute noch ist, an welche sich die erbliche Vormacht gegenüber der herrschenden Classe knüpfte, bleibt es unwesentlich, in welcher Form die Erbfolge sich vollzieht. Wir treffen bald die vaterrechtliche, bald die mutterrechtliche Erbfolge, oft in directem Gegensatz zu der sonst üblichen Erbfolge[1]; auch in der neueren Geschichte wechseln Primogenitur mit Senioratserbfolge, und selbst die weibliche Thronberechtigung ist bei uns mitunter ebenso zulässig, wie bei den streng patriarchalischen Afrikanern. Die Form der Erbfolge zeigt also keine einheitliche Entwickelung, offenbar weil unter den verschiedensten Verhältnissen sich auch die verschiedensten Formen bewährten; soviel scheint nur festzustehen, dass insoweit die Stabilität des Staates noch durch den einheitlichen Geist der Regierung bedingt ist, die männliche Erbfolge der weiblichen, die Primogenitur der Senioratserbfolge vorzuziehen ist, weil der Vater so die meiste Gelegenheit hat, den Thronfolger im Geiste der eigenen Regierungsgrundsätze dazu zu erziehen. In vorwiegend militärisch organisirten Staaten ist die männliche Primogenitur das Natürlichste und Häufigste (Dahomey, Peru, Mexico).

V.

Das Bestreben der herrschenden Person (Häuptling, Fürst, König). oder auch der herrschenden Familie (Dynastie), in ihrer Hand alle wirthschaftliche Macht, alles moralische Ansehen, jeden politischen Einfluss, kurz, alle Functionen der Gesellschaft zu vereinigen, dieses Bestreben nach absoluter Geltung vermag sich natürlich nicht immer so einfach und widerstandslos durchzusetzen, es hat die Ansprüche der herrschenden Classe und der rivalisirenden Territorialherren zu natürlichen Feinden, und der Sieg gelingt zumeist nur durch eine kluge Politik, und dann werden jene Mittel, welche dazu dienen sollten, das Königthum allgewaltig und absolut zu machen, gerade die Hebel, welche den Thron auch wieder von seiner Höhe stürzen.

Die Herrschaft des einfachen Dorfhäuptlings hat ihre Grenzen nur in dem Einflusse der herrschenden Classe, die Herrschaft des Stammeshäuptlings hat aber ausserdem noch vielleicht zwanzig Dorfhäuptlinge zu

---

[1]) Es giebt Völker, wie die Fidschi, Tahitier, Madagassen u. s. w., welche sonst die mutterrechtliche Erbfolge, für die Thronsuccession aber die vaterrechtliche Erbfolge besitzen und andere, besonders gewisse centralafrikanische Völker, die umgekehrt streng vaterrechtig organisirt sind in Bezug auf Thronfolge, aber das Mutterrecht aufrecht erhalten haben.

Nebenbuhlern. In den allermeisten Fällen ist der Stammeshäuptling noch wählbar, während die Dorfhäuptlinge schon längst erblich sind; die Machtsphäre des Ersteren ist oft noch eine recht fictive, während die Letzteren vielleicht schon kleine Tyrannen in ihrem Kreise sind. Und doch muss gerade dieser Eine scheinbar schwächere, die vielen Stärkeren sich dienstbar machen, und es gelingt ihm mit tausend Mitteln der Schlauheit, List, Grossmuth und Grausamkeit, durch Gift oder Gaben, Fehde oder Bündnisse. Mit eherner Consequenz vollzieht sich derselbe Process auf allen Stufen: aus den mächtig und erblich gewordenen Stammeshäuptlingen werden eines Tages wieder Unterhäuptlinge, welche einem einflusslosen, gewähltem Könige gegenüber übermüthig auf ihr Schwert schlagen und auf ihre anererbte Unabhängigkeit pochen; man denke an die machtlosen Könige der homerischen Griechen, welche den übermüthigen und handfesten Territorialherren gegenüber, eher wie auf Kündigung angestellte Kriegsführer und nicht wie Herren erscheinen. Auch die römischen Könige waren Wahlkönige, und die traurige Geschichte der deutschen Wahlkaiser, welche einen langen Kampf gegen die übermüthigen Territorialherrn führten, zeigt, dass dieser Kampf keineswegs immer siegreich für den König enden muss. Noch im Beginn dieses Jahrhunderts sahen wir einen gewählten, einflusslosen deutschen Kaiser, während die deutschen Territorialfürsten längst unumschränkte Despoten in ihren Ländern waren.

Wie viel in diesem Kampf das Schwert und wie viel die Waffen des überlegenen Geistes zum Siege beitragen, hängt wieder von zeitlichen, örtlichen und culturellen Verhältnissen ab.

In Verhältnissen, wo die kriegerische Fähigkeit die grösste sociale Tugend ist, und die kriegerische Organisation die einzige Gewähr des socialen Erfolges, wird selbstverständlich die Macht des Königs auch vorwiegend durch die Mittel des Krieges erreicht. Der Triumphator, der mit einigen glänzenden Siegen und einer ansehnlichen Menge von herausgeschundenem Vermögen nach Hause kehrt, darf es wohl auch riskiren, seine Rivalen niederzumähen. Schrecken bezeichnet seine Pfade, und willig beugt das Volk den Nacken unter seinem Fusse. Die grossen Militärdespotien Afrikas, die seit grauer Vorzeit dort entstanden und entstehen, setzen ein kriegerisches, aber auch ein unterwürfiges Volk voraus. Die Neger, sagt Ratzel[1]), haben einen ausgesprochenen Trieb, sich

[1]) Völkerkunde I. S. 157.

unterzuordnen und neben einer sehr ausgedehnten Unabhängigkeit in Allem, was sich auf die Lebensführung und die persönlichen Rechte bezieht, beobachten die Negervölker eine geradezu abergläubische Hochachtung vor ihren Herrschern. Die Eingeborenen begreifen nicht, wie eine Gemeinschaft, mag sie auch noch so klein sein, ihre eigenen Angelegenheiten ordnen könne ohne ein „Haupt", wie die Basuto sagen; auch eine zeitweilige oder bloss übertragene Autorität ist ihnen unverständlich. Sie gehorchen nur einer wirklichen unbestrittenen Macht, deren Ursprung sich in dem Dunkel der Vergangenheit verbirgt und verliert, oder die, wenn sie aus neuerer Zeit ist, ein vom Schicksale gewissermassen bestimmtes, nothwendiges Resultat der Ordnung der Dinge ist. Eine Macht, die zu ihrer Legitimirung an die Vernunft appeliren müsste, würde bei ihnen schon dadurch jeder Grundlage entbehren. Es gibt Häuptlinge, welche durch die Gewalt der Waffen zu dieser Würde gelangt sind; aber die meisten sind die Abkömmlinge derjenigen Familien des Stammes, welche das Vorrecht des Alters und darum auch des Herrschens beanspruchen."

Die sociale Uebermacht des Einen könnte nicht entstehen und bestehen, wenn sie nicht dem socialen Bedürfnisse Aller entspräche und es ist unter allen Verhältnissen, welche etwa der Zeit der Landnahme Indiens durch die Arya entsprechen, gewiss immer so, wie es in der Brahmajana [1]) heisst: „Ein Land ohne König ist wie Kühe ohne Stier, wie eine Heerde ohne den Hirten, wie eine Nacht ohne den Mond, wie ein Weib, das den Gatten verloren hat. Da hat Niemand Eigenthum, die Menschen verschlingen sich, wie ein Fisch den anderen frisst. Wo kein König herrscht, da tränkt Indra die Fluren nicht, da wird der Acker nicht besäet, da gehorcht der Sohn dem Vater nicht u. s. w."

Wo das natürliche Bedürfniss nach einem starken, festen Regiment und der Schrecken und die Gewalt nicht ausreichen, muss die schlaue Politik des Compromittirens das Fehlende thun. Kann der König die herrschende Classe nicht unterwerfen, so muss er sie für sich gewinnen durch Gegenconcessionen und Compromisse; allerdings hat er dann auch die Macht mit dem Adel zu theilen. „Und der König absolut, wenn er unsern Willen thut." Diesem Zwecke des Compromisses war das Lehnssystem besonders förderlich: Das Territorum wurde in die Hand des früheren Herren als Lehen zurückgegeben und diesem alle oberherrliche

---

[1]) Duncker, Geschichte des Alterthums III, S. 171.

Gewalt gelassen, nur mit der Einschränkung, dass er alle herrschaftlichen Functionen in Vertretung und im Namen des Königs übe.

Aus dem Kampfe, der zwischen dem Könige und der herrschenden Classe geführt wurde, hat meist eine andere Classe den Vortheil gezogen, die als Bundesgenosse von dem einen oder anderen Theile herbeigerufen, schliesslich die Rolle der meisten helfenden Freunde spielten. In England war es geradezu der Adel, der die bürgerliche Classe auf diese Weise in den Sattel hob. Zu schwach, um mit der mächtigen Krone allein einen siegreichen Kampf zu bestehen, schloss es mit den Kaufleuten und Freisassen einen Pakt und erwirkte so schon im XIV. Jahrhundert für die kommende Classe die magna charta libertatum und die Tribüne des Parlaments, jene Waffen, mit welcher das englische Bürgerthum sich bald trotz Kronprärogativen und Adel zur herrschenden Classe erhob. In Frankreich, wo das Königthum gegenüber den übermüthigen und mächtigen Territorialherrn und dem Adel, sowie gegenüber dem Einflusse Roms einen unendlich schwierigeren Standpunkt hatte, riefen gerade jene Könige, welche als die Begründer des Staatsabsolutismus gelten können, die bürgerliche Classe zu Bundesgenossen auf, gaben ihr Waffen, welche sich später gerade gegen die absolute königliche Gewalt kehren sollten[1]) und unterstützten, in der Hoffnung, eine Staatskirche begründen zu können, die Reformation, deren antiautoritärer Grundcharakter wesentlich zur Entstehung der liberalen und constitutionellen Staatsideen mit

---

[1]) Es existirt aus dem Ende des XIII. Jahrhunderts eine französische Dichtung von Johann von Meung (eigentlich die Fortsetzung des hochberühmten „Rosenromans" von Wilhelm v. Lorris, die für unsere Betrachtungen äusserst interessant ist. Diese Dichtung war notorisch von demselben König Philipp dem Schönen inspirirt, der den Papst zwang, in Avignon seine Residenz zu nehmen und überhaupt das grosse Centralisirungswerk der französischen Königsmacht begann. Philipp wusste, dass er in diesem Kampfe sich nur auf ein wirthschaftlich und politisch kräftiges Bürgerthum stützen konnte, weshalb er dem dritten Stande auch weitgehende Privilegien und politische Rechte einräumte. Auf Wunsch dieses Königs nun wurde von Johann von Meung der Rosenroman fortgesetzt, um im Rahmen dieser bereits populär gewordenen Allegorie unter das Volk die Tendenz zu verbreiten, dass es unrichtig sei, Geld zu thesauriren, statt es circuliren zu lassen, das Volk zu lebhafter Production anzustacheln und ihm die Vortheile einer wachsenden Population vor Augen zu halten. Neben dieser volkswirthschaftlichen Tendenz enthält die Dichtung Johann's von Meung eine beissende Satyre auf die überlebte Institution des Ritterthums und auf die Verderbtheit der Geistlichkeit; allein, obgleich das Buch von dem Könige selbst inspicirt wurde, predigt es doch auch revolutionäre Gedanken, die gerade den Königen gefährlich werden sollten, den Gedanken von der Volkssouveränität, dass alle Macht des Königs nur dem Quantum der ihnen vom Volke übertragenen Macht gleichkomme u. s. w.

beitrug. So waren es eigentlich die Kämpfe zwischen dem Königthum und der herrschenden Adelsclasse, welche der neuen, zur Herrschaft berufenen Bürgerclasse in den Sattel verhalfen, während heute das Königthum denselben Adel für den berufenen Verfechter des Thrones hält oder doch ausgibt.

VI.

Das absolute Königthum existirt überall nur im Wunsche oder in der Eitelkeit der Herrscher selbst. In Wirklichkeit hat die Eifersucht der herrschenden Classe und mehr noch die wachsende Last der Regierungsgeschäfte, die auf den Schultern eines Einzigen nicht Platz hat, dafür gesorgt, dass die Bäume der königlichen Macht nicht in den Himmel wachsen.

In einem kleinen Gemeinwesen kann der Fürst, heisse er nun Häuptling oder König, selbst alle Geschäfte der Regierung besorgen; er ist nicht bloss oberster Feldherr und oberster Priester, er ist als Obereigenthümer alles Gutes oberster Verwalter, er ist oberster Richter und vollstreckt oft auch mit eigener Hand gleich das Urtheil, das er gefällt hat, er ist also gleichzeitig sein eigener Henker. Diese Häufung der Functionen ist aber eben nur in einem sehr kleinen Kreise thunlich. Je mehr das Reich wächst, je weiter sich die Grenzen dehnen, je grösser sonach die Macht des Herrschers wird, desto nothwendiger wird es, dass auch in der Ausübung der Geschäfte der Herrschaft eine Arbeitstheilung eintritt.

Es müssen eigene Organe mit der Ordnung der wirthschaftlichen Angelegenheiten betraut werden, mit der Besorgung der fiscalischen und cameralistischen Geschäfte, mit dem Eintreiben der Tribute, Steuern, Zölle und Strafgelder, mit der Neuauftheilung des Landes, mit der Ueberwachung der Märkte und Strassen und endlich mit all den tausend adminstrativen Geschäften, welche im Fortschritt der Zeiten angewachsen sind. Diese administrativen Organe haben sich wohl am frühesten herausgebildet. Später und schwerer verzichtete der König auf die eigene Ausübung der richterlichen Function. Eigene Richter gehören einer sehr fortgeschrittenen Zeit an, und selbst ein musterhaft organisirtes Reich, wie das der Incas, besass noch keinen Richterstand. Zuerst zweigt sich die Criminalrechtspflege los, welche ihre eigenen Magistrate und Beamten bekam, die in Vertretung des Herrschers Recht sprachen; die Civilrechtspflege und Polizeijustiz war in Oesterreich noch vor etwas mehr als 50 Jahren in den Händen der politischen Beamten.

Der Herrscher begab sich der Ausübung solcher Functionen keineswegs sogleich, sondern sie wurden zunächst nur im Vollmachtswege durch andere Personen ausgeübt. Selbstverständlich sind diese Personen Mitglieder der herrschenden Classe, Unterhäuptlinge, welche durch einträgliche Aemter und Würden versöhnt werden sollten. Die Schwierigkeit, alle Geschäfte der Herrschaft zu besorgen und die Unmöglichkeit, die Herrschaft unumschränkt auszuüben (S. 215 f.), die subjective wie die objective Begrenzung der Machtübung haben also in gleichem Maasse zur politischen Arbeitstheilung geführt. Die Ueberfülle der Macht wie der Ohnmacht führen zur Schaffung neuer Organe, die natürlich in dem einen, wie in dem anderen Falle der herrschenden Classe entnommen werden. So blieb es durch die Jahrtausende. Die Zulassung zu den öffentlichen Aemtern bedeutet für eine Classe die Aufnahme unter die herrschenden Classen. Der Classenkampf in Rom spielte sich äusserlich als ein Kampf der Plebejer um Zulassung zu den einzelnen Magistraturen ab. In den europäischen Staaten waren vor der bürgerlichen Revolution alle öffentlichen Aemter dem Adel vorbehalten, und wenn auch heute als Concession an die Zeit die Zugänglichkeit der öffentlichen Dienste für alle Angehörigen des Staates gesetzlich statuirt ist, so gibt es doch auch heute noch Staaten, in welchen die wichtigsten Stellen des politischen Dienstes, der Armeeleitung und der Gerichtsbarkeit factisch nur dem Adel zugänglich sind. Wohl sagt man, die eine Carrière erfordere grosse Repräsentationsmittel und könne daher nicht Jedem eröffnet werden, die andere setze grosse Studien voraus. Allein das alles beweist nur, dass diese Aemter ein Vorrecht der Besitzenden, d. h. der Herrschenden sind. Die Magistraturen und behördlichen Institutionen sind eben nichts als Organe, deren sich die herrschende Classe zur Ausübung der Herrschaft bedient, und es wäre ein Widerspruch gegen sich selbst, wenn sie diese Werkzeuge der Macht an eine andere Classe ausliefern würde. Der König erscheint nur als das oberste, das älteste dieser Organe, aus dessen Auseinanderlegung die einzelnen Magistraturen gebildet wurden.

Die bürgerliche Classe hat aus dem Kampf zwischen König und Adel um die gegenseitigen Prärogativen eine Lehre gezogen, und hat dort, wo sie zur unbestrittenen Herrschaft gelangte, und wo sie — was wieder naturgemäss war — den Fürsten aus adeligem Blute vertreiben konnte, einen obersten Beamten aus der eigenen Classe (Präsident, Consul) eingesetzt, der wieder von der Wahlurne abhängig gemacht wurde, wie die ersten Könige, und der ausserdem durch eine consequent durchgeführte Theilung der Gewalten an jedem Rückfall in die absolute Alleinherrschaft behindert werden sollte. Dass dies nicht möglich war zu verhindern, dafür hat die römische und die durch einen Zeitraum von zweitausend Jahren und durch eine unendliche Kluft cultureller Verschiedenheiten von dieser getrennte französische Geschichte erstaunlich ähnliche Beispiele geliefert; aus der bürgerlichen und republikanischen Präsidentschaft entwickelte sich die Dictatur, und aus ihr der Cäsarismus. Alles dies beweist nur, wie zwischen dem republikanischen und dem monarchischen Staate kein wesentlicher Unterschied besteht, und dass sie von einander nur so verschieden sind, wie die Classen, welche in dem einen oder in dem anderen Falle an der Herrschaft sind. Herrschaftsgebilde sind sie beide und herrschaftliche Gesellschaftsgebilde haben die Neigung in eine persönliche Spitze mit absoluter Machtfülle auszulaufen.

VII.

Am widerstrebendsten begeben sich die Herrscher der legislativen Gewalt, wenn sie dieselbe einmal besessen. Da der Herrscher der verkörperte sociale Gedanke ist, so sind die Sätze „Alles Recht geht vom Volke aus“ und „Regis voluntas suprema lex“ vollständig identisch. Und doch ist dieses Recht des Königs das meist umstrittenste und nur in wenigen Epochen von äusserst kurzer Dauer auch wirklich anerkannt. Es sind dies die Epochen, wo der Herrscher das Werk der Zusammenfassung vieler kleinerer Territorialherrschaften und der Niederhaltung der rivalisirenden Unterhäuptlinge (Fürsten) vollendet, seine Dynastie fest begründet, seine Familie zu einer vorherrschenden in der herrschenden Classe gemacht hat, und ehe eine neue Zusammenfassung höherer Art oder das Emporkommen einer neuen Classe diese blühende Macht bedroht.

Vordem und nachher macht die herrschende Classe ihr natürliches Recht auf Mitherrschaft immer geltend, indem sie die Handlungen des Königs und seiner Beamten überwacht, controllirt, mitrathet und mitbeschliesst in allem, was ihr Wohl und ihre Macht und nicht zuletzt ihr Gut und Blut berührt.

Die Organe dieser controllirenden Function, deren Effect sich im Wesentlichen als Gesetzgebung herausstellt, sind die berathenden und beschliessenden Versammlungen. Der Parlamentarismus ist zu mindestens ebenso alt wie die Herrschergewalt. Es giebt kein staatlich organisirtes Naturvolk, das nicht seine Angelegenheiten in Versammlungen berathen würde. Im Anfange waren diese Versammlungen ausschliesslich dem Kriegsrath bestimmt, sie waren das Heer in Berathung; daher die übereinstimmenden Bilder, welche uns von den bewaffneten Volksversammlungen gegeben werden, die mit kriegerischem Getöse ihre Beschlüsse fassen. Kaufmann[1]) schildert z. B. die Volksversammlungen der Bari-Neger, in welchen diese über Krieg und Frieden berathen, genau mit denselben Zügen, die wir aus der Schilderung des Tacitus von den Versammlungen der Germanen kennen, und auch unter moderneren Verhältnissen hat sich mitunter der Brauch zu den Volksversammlungen in Waffen zu erscheinen, weit in die Neuzeit herein erhalten (so bei den Polen, Ungarn, in gewissen Schweizer Cantonen[2]). Der Krieg bildet schon aus dem naheliegenden Grunde den ersten Gegenstand dieser Berathungskörper, weil der Krieg eben der wichtigste, anfangs auch der einzige Gegenstand des öffentlichen Interesses war. Die Versammlungen ziehen aber allmählich auch alle anderen Fragen des socialen Interesses in ihr Bereich; sie werden, wie schon wiederholt erwähnt, zu Gerichtsversammlungen oder berathen über andere Dinge des Gemeinwohls und üben wohl auch Kritik an dem Vorgehen ihrer Häuptlinge. Von den Versammlungen der neuseeländischen Maori, wie von denen der nordamerikanischen Indianer wird uns übereinstimmend berichtet[3]), dass sie sich in endlosen aber wohlgeregelten Debatten über alle Gegenstände von öffentlichem Interesse dahinschleppen. Bei den Kaffervölkern, die ein kriegerisch wohl organisirtes und wohl disciplinirtes Volk sind, hat Jedermann in der Versammlung das Recht, seine Ansicht frei zu äussern, und selbst die Anordnungen und Massregeln des Häuptlings einer Kritik zu unterziehen; bei den nicht minder herrschaftlich organisirten und sehr kriegerischen melanesischen Völkern (Dajaks, Battaks u. s. w.) liegt die eigentliche Regierungsmacht in der Volksversammlung, von deren Entscheidungen der Häuptling vielfach abhängig ist. Es würde ermüden und überflüssig sein, wenn man die Beispiele fortsetzen wollte.

Die Frage der Beschickung durch die Versammlungen bildet schon von allem Anfange an den Gegenstand des Classenkampfes. Ursprünglich besteht die Versammlung nur aus den Mitgliedern der herrschenden Classe, in dem Grade aber, als auch Theile der bisher beherrschten Classe

---

[1]) Müller, Allg. Ethnographie S. 163 f.

[2]) Spencer, Principien III. S. 468.

[3]) Müller a. a. O. S. 280.

zur Waffenleistung herangezogen wurden, erhoben diese auch den Anspruch, an den Versammlungen mit Theil nehmen zu dürfen: „wo wir mitthaten, wollen wir auch mitrathen“ ist ja auch heute noch der Fundamentalsatz des Parlamentarismus. Je nothwendiger man die Blutsteuer des niederen Volkes brauchte, desto weniger konnte man dem letzteren dauernd den Zutritt zu den Versammlungen verweigern. Damit war aber auch die Zulassung dieses Theiles der Bevölkerung zur Herrschaft, die Aufnahme in die herrschende Classe angebahnt und unwiderruflich. Das dies nicht ohne Kampf geschah, zeigt die drang- und wechselvolle Geschichte der römischen Comitien.

Auch eine zweite Form von Versammlungen bildete sich neben den Volksversammlungen schon frühzeitig: mit dem Anwachsen der Bevölkerung, und besonders, wenn durch die Vereinigung mehrerer kleinerer Teritorialherrschaften ein Einheitsstaat gebildet worden war, stellte sich die Praxis der Volksversammlungen als unmöglich heraus. Dann blieben diese Versammlungen als Localversammlungen weiter bestehen, während die Stammesvorstände (Häuptlinge, Fürsten) zu einem Rath zusammentraten, der dem Könige näher stand und dessen Entschliessungen unmittelbar beeinflusste. Im alten Rom waren die Senatoren die Gentilhäuptlinge und im alten Mexico bildete der höchste Rang des Adels, die Teuctli den Senat. Aehnliches hören wir von dem Senat des Königreichs Polen[1]), und auf einem anderen Ende der Welt, bei allen ostafrikanischen Völkern (den Wanike, Wagogo, Wazaramo, Wanjamesi u. s. w.) erfahren wir, dass es überall neben den Volksversammlungen einen Rath der Aeltesten giebt, der nur aus den Notabeln besteht und die Beschlüsse der Volksversammlung prüft und genehmigt[2]).

Zwischen diesen beiden Versammlungen, den Notabelnversammlungen (Senat) und den Volksversammlungen lebte der Kampf der Classen fort, und je nachdem es dem Adel gelang, das Volk ganz niederzuringen, oder dem Volke, sich als gleichberechtigt durchzusetzen, je nachdem gewinnen auch die Comition neben dem Senate, an Bedeutung oder sie verschwinden ganz, und die Macht des Senates ist die einzige neben der des Königs.

Endlich waren neben Senat und Volksversammlung auch die Deligirtenversammlungen schon im Alterthum nicht unbekannt. Bei der Zusammenfassung mehrerer Gemeinwesen zu einem neuen, war die Einberufung

---

[1]) Spencer, a. a. O. I. Bd.

[2]) Hartmann a. a. O. I. Bd.

des ganzen Volkes schon aus örtlichen Gründen unmöglich, und so musste man sich darauf beschränken, Delegirte, Abgeordnete der einzelnen Localherrschaften zur Versammlung einzuberufen. Wie Duruy berichtet, besassen die Lykier einen wahren gesetzgebenden Körper, welcher aus den Abgeordneten ihrer dreiundzwanzig Städte bestand und ausübende Befugnisse besass; ähnliche Vertretungskörper gab es in anderen römischen Provinzen, Gallien, Spanien, Griechenland u. s. w.

Es finden sich also alle Eigenthümlichkeiten des Parlamentarismus auf jeder beliebigen Stufe der staatlichen Entwicklung, und auch unsere modernen Parlamente gehen wenigstens in ihrem ältesten Theil (den Landständen, Reichstagen u. s. w.) ganz direct auf eine jener primitiveren Formen controllirender und gesetzgebender Organe, die wir eben genannt haben, zurück. Kein König oder Kaiser hatte die Kraft, diese Parlamente, in denen die Macht der herrschenden Classe zum Ausdruck kam, ganz abzuschaffen. Man konnte sie in der Zeit der höchsten Entfaltung der königlichen Macht zu Postulatkörperschaften herabdrücken, oder prorogiren; aber es kam immer wieder die Stunde, wo die Könige ihrer Parlamente gedachten und sie einberiefen. Das war die Zeit der Geldnoth, der finanziellen Verlegenheiten. Das Recht, Truppen und Steuern zu bewilligen oder zu versagen, war aber auch der archimedische Punkt, von welchem aus die Parlamente die absolute Macht des Herrschers aus den Polen hoben. Dass der Kaiser den Reichstag einberief, um sich von ihm die Mittel zum Kriegführen bewilligen zu lassen, während er die Bewilligung zum Kriegführen selbst nicht von der Zustimmung seines Parlamentes abhängig machte, was war das anderes, als das Zugeständniss, dass es im socialen Leben Grenzen giebt, an denen der Wille des Einzelnen, auch wenn er ein allmächtiger Herrscher ist, zerschellt und dass über gemeinsame Angelegenheiten zuletzt nur durch gemeinsamen Entschluss entschieden werden könne. Die Herrschaft ist zwar immer usurpirt, aber ausgeübt kann sie doch nur unter Zustimmung der Andern werden; versagen diese die Mittel der Herrschaft, dann bricht die stolzeste Macht zusammen.

Die Parlamente haben sich die Augenblicke finanzieller Verlegenheit stets zu Nutze gemacht, und ihre Bewilligung von Zugeständnissen anderer Art abhängig gemacht. Das Budgetrecht ist so der Angelpunkt des modernen Parlamentarismus geworden. Aber auch die bisher nicht zur Herrschaft zugelassenen Classen haben genau, wie es im Alterthum und bei den Naturvölkern war, die Leistung der Geld- und Blut-

Steuer stets von der Bedingung abhängig gemacht, dort mitrathen zu dürfen, wo sie mitthaten; und so sind die unabweislich wachsenden Erfordernisse der modernen Staatsverwaltung der Anlass geworden, dass immer breitere Schichten in die parlamentarischen Versammlungen und so zur Ausübung der Herrschaft durch die Parlamente zugelassen wurden.

VIII.

Bei aller Mannigfaltigkeit der Formen, welche eine Eintheilung nach Arten oder Kategorien unmöglich macht, liegt der formellen Entwicklung der staatlich organisirten Gesellschaft doch ein einheitlicher Charakter zu Grunde, der mit überraschender Consequenz trotz der enormen Unterschiede von Ort, Zeit und Volkscharakter sich in allen Formen des staatlichen Lebens geltend macht. Dieser äusserliche Charakter der Form entspringt aus der einheitlichen Idee, welche der staatlichen Organisation zu Grunde liegt, und diese ist die Idee der Herrschaft. Der Kampf der Classen um die Herrschaft erfüllt das sociale Leben des Menschen, oder in dürren Worten: der Kampf um das Recht der wirthschaftlichen Ausbeutung des Einen durch den Anderen. Diesem und nur diesem Zweck dienen die Organe, welche sich die herrschenden Classen schaffen, die Herrscher, die Magistraturen, die Vertretungskörper; die Zulassung zu diesen Organen bedeutet eben die Zulassung zur Herrschaft; um die Aemterfähigkeit, um die Zulassung zu den Vertretungskörpern, dreht sich seit Jahrhunderten in Europa der Classenkampf, wie er sich vor zweitausend Jahren in Rom um dieselben Punkte drehte. Im Augenblicke ringt eine neue Classe um diese „Gleichberechtigung“, d. h. um die Aufnahme unter die Herrschenden, die Classe der Arbeiter. Sie rückt unverholen mit dem Schlachtruf des „Classenkampfes“ auf das politische Blachfeld, behauptet aber, ihr Sieg werde das Ende jeder Classenherrschaft bedeuten.

Es kann nicht die Aufgabe dieses Buches, das sich ausschliesslich mit vorliegenden Thatsachen beschäftigt, sein, diese Frage, welche der Zukunft angehört, zu untersuchen. Es scheint jedoch, dass nach den unstreitigen Thatsachen, die uns die Gegenwart bietet, der Staat, wie wir ihn bisher kennen, nämlich als Institution der Classenherrschaft auch bis auf weiteres noch fortbestehen, und sich in den ihm eigenen Formenkreise entwickeln wird. Auch die arbeitende Classe hat, was sie bisher errungen hat, nur auf dem Wege und durch die Mittel errungen, welche bisher alle Classen und Parteien angewendet, um sich durchzusetzen: sie strebt ins Parlament zu kommen, sie trachtet zu den Magistraturen zu gelangen, kurzum, sie will zur Herrschaft gelangen, wie alle ihre Vorgängerinnen, um eine Classenherrschaft zu etabliren, die wohl sich von der bisherigen in der Form unterscheiden dürfte, im Wesen aber nicht mehr, als sich der bürgerliche Staat vom Feudalstaat unterschied.

Es ist weiter eine Thatsache, dass auch diese aufstrebende Classe bereits in zwei deutlich erkennbare Gruppen zerfällt. Man hat sie qualificirte und unqualificirte Arbeiter genannt; die letztere Gruppe umfasst alle jene Arbeiter, die keine bestimmte kunstmässig auszuübende Arbeit erlernt haben. Der Unterschied scheint in dieser Form unwesentlich, er geht aber auf einen tiefen, zum Theile sogar ethnischen Unterschied zurück. Während nämlich die sogenannte qualificirte industrielle Arbeiterschaft historisch meist auf das städtische Kleingewerbe und Handwerk zurückgeht, sind die unqualificirten Arbeiter, die (Erdarbeiter, Doggarbeiter u. s. w.) vorwiegend bäuerliches Proletariat, das Decompositionsproduct des unter den modernen Wirthschaftsverhältnissen unmöglich gewordenen Kleinbauernstandes. Dieses Proletariat, welches die industrielle Arbeiterschaft selbst „Lumpenproletariat“ nennt, ist eben, weil es nicht besonders qualificirt und in seinen Leistungen jederzeit durch andere Arbeiter zu ersetzen ist, der gewerkschaftlichen Kampforganisation nicht zugänglich; für dasselbe hat die ganze „Arbeiterorganisation“ wenig oder gar keine Bedeutung, und es hat daher auch keinen organisatorischen Sinn. Es rückt mit rein destructiven Tendenzen auf das Schlachtfeld des Classenkampfes und bekennt sich dort, wo es überhaupt zum socialen Bewusstsein gelangt ist, fast ausschliesslich nicht zu den socialistischen, sondern zu den anarchistischen Anschauungen. Das spanische und italienische Lumpenproletariat, das ausschliesslich agrarischen Ursprunges ist, bildet die Kerntruppen der anarchistischen Propaganda.

Dieser Umstand ist nicht zufällig, sondern sehr bezeichnend. Während noch die industrielle Arbeiterclasse um ihre Herrschaft kämpft, taucht bereits hinter ihr in scharfen Umrissen eine neue Classe auf, und ihr Programm bedeutet den schroffsten Gegensatz zu den staatsorganisatorischen Ideen der unmittelbar vor der Herrschaft stehenden Classe. Der fünfte Stand perhorrescirt den Staat als solchen, weil er die Herrschaft der einen Classe über die andere bedeutet. Beweist diese jüngste Gegenwart nicht die Richtigkeit unserer Beobachtungen aus der Vergangenheit?

Anhang.

I. Literatur
zur allgemeinen Sociologie.

Mit Ausschluss der im Texte angeführten Specialforschungen und Monographien sowie der ausschliesslich methodologischen Werke.

G. Lindner, Ideen zur Psychologie der Gesellschaft als Grundlage der Socialwissenschaft. Wien 1891.

A. Schäffle, Das gesellschaftliche System der menschlichen Wirtschaft, 3. Aufl. Tübingen 1873.

A. Schäffle, Bau und Leben des socialen Körpers. Tübingen 1875, neue Auflage 1896.

A. Schäffle, Gesammelte Aufsätze. Tübingen 1885.

Paul v. Lilienfeld, Gedanken über eine Socialwissenschaft der Zukunft. Berlin 1873.

Zweifel, Konstitution der Menschheit und die socialen Naturgesetze. Zürich 1897.

Sacher, Mechanik der Gesellschaft. Jena 1881.

Ludwig Gumplowicz, Grundriss der Sociologie. Wien 1885.

Warneck, Die Sociologie im Umrisse ihrer Grundprinzipien. Braunschweig 1889.

Otto Ammon, Die Gesellschaftsordnung und ihre natürlichen Grundlagen. Entwurf eines Socialanthropologie. Jena 1895.

Barth, S., Die Philosophie der Geschichte als Sociologie. Leipzig 1897.

H. C. Carey, Die Einheit des Gesetzes, nachgewiesen in der Natur- und Socialwissenschaft, deutsch von Stöpel. Berlin 1878.

Auguste Comte, La Sociologie, résumé par E. Rigolage. Paris 1897.

De Greef, Les lois sociologiques. Paris 1893.

De Greef, Introduction à la Sociologie. Paris 1886—1889.

Bougli, C., Qu'est-ce que la Sociologie? (Revue de Paris de 1e Août 1897).

Letourneau, Ch., La sociologie d'après l'ethnographie. Paris 1880.

Ed. Roberty, La sociologie, Essai de philosophie sociologique. Paris 1881.

Gustav le Bon, L'homme et les sociétés, leurs origines et leur histoire. Paris 1881.

René Worms, Essai de classification des scienees sociales. Paris 1893.

René Worms, La Sociologie. Paris 1893.

René Worms, Organisme et société. Paris 1896.

Gustave Tardé, Les lois de l'imitation. 2de édition. Paris 1895.

Herbert Spencer, Social Staties. London 1868.

Herbert Spencer, Principles of Sociology. London 1870 ff. (Deutsche Uebersetzung: Die Prinzipien der Sociologie von Vetter. Stuttgart 1877 ff.)

Herbert Spencer, Descriptive Sociology. London 1873—1881.

Giddings, F. H., The principles of Sociology. New York—London 1896.

Giddings, F. H., The Theory of Socialisation. New York—London 1897.

Giddings, F. H., The Elements of Sociology, a text book for colleges and schools. New York—London 1898.

Salvadori, La sociologia, esposta nelle sue leggi fundamentali. Udine 1885.
Morselli, Emilio: Elementi di Sociologia generale, Milano 1898.
Asturaro, La sociologia, i suoi metodi, le sue scoperte. Genova 1897.
Asturaro, La sociologia e le scienze sociali. Chiavari 1892.
Colorado, Fundamentos de la sociologia. Plasencia 1883.

II. Gegenstands-Register.

III. Namens-Register.

Kolibri 360 GmbH
Ferdinand-Jühlke-Straße 7
99095 Erfurt, Deutschland
produktsicherheit@kolibri360.de